JN116460

第6版

人的資源管理論

鈴木好和 [著]

創 成 社

はじめに

　21世紀は，情報・サービス・知識創造といった情報社会である。21世紀は，これまでの産業社会とは異なり，ますます人的資源が重視される社会である。

　20世紀までは，企業の競争力の源は，土地，設備，資本などの目に見える資源が人的資源と同じか，あるいはそれ以上のウエイトを占めてきた。したがって，たとえば，株式投資家は，財務諸表を頼りに投資を行えばよかった。目に見える資源を数値化した財務内容が重要な投資基準になっていたのである。そして，それと同時に，誰がリーダーか，すなわち誰がトップマネジメントをするのかが決め手となった。

　今日において，最も重要な投資決定の基準は，誰がリーダーなのかという点では変わりがない。しかし，それ以外の基準については，エンロンの破綻にみられるように，当てにはならなくなってきた。それが今日の株価下落の大きな原因の1つになっていると考えられる。また，21世紀の会社の価値の多く，場合によっては価値のほとんどは，財務内容ではなく，その会社の人的資源の価値になってしまったのである。

　この人的資源を，どのように管理したらよいのかを解説することが本書の課題である。現在，多くの会社は人的資源の管理について模索している最中でもある。その理由は，20世紀において通用した人事・労務管理が今日ではうまく機能しないようになってきたからである。

　人的資源管理を実践する上で忘れがちになることは，会社のために働いてくれる正規従業員以外の多くの人々の「幸せ」である。人的資源である従業員が本当に会社の役に立ってもらうためには，この「幸せ」を考慮しなければならない。さもなければ，正規従業員を含めて有能な人材が自社のために努力してくれないばかりでなく，他の会社に移ってしまうかもしれない。

　情報化社会では，20世紀とは異なり，働く「場所」や「時間」は限定され

ない。世界中に仕事のチャンスがあふれている。会社は，知識や技能の所有者を人的資源としてみるように変わってくるが，変わらないのは，「人」の基本的欲求である。つまり，働く人々の動機は変わらないのであるから，それを大切にしなければならない。具体的には，戦略を明らかにして従業員の不安を解消する，みんなが納得する報酬体系をつくる，仕事と家庭や余暇のバランスを取る，教育や自己実現の機会を増やす，心身ともに健康な会社をつくるなどが重要である。

　最後に，本書の執筆に際し，終始一貫温かい支援を続けて下さった創成社の塚田尚寛氏に心からお礼を申し上げたい。

2003年5月

筆　者

第6版の序

　第5版を上程したのち，新型コロナウイルスの流行に伴う仕事環境の変化や法改正があり，本の内容が不適切なものになった。そのため，修正を施して第6版とする。

　法改正やデータの陳腐化は，この出版時点でも生じている。これらについては，ご自分で再確認してもらいたい。引用文の漢字とひらがなについては，本文に統一させて頂いた。また，引用の会社の商号については，トレードネーム等を用いさせてもらった。

　本版も力及ばず不完全であり，これをよりよいものにするため，皆様のご指導とご指摘を賜れば幸いである。

　長い間ご指導いただいている河野昭三先生には，大変あたたかな親身のご教授を賜り，ここにお礼申し上げたい。また創成社の塚田尚寛代表と西田　徹氏には，執筆に際し引き続きお世話になり感謝申し上げる。

2022年1月

筆　者

目　次

はじめに
第6版の序

—— 第 **1** 章 ——

人的資源管理の展開

第1節　序　　論

　欧米では人事管理（Personnel Management〈パーソネル マネジメント〉）が，人的資源管理（HRM：Human Resource Management〈ヒューマン リソース マネジメント〉）に変更されて久しい。しかし日本では，HRMという用語は，かなり浸透したものの社会一般的用語にはなっていない。

　本章では，主としてアメリカの従業員管理の歴史的変遷を辿ることでHRMの誕生理由とわが国における展望を明らかにしたい。

第2節　欧米における従業員管理の歴史

　本節では，従業員管理の歴史を概観する。従業員は「会社の業務従事者で役員以外の者」であるが，本書では従業員と同様の用語として，人的資源（HR〈ヒューマンリソース〉），人材，社員，労働者（民法は雇用される側の当事者としてこの言葉を用いていて，主として法律用語として使用）を同義に用いる。

　なお，会社法で社員は，出資者のことを指し，株式会社では「株主」に当るが，ここでは，HRを意味したい。

1．従業員管理の起源

　古代エジプトのピラミッドや万里の長城を築く際には，建設等を担当する人々を管理する必要があった。このように，人の管理は，何千年も前から行わ

れていた。しかし，その管理主体は，近代的雇用関係のものとは異なり，国家や社会であったし，管理方法も今とは違っていたであろう。

　最初の人々の管理に関する文献は，コルメラによる1世紀のローマ農業本であるといわれている[1]。13世紀には，イギリスにおいて，親方，職人，徒弟の関係であるクラフト制度（システム）が始まった[2]。

　1602年に連合オランダ東インド会社が設立され，その後1800年代に企業が大いに発展するが，一般に企業の経営は，出資者自身によって行われていた。企業が大規模化するにつれて公式組織が必要になったが，それが実現したのは産業革命以降であった。

　こうして欧米では，1600年代から1800年代まで労働者は，クラフト制度によって管理されていた[3]。すなわち，クラフトマンと呼ばれる親方が子方と呼ばれる労働者を管理していた。親方が引退したときは，通常，最年上の子方が次の親方になる体制が続いた。

2．科学的管理法と人事部の設置

　1800年代半ばに大きな変化が生じた。イギリスで産業革命が起こり，機械が普及して従業員管理のあり方が一変した。フランスにおいては産業革命により，1880年から大規模工場で人事部が誕生して，採用と配属を担当した[4]。アメリカでは，経営学の父と呼ばれるフレデリック・テーラーの『科学的管理法』が注目された。テーラーの計画と執行の分離が生産性の向上をもたらすとする研究結果から職能別職長組織が考案され，そこから人事部の原型が生まれた。この科学的管理法は，1945年までに先進国に普及していった[5]。

　当時アメリカでは，第1次世界大戦と移民の減少に伴う労働者不足によって，生産性を高める必要性に迫られていた。そのため，雇用や配置の決定権限は，職長や監督者から離れたが，採用は入社試験結果を基準に行われることになった[6]。しかし，採用の決定に対する職長などのライン管理者の影響力は残った。

　なお，1910年代のアメリカでは，労働者の管理は，労使関係部，社会問題（ソシオロジカル）

部，人事訓練部，雇用部などと呼ばれる部署が担当していたが，1930年代から40年代には人　事　部（パーソネル・デパートメンツ）に名称が変わった[7]。

3．人間関係論と労使関係の重視

　1924年から8年間にわたりエルトン・メイヨーらのハーバード大学の教員が中心となってウエスタン・エレクトリック社で「ホーソン実験」が行われた。この実験によって人間関係が生産性に多大な影響を及ぼすことが確認され，「人間関係論」（ヒューマンリレーションズ）が提案された。また，この実験により，科学的管理法の主張する「賃金を中心とする外的誘因（インセンティブ）だけが人間を動機づける」のではないことが明らかになった。その後は，人間関係を重視した管理が経営理論の主流となった。

　1929年10月にアメリカの株価が暴落したことで大恐慌が起こった。この苦境を切り抜けるため，ニューディール政策が実施され，労働組合が承認された。この政策は，それまで禁止していた労働組合を公認することによって賃金上昇を企業に要求し，消費拡大を促して不況を脱することを目的としていた。また，この政策に伴って新たな労働法が整備された。その結果，従業員管理は，まったく新しい局面を迎えた。すなわち，労働組合の成立により労使関係の問題に対処することが人事部の大きな責務となった。

　こうした動きは，ヨーロッパにおいてもみられ，例えばフランスにおいては，1935年以降，労使の交渉，労働組合問題，経営参加といった労使関係の管理が労務部に課せられた[8]。イギリスにおいても賃金問題の約80％が団体交渉をもとに決定されることになった[9]。

4．行動科学の展開

　人間関係論は，行動科学（ビヘイビアラル・サイエンス）として展開した。1940年代からフレデリック・ハーズバーグ，クリス・アージリス，ダグラス・マグレガー，アブラハム・マズローなどの行動科学者による研究が行われ，その結果を実践に応用することが試みられた。そのアプローチは，人間を社会的存在とみる人間関係論とは異

なり，自己実現と仕事を通じた個人の十分な潜在能力達成を強調するもので，新人間関係論（ネオヒューマンリレーションズ）とも呼ばれている[10]。

　例えば，ハーズバーグは，満足をもたらす要因と不満足をもたらす要因が異なることを実証研究で発見して，「動機づけ・衛生理論」を展開した。そして，動機づけ（モチベーション）をもたらす「動機づけ要因」を満たし，能率を拡大するために「職務充実（ジョブ・エンリッチメント）」を提案した[11]。職務充実は，職務を垂直的に拡大するもので，責任と自己コントロール，自分の仕事に対する説明責任，ある仕事をすべて任せる，追加的権限を与える，自分が利用できる定期的報告書の作成，これまで行わなかった新しくより困難な課業の採用，特定の課業を専門家に任せることが含まれる。

　それに対して，アージリスは，心理的成功の機会を広げ，組織の効率性を高めるために，「職務拡大（ジョブ・エンラージメント）」の導入を主張した。職務拡大は，「個人ができるだけ多く製品全体の生産に携われるよう機会を増やしてやること[12]」が中心で，職務の水平的，横の広がりを拡大することである。

　また，マグレガーは，普通の人間は生来，仕事が嫌いなので，強制と脅迫などの監督方法を必要とするX理論と，従業員はやる気を起こす原動力，成長能力，責任をとる能力，企業目標に向かって努力する能力を皆もち合わせているので，自己統制・自己命令が望ましいとするY理論を提唱した。そして，人は，職場内で安心感が得られるとき，自己実現と向上の機会を追求すると指摘した[13]。この理論は，組織が人をどうみるべきか，どう管理すべきかを問いかけた。

　マズローは，人間の欲求が，①生理的欲求，②安全の欲求，③帰属と愛の欲求，④自尊の欲求，⑤自己実現の欲求という順番で，逐次的に欲求が生じてくるという欲求5段階説を唱えた。自己実現は，「精神的な核心あるいは自己を受け容れ，これを表現すること，すなわち，潜在的な能力，可能性を実現すること，「完全にはたらくこと（フル・ファンクショニング）」，人間性や個人の本質を活用すること[14]」と定義され，HRMでも広く用いられている。

　その他，行動科学の理論に基づき，OD（組織開発（オーガニゼーショナル・ディベロップメント）），目標管理制度，

従業員参加など，組織の中の個人の欲求と組織目的の統合を試みる管理が普及していった。

　1960年当時，アメリカでは市民権法を中心とする政府の職場規制が人事や労使関係の変化に大きな影響力を及ぼしたため[15]，それらを管理することも人事部の重要な責務となった。

5．HRMの登場

　HRMの起源については諸説ある。

　第1は，人的資本（HC）に対する経済学の注目である。アダム・スミスは，「社会の全住民または全成員が身につけている有用な能力[16]」としての固定資本である人的資本の重要性を指摘した。また，アルフレッド・マーシャルも「ほとんどすべての人的富は，人的資本であるかあるいはそういってよいものであろう[17]」と述べた。

　その後，ノーベル経済学賞を受賞したゲーリー・ベッカーは，大学教育や職場訓練などの教育投資が将来の貨幣的及び精神的所得の両者に影響を与えることを明らかにした[18]。この投資が人的資本投資である。

　こうした人的資本の考え方は，HRMの登場に影響を及ぼしたかもしれない。しかし，当時のそれは人的資源への投資に対する経済的側面のみに限定されていたのであって[19]，HRMの主張は人的資本だけに依拠していたのではないというのが一般的であった。

　第2は，労働者の労働環境を改善し，よく手を加えれば，機械と同様に経費以上の利潤を生み出すという経営思想を提案したロバート・オーウェンをはじめとする社会改革者たちを起源とする見解である[20]。

　第3は，ダグラス・マグレガーやレンシス・リッカートなどの行動科学者に起源を求めるものである[21]。それは，すべての組織メンバーを利用されていない資源の蓄積とみなす理論であり，それらの資源には肉体的な技能とエネルギーばかりでなく，創造能力や責任，自己管理行動及び自己制御行動の能力が含まれる。つまり，行動科学の理論から誕生してくるQWL（労働生活の質）

運動やODがHRMの出現を決定づけたとする見方である[22]。

　第4の見解は「日本型経営」をルーツにする。例えば，ウイリアム・オオウチの「セオリーZ」（アメリカの経営であるセオリーAと日本の経営セオリーJを統合した理論[23]）などの日本型経営管理理論の登場がHRMの先導となったとする。

　1970年代後半からアメリカにおいて人事・労務管理に代わりHRMという用語が使用されはじめ，1980年代にはそれが主流となった。そのため，アメリカ経営管理協会（AMA）の雑誌『人事』は，1991年11月号から『HRフォーカス』に変更になったが，その理由として「数十年前の人事部は，今日の会社世界ではHR部に入れ替わった」からであるとしている。

　1981年にはハーバード・ビジネススクールにHRMの科目が開設される。その理由は，「ハーバード・ビジネススクールは…かねてより「組織行動」の領域でリーダーの役割を果たしてきた。しかし，従業員をいかに効果的にマネジしていくかについてのマネジャーとしての理解を，いかにしてさまざまのグループの従業員を管理する制度や方法に転換していくべきかという問いに対して，ビジネススクールの必修コースや研究の中では十分には取り上げてはこなかった。更に労働組合や行政からの指導からの制度的な制約条件，あるいは人事管理の現実とこれらのアイデアを結びつけていく試みもなされてこなかった[24]」ことから，組織行動，組織開発，労務管理，人事管理の理論の統合を行い，特に人事管理の手法や方法ではなく，むしろ重要な戦略的な問いに重点を置くためであった。

　イギリスにおいても1980年代後半にHRMは登場するが，それは日本型手法のアメリカ版だとみなされた[25]。

　第5は，これまでの人事・労務管理では企業環境の変化に対処できなくなったとする意見である。1980年代におけるグローバル競争の激化と1990年代のIT（情報技術）化の進展に伴う世界規模でのスピードアップがもたらした新しい市場は，新しい人事制度を必要とした。

　この人事制度は，能力の高い知識労働者を確保することに重点が置かれ，市場原理に基づく雇用改革が主流となった。そうした要求に応じる管理手法は，

従業員を戦略的に管理するものであった。企業は，環境変化に対応して戦略を常に見直すことが求められ，新しい戦略は，それに対応できる従業員を必要とした。

　以上，さまざまな見解をみてきたが，私見では多少なりともこれらがすべて影響し合って，HRMの出現に結びついたものと考えている。以降HRMは，以下のように展開した。

　1970年代までは，企業は戦略を大幅に変更することは稀であったが，その後は急速な戦略転換が必要になり，組織再構築（リストラクチャリング）が不可欠となった。組織再構築の進展は，働き方の変更ばかりでなく，多様な課題を解決し創造的な課業に特化した人材を要請した。戦略的経営は，使命と戦略，公式構造，HRシステムの3つを考慮しなければならなくなった[26]。その結果，戦略的人的資源管理（SHRM：ストラテジック・ヒューマン・リソースマネジメント）が1980年代に入って登場した[27]。

　SHRMは，人材育成（HRD：ディベロップメント）あるいは人的資源計画と開発（HRPD：ヒューマンリソースプランニング・アンド・ディベロップメント）の分野をもたらした。

　SHRMの登場以前，アメリカのHR部は，組織論的なアドバイスを管理職に与え，法律に沿った形で採用活動を進め，募集広告を出し，面接や事務的なルーチンワークを実施していた。組合のない企業のHR部は，従業員の不満を収集し，従業員になりかわって経営陣との交渉なども行っていた。

　SHRM出現後，最高人事責任者（CHO：チーフ・ヒューマン・オフィサー）は，最高経営責任者（CEO：チーフ・エグゼクティブ・オフィサー）や最高執行責任者（COO：チーフ・オペレーションズ・オフィサー）などの直接の部下となり，最高経営者と密接に連携をとりながら組織や人事を提言する権限をもつようになった[28]。その結果，多くの企業では，テーラーの科学的管理法以来大きな権限を有していたラインの管理者はその力を失い，HRM担当者にその権限が移った。

　その後アメリカでは，最高人的資源責任者（CHRO：チーフ・ヒューマンリソース・オフィサー）が任命され，人材育成，給与，ETC（Ethics：組織においていかなる行動が受け入れられ，いかなる行動が受け入れられないかという倫理あるいは価値のリストをつくる，Talent：人材の募集，採用，配置計画，訓練と育成，業績管理，昇進，Coaching and Courage：コーチングと奨励），労使関係，コスト競争力，ガバナンス，リスクマネジメントなどさまざまな役割を

担っている[29]。

1980年代，戦略とHRとを統合する試みは，個人と組織双方の成長を必要とし，組織学習が提案された。1990年代後半に入ると，組織学習理論は，組織内の個々人の経験や知識を組織の中で共有し蓄積することで新しい価値を創造する力に変えていくナレッジマネジメントとして発展した。この新理論は，IT化の進展に伴い，知識と人材のデータベース化をもたらした。

6．タレントマネジメントと人的資本管理

1997年からは，SHRMに代わりタレントマネジメント（人材管理）が注目を集めだした。すなわち，あらゆるレベルで会社の目標達成と業績向上を押し進める，有能なリーダーとマネジャーをタレントと定義し，調査結果からその重要性が明らかとなった[30]。その注目は，グローバリゼーション，規制緩和，テクノロジーの急激な進歩によって，トップレベルの業績をもたらすタレントの重要性が増加したためであった。SHRMは，将来の生産と業績に関する潜在的なタレントに焦点を当てるのに対して，タレントマネジメントは，直ちに実行して成果をもたらすタレントに焦点を当てる[31]。

タレントマネジメントは，人的資本管理（HCM）（ヒューマンキャピタルマネジメント）と同義に用いられる場合もある。ノーベル経済学賞を受賞したロバート・ルーカスは，人的資本を人間のスキルのレベルと定義している。ルーカスは，人的資本への投資が個人あるいはその家族にもたらされる利益を人的資本の内的効果と名づけ，集団を含む社会活動の結果，人的資本の蓄積が起こり国の富に及ぼす利益を人的資本の外的効果と呼んだ[32]。人的資本は，近くにいる他の人に移るという。

HCMは，資源依存理論に依拠する。ジェフリー・フェーファーらは「組織の存続にとってカギとなるのは，資源を獲得し，維持する能力である[33]」と述べていて，資源や人的能力が競争優位の源であると考えられるようになった。

資本は，財務及び物理的資本（有形資産）と知的資本（無形資産）に分けられる。このうち，知的資本には，顧客資本（ブランド，評判，顧客），構造的資本

（組織，システム，知識）及び人的資本（HC）が含まれる[34]。例えば，エーザイは，資本を財務資本と非財務資本に分け，非財務資本として，「知的資本」，「人的資本」，「製造資本」，「社会・関係資本」，「自然資本」を挙げ，企業価値を「見える化」している[35]。

　HCは，社会的次元では，人々が所有する知識，才能，スキル，能力，知性，知恵を示し，経済的次元では，財やサービスの生産及び財創造プロセスに対する貢献で決定される価値を意味するため，それは，人材（人々の知識，スキル及び能力）と同義になる[36]。そのため，タレントマネジメントは，才能があると指名された人々をみつけだし，育成し，活用することを目的とした公的試みと定義される[37]。なお，このHCは，一般的HCと企業固有のHCに分けて考察される場合がある[38]。また，タレントを高い能力をもつ人材と定義すれば，HRMは，縁辺労働者や労使関係なども対象とするために，タレントマネジメントはHRMの一部となる。しかし，タレントをHCと定義し，企業に価値をもたらす資本と捉えるならば，HCMとHRMはほぼ同義になる。

　企業，事業単位，部門，グループ，チーム単位の人的資本を表現するため，人的資本資源（HCR）という用語も提案されている。HCRは，チームなどを構成する従業員の知識，スキル，能力などの特徴からもたらされるもので「人的資本の個人差がどのように価値ある組織単位の資源になるか」を明らかにしようとする[39]。

　日立ソリューションズの調査では，日本のタレントマネジメントは，①グローバルでの人財情報の一元化，②後継者管理として次期経営者候補人財をプール，③適正配置のためのスキル・能力の見える化，④目標管理プロセスの情報をマネジメントの改善へ結びつける，といったトレンドがあると報告している[40]。またリクルートワークスの研究では，わが国の場合，タレントには，特別なキャリアトラックと米国やフランスと比べると少ないものの高い報酬が支払われていることが明らかとなっている[41]。

　HC以外に，人間関係，個人的かつ専門的なネットワークの濃さや戦略的な立ち位置を意味する社会関係資本が提案されている[42]。人的・社会関係資

本を超える心理的資本^{サイコロジカルキャピタル}（こころの資本）という概念もある。これは，「あなたは何者なのか」，「あなたは何者になることができるのか」に焦点を合わせるもので，個人のポジティブな心理状態で，①挑戦的なタスクを成功させるために必要な努力を行う自信や効力感（エフィカシー）があること，②現在や将来の成功に対してポジティブな帰属（オプティミズム）を行うこと，③根気よく目標に向かい，成功するために必要なら，目標への道筋を変える（ホープ）こと，④問題や困難に悩まされても成功するために，耐え，すぐさま回復し，時には元の状態以上になる（レジリエンス）ことという4つの特徴をもつ[43]。

セルフエフィカシー（自己効力期待）やレジリエンス（再起力）は，これまでもHRMにとって価値があり研究されてきた。しかし，4つの概念をまとめて業績の改善や競争力の獲得のための資本として測定し，開発するのは有用であろう。

ところで，アメリカでは，人的資源という言葉を回避する会社もある。その理由は，人的資源が使い切ったら捨てる感じがして，社員の自尊心を傷つけるためとされる。人的資源は管理的で官僚的な響きだが，「オペレーションズ」はエンジニアにとって信用できる肩書であり，実行力のある本物の能力を暗示するため，「ピープル・オペレーションズ」という用語がグーグルなど20社以上で使用されている[44]。

第3節　日本における従業員管理の歴史

大正時代に従業員管理を徹底するため，親方とその下で働いていた子方などの労働者を会社が正社員として雇用する直傭制が採用され，親方請負的な間接的労務管理体制から直接的労務管理体制へと移行した[45]。それ以前は，日本においても諸外国と同様に師弟制度が主流であり，子方に関する労務管理の職能は，親方に任せられていた。

その後，大正中期から昭和10年頃までに，人事管理とか労務管理という語が漸次用いられるようになった[46]。その際，職員あるいは社員といったホワイトカラーを対象とする管理を人事管理と呼び，工員であるブルーカラーを対

象とする管理を労務管理と呼んでいた。前者は個人管理が中心であり，後者は労働組合対策などの集団管理が中心であった。生産要素としての個々の人間の効率を問題にするのが人事管理，人間としての労働者を扱うのが労務管理とする見解もある[47]。

　第2次世界大戦後，民主的構造改革が行われて，学歴を主な基準とした職員と工員の身分制が撤廃された。1960年頃からは，高度成長に伴って企業規模が拡大し，労務ないし人事部門の職務も増加し，要員，教育，人事異動などの業務を扱う部門を人事部，労使関係や労働条件などを扱う部門を労務部または労働部と名づける大企業が増加した。しかし，労務管理とか人事管理の語で全体を総称することは実務上混乱を起こしやすいため，「人事・労務管理」という用語が一括語として実務家の間で広く用いられた[48]。

　産業構造が変化して，ホワイトカラーがブルーカラーと同数になった時点で，労務管理ではなく人事管理という言葉が使われだした。組織上も「人事部」という呼称が標準となった。つまり，労務管理という用語は「労使関係」として人事管理の中に包摂されたとみてよいであろう。組織上も，「人事部」が定着した。

　近年では，HR部に近い用語として人を財とみる「人財部」や「人材部」などが用いられている。

第4節　HRMとは何か

　HRMは「人の管理」であることは間違いない。問題は，それと人事管理との違いである。アメリカで誕生したHRMの特徴は，以下の通りである。

① 人事管理では，人をコストと考えているが，HRMは，人を投資しても元が取れる資源と考える。厳密には，人的資源とは，資源を所有している人間であると理解される[49]。この資源は，他の経営資源と比べても最重要資源とみなされる。

② 人事管理は，人の能力を所与のものと考える傾向があり，その能力の利

用を追求してきた。しかし，HRMは，その能力を所与とは捉えず，従業員を最大限利用するために教育投資を行い，その成果を分析するために人的資源会計（HRA）を実施するばかりでなく人的資源監査（HR Audit）を行う。顕在能力から潜在能力への基準のシフトが生じたのである。

③ 人事管理では労働の合理化と人件費の極小化が目的であったが，HRMでは従業員の最大利用と動機づけなどによる能力発揮を目的とする。すなわち，HRMは，人を未利用資源とみなし，戦略策定への参画など，経営に一層関与してもらえる存在として従業員を捉え直すことで，人事管理における上司からの管理から自己管理にウェイトが移された。

④ ③とも関係するが，人事管理は，戦略的課題にかかわることはまれであるが，HRMは，戦略的経営の機能を果たす。

⑤ 人事管理が手続きの重視と一貫した統制を強調するのに対して，HRMはコミットメント（組織の目標と価値との一体化，組織に属したいという希望，組織のために喜んで努力すること），熱意（組織目標達成のための努力と貢献の大きさ）[50]及びQWLを追求する。

⑥ 人事管理は，集団的な管理や労使関係を重視するが，HRMは，個別的な管理や労使関係を重視する。

成功している会社が採用しているHRMは，①雇用の保証（個人の取り組みや成果によっては，保証されないこともある），②採用の徹底（多くの応募者を集め，会社との相性や適性を考え，必要な能力や姿勢を明確にしておき，何度も面接をし，上級役員もできるだけ参加し，採用結果を見直して採用手順の改善を図る），③自己管理チームと権限の委譲，④高い成功報酬，⑤幅広い社員教育，⑥格差の縮小（言葉の使い分け，肩書，オフィス空間，衣服などの象徴的な差別を設けないことと地位や階級の差に基づく平等な賃金ベースの排除），⑦業績情報の共有（隠し立てしないマネジメント）である[51]。HRMは，この7つの要件のことであるとする見解も多い。

アメリカのHRMの一般的なテキストは，①HRM（競争優位の獲得），②SHRM，③法的環境（公平な雇用機会と安全），④仕事の分析とデザイン，⑤HR

計画とリクルート，⑥選抜と配置，⑦訓練，⑧業績管理，⑨従業員育成，⑩従業員の離職と在職，⑪給与構造決定，⑫従業員の貢献に対する給与による承認，⑬福利厚生，⑭団体交渉と労使関係，⑮国際HRM，⑯HRM機能の戦略的管理などから構成されている[52]。

第5節　HRMのモデル

　HRMのモデルには，いくつかのものが提案されているが，ここでは，ジョン・ストーレイのモデルについて検討したい[53]。

　ストーレイは，HRMに関する学派を分析して4つの主要な領域（モデルの基礎となる信念と仮説，戦略的側面，ライン管理者と戦略的側面との関係及びHRM実務の主要な決定要素である重要な手段）からハードとソフトという2つのモデルを分類した。

　ハード・モデルは，資源の概念に強調を置くもので，人的資源の質的，計算的，戦略的側面に注目する。これに対してソフト・モデルは，人間という用語に強調を置き，人材育成，グループ関係，建設的な監督に注目する。すなわち，ハード・モデルは，人的資源の政策，システム，活動と事業戦略との統合を目指し，投資に対する利益を明らかにしようとする。それに対しソフト・モデルは，コミュニケーション，動機づけ，リーダーシップを強調する。

　ハード・モデルは，労働組合に対して敵対的立場にあるので，しばしば批判の的となった。ソフト・モデルについてでさえ組合の苦情をもたらす可能性がある。

　こうしたことから，HRMについてはいくつかの問題点が指摘されているが，それは，ハード・モデルでは，人間を計算的に扱う傾向が強いからである。ソフト・モデルは，相互依存性やコンセンサスを高めるためにデザインされたモデルであり，人的資源をパートナーとかコア資産とみる[54]。したがって，HRMを全体として把握することが必要であり，ハードとソフトの両面から考察しなくてはならない。

第6節　日本におけるHRMの展開

　わが国のHRMに求められているのは，生産性の向上であり，そのために
は，人材投資の拡大ばかりでなく，以下のことを実行することである。

　第1に，データドリブンHRM，すなわち，データや成果に基づいたHRM
が求められる。例えば，採用，熱意（エンゲージメント）（従業員の忠誠心や退職の測定・データに基づ
く報酬や手当の改善），安全衛生，学習と人材育成，ウェアラブルデバイスのよう
なIoT（インターネット・オブ・スィングス）（モノのインターネット）を用いて業績不振の原因を明らかにする業績管理
などがそれに含まれる[55]。

　第2に，人材を資源として確保する努力を続けるとしても，雇用の流動化が
進むならば，退職する者が出るかもしれないが，戻れる仕組みづくりや緩い形
のネットワーク型雇用も必要である。

　労働者にとっては，自分自身の知識と専門技能が最も重要なものとなる。フ
リーランス，個人事業主や「1人会社」（いちにんかいしゃ）のように，自分の能力を売って生活す
る「高度プロフェッショナル」も増加するであろう。例えば，タニタでは，個
人が事業主となることを希望し，会社も合意したら基本業務委託契約を締結す
るが，それ以外の「追加業務」を請け負う場合は，その分の報酬を「成果報酬」
として上積みしている[56]。ただし，業務委託契約になるので，労働時間は自
分で決定することになる。

　なお，プロフェッショナル＆パラレルキャリアフリーランス協会は，フリー
ランスを「特定の企業や団体，組織に専従しない独立した形態で，自身の専門
知識やスキルを提供して対価を得る人[57]」と定義している。フリーランスで
働く人は増えていて，2021年に国内では1,670万人となっているほか，アメリ
カでは5,900万人と全就業者の4割に及んでいる[58]。

　また，インターネットを通じて短期・単発の仕事を請け負い，個人で働く就
業形態である日雇い労働も増えており，その生産活動はギグエコノミー（ギグワーキング）と呼ば
れている。この言葉は，音楽イベントにおける短期（1回限り）の無報酬出演

を語源とする[59]。政府は，ウーバーイーツやフリーのITエンジニアなどの自営の労働者「ギグワーカー」に労災保険の特別加入を認める[60]。

第3に，HRMの外注（アウトソーシング）がある。アメリカでは，HRアウトソーシング（HRO）産業が急成長しているが，経費節減のためにも利用することが望ましいと思われる。海外に委託する外注は，オフショアリングという。

日本の労働生産性は高くないが，それを改善するためには，HRMの手法を積極的に取り入れていくべきであろう。

以下にその他のわが国HRMの重点項目を示しておきたい。

1．e-HRM

e-HRM（電子HRM（エレクトロニック））とは，HR業務における技術ベースのデータ構造（コレクション）を指す[61]。これに用いられるICT（情報通信技術（インフォメーション・アンド・コミュニケーションテクノロジー））は，組織構成員がコンピュータ技術を駆使して，情報を活用し，成果をもたらすための技術である。この技術は，企業と従業員，従業員同士を結びつけ，コネクティドワーカー（デジタルデバイスの装着などにより情報を共有する労働者）の集まりであるコネクティドカンパニーをつくり上げる。

e-HRMの関連用語としてHRIS（HR情報（インフォメーション）システム）がある。HRISは，HR部のスタッフだけが主として使うシステムとする立場と，e-HRM，インターネットを使ったHRM及びICTを基礎としたHRMはすべてHRISの領域内での展開としてみなす立場がある[62]。このほか，HRMS（HRMシステム）やHRMIS（HRM情報システム）という用語もHRISと同義に用いられる。

HRISには，3つのタイプのものがある[63]。

① 基本的なHR活動の管理に用いられるもので，給与計算及び従業員の個人的データ管理と，職務記述書，履歴書，休日・休暇などの人事データ管理などを行う。

② リレーショナル型データ（行列で示される）で，募集と選考システム，訓練と育成システム，業績管理システムが含まれる。そのシステムは，従業員の養成レベルを評価する専門的な質問事項のような専門的ツールを

含む。また，経営者と従業員は，オンラインで生産性や欠勤などの評価指標を示したHRダッシュボードにアクセスできる。従業員セルフサービスは，オンライン上での休暇申請や自分のHR情報をチェックできるシステムである。

③　変換HRISで，組織変革プロセス，戦略転換，戦略的コンピテンス管理のような戦略的特徴をもつHR活動のためのHRISである。これには，組織変革プロセスの目的，段階，方法を通して従業員をガイドする会社のオンライン上の意見発表の場，電子掲示板（ウェブログ）及びアプリケーション，あるいは，専門的スキルの評価とSHRMの目的と整合性を有するスキル開発のためのオンラインでのアドバイスを提供するアプリケーションが含まれる。

今後さらにICTを活用したツールが開発されるであろう。それらは，時間と人員の節約ばかりでなく，正確で迅速な意思決定，人材育成，社員の福利厚生，さらには，持続可能性（サスティナビリティ）の社会的側面の報告など，さまざまな面での活用が期待される。

2．HRテック（HRテクノロジー）

　e-HRMやHRISとも関連するが，クラウド，IoTやAIなどの技術を活用するものは，HRテクノロジー（HRテック）と呼ばれ，採用，評価，配属等に用いられる。HRテックのサービスは，HCM（人的資本管理）アプリケーションとも呼ばれる。これにより，従業員情報を一元管理し，人材配置，人材育成，採用，給与，業務改善などに用いることが可能になる。

　例えば，「ジョブ・フィット」は，人が職務に向いているかを判断し，「エンゲージメント測定」は，組織の状態の定量的な把握を可能にし，「AIによるキャリア相談」は，膨大な情報を提供できる[64]。サイダスは，人材情報の「見える化」アプリケーション，適材適所の配置や，個人に合った育成を可能にする分析・育成アプリケーション，目標管理・人事考課アプリケーション，社内ソーシャルアプリケーションなどを提供している[65]。また，日立製作所はHRテックを活用して適性判断や採用助言を行うコンサルテーション業務に参入し

ている[66]。そのほか，コクヨは，オフィスに電波受発信器とAIカメラを設置して，いつ，どこに，誰がいたかを1分単位で測定して家具や機器の利用度，行動歴を分析することで職場変革に取り組んでいる[67]。

　HRテックについては，データに偏りがあるなどの問題点が指摘されており，ピープルアナリティクス&HRテクノロジー協会が提案しているような自主規制をする必要がある[68]。例えば，データ取得などに関して本人の同意を得る，決定事項についての説明責任，不服申し立てがあった場合には人間による再審査を行うことが求められる。

　スーパーインテリジェントHRの時代がすぐそこまで来ているという指摘もある。スーパーインテリジェントHRは，機械学習（機械自らによる学習）やディープラーニング（意思決定など人間の代わりができる学習）などのAI技術を利用してさまざまな人事活動や業務を自動化することだけを意味するのではなく，機械が人事活動や業務を，人間よりもよく，早く，そしてもっと正確に実行することを意味する[69]。AIが人間の知恵を越える技術的特異点（テクノロジカル・シンギュラリティ）が訪れる日も近いとされる。

　現在のところは，人間がAIを育成しなければならない[70]。すなわち，機械を「訓練」（機械学習アルゴリズムに想定する仕事の仕方を教える）して特定の課業（タスク）を実行させ，その課業の結果を「説明」する（特に，意外な結果や物議を醸す結果が出た場合），そして機械の責任ある利用を「維持」する（例えば，ロボットが人間に危害を加えないようにすること）必要がある。

　OECD（経済開発協力機構）は，AI原則を採択しており，包摂的な成長，持続可能な開発及び幸福，人間中心の価値観及び公平性，透明性及び説明可能性，頑健性，セキュリティ及び安全性，アカウンタビリティからなる[71]。また，EU（欧州連合）は，AI規制案を提出しており，「人々の安全や権利への明らかな脅威」となる利用を禁止している。その中で採用活動などの利用は「高リスク」と分類し，事前審査が求められる[72]。すなわち，採用は，AIだけに任せられないということになる。このように，AIの利用に関しては，個人の自由保護の観点から十分注意しなければならない。

3．インターナル・マーケティング[73]

　インターナル・マーケティングとは，従業員を社内の顧客とし，従業員の職務を製品とみなして行う活動である。人的資源の業績は，消費者サービスと強く関連しているとする研究成果から，企業による従業員へのサービスが結果として，消費者へのサービスに結びつくという考えが広まった[74]。インターナル・マーケティングは，HRMと他の職能の調整を意味するものでもある[75]。

　フィリップ・コトラーらは，インターナル・マーケティングを「組織内の全員が自社のマーケティング・コンセプトとマーケティング目標を信じ，顧客価値の選択，提供，伝達へ積極的に関与させることである」と定義している[76]。

　具体的には，①事業目標に報酬を結びつけることによって，どのように，そしてなぜ給与が支払われるのかを望ましく理解してもらうことによって動機づけを行う「戦略的報酬」，②従業員間の情報共有や理解をもたらすことのための「内部組織のコミュニケーション」，③従業員のスキルを最新のものにするための「訓練と育成」，④マーケット志向のための「組織構造」，⑤会社と従業員を正しい方向に導く「トップのリーダーシップ」，⑥職務満足に導く「物理的環境」，⑦組織業績に影響を及ぼす「人員配置，選抜，後継」，⑧「職務間の調整」，⑨企業文化を確立する「インセンティブ・システム」，⑩「エンパワーメント」，⑪外部と内部の顧客を満足させる「活動/プロセス変化」などの各要素のインターナル・マーケティング・ミックスを用いる[77]。

4．HRMとオフィスデザイン

　オフィスデザインは，従業員の満足と能率の向上に影響を与える[78]。また，オフィスデザインは，科学技術の進歩，建築技術の進歩，産業構造や人口構造の変化や国際化及び経営理論に影響を受けてきた。そしてエレベーターやエアコンなどの科学技術は，デザインに応用された。産業構造は，ホワイトカラーの数を増大させ，オフィスの拡大をもたらした。経営理論で最初にオフィスデザインに反映されたのは，テーラーの科学的管理法であった。

　また，こうした経営学の理論を建築に生かしてきたのは，建築学^{アーキテクチャー}であった。

すなわち，建築学も建物の設計にあたっては，能率ばかりでなく，有効性にも注目してきた。例えば，クリストファー・アレグザンダーらは，「仕事が楽しくなるのは，仕事の全体像が把握でき，仕事全体の質に責任をもつ場合である。それが可能になるのは，社会に発生するすべての仕事が，自主管理的な小規模人間集団，つまり差向いの対話で相互の了解が得られるほど小規模で，かつ作業者が自分の問題を自己管理するような自主的な集団によって遂行される場合に限る」と述べて，オフィスの形態を2人から6人までの作業空間を提唱している[79]。その理由として，大きな事務所では，「自分の存在が重要に感じられない」とか「常に監視されているような不安感がある」などの調査結果を挙げている。また，その作業空間は，学習を促進するため，各師弟単位の空間クラスターに分割することを推奨している。さらに，部門間が離れすぎると，必要以外の人間が行き来しなくなる，一階以上離れると，両者間のコミュニケーションは皆無に等しくなるなどさまざまな知識をもとに建物はつくられなければならないことを示唆している。

　日本のオフィスデザインは，オープンオフィスあるいは大部屋主義であり，そのデスク配置の主流は，島型対向式と呼ばれる，向かい合って仕事をする形式であった。この100年以上続いてきた形式は，コミュニケーションの有効性を主張する理論によってオープン型のオフィスに代わっているところもある。

　新型コロナウイルス対策として，テレワーカーが増加した。厚生労働省では，テレワークを「ICTを活用した時間や場所を有効に活用できる柔軟な働き方」と定義し，在宅勤務，モバイルワーク，サテライトオフィス勤務（施設利用型勤務）の3つに分類している。在宅勤務には，終日在宅勤務と一定時間出社する部分在宅勤務がある。在宅勤務では，メタバースと呼ばれるアバターを通して交流できる仮想空間で会議などができるようになっている。oVice（オフィス）は，イラストで会議室や受付などを配置し，利用する社員は自身のアイコンを動かして移動したり同僚とコミュニケーションをとれるバーチャルオフィスを提供していて，外務省やリコーなど1,200社以上が利用している[80]。

　モバイルワークの例として，マイカーでの勤務がある。サテライトオフィス

には，都市型，郊外型，地方型があり，メリットとして，時間の有効活用，BCP（事業継続計画）の実現，交通費などのコスト削減，都心のオフィスに通えない人材の採用がある半面，オフィス開設のコスト，コミュニケーション，マネジメントの課題がある[81]。そのほか，レンタルオフィス，複数の利用者が使うシェアオフィス，執務スペース，会議室，打ち合わせスペースなどを共有しながら独立した仕事を行うコワーキングスペースがある[82]。

　総務省は，テレワークの取り組みを軸に離職率や情報セキュリティ対策などの情報開示を促している[83]。

　このように，テレワークの拡大は，オフィス戦略の抜本的な見直しを必要とする。例えば，富士通は，在宅テレワーク勤務を基本として，ウェブ会議を活用するなどで出勤率を25％に抑制することで，オフィススペースを半減させる[84]。なお，本書ではテレワークとリモートワーク（勤務）を同義として扱う。

　集中できる机の幅（95㎝）や活発なコミュニケーションののち集中モードにシフトするのにかかる時間（23分）などの研究成果[85]もオフィスマネジメントに取り入れるべきである。

　また，HRMは，オフィスの形態ばかりでなく建物自体のデザインにも留意すべきである。ザイマックス不動産総合研究所の調査では，オフィス施策を実施する上での重視項目は「生産性の向上」が1位で66.0％，その他「業務の効率化」（55.8％）や「モチベーション向上」（54.5％）などとなっているほか，オフィス施策を実施する上での懸念事項・阻害要因を聞いたところ，「オフィス勤務とテレワークの最適なバランスがわからない」（28.9％）が1位となった[86]。

5．HRMのデータベース化

　今後雇用の流動化が進むと，必然的に欧米型の「市場の価値」による雇用や賃金制度になると考えられる。したがって，組織はネットワーク型に変化して必要な人材を組織内・外の市場から求めることになる。その際，人事部は人事情報（スキル・インベントリー）のデータベースを作成しておく必要がある。

　人事情報は，①個人的データ（年齢，性別，婚姻状況），②技能（スキル）（学歴，職務経験，

養成状況），③特別な資格（専門グループのメンバー，特別な功績），④給与歴と職務
歴（現在と過去の給与，昇給の日時，さまざまな職務経験），⑤会社のデータ（従業員給
付制度データ，退職情報，先任順位），⑥個人の能力（心理的及び他のテストの点数，健
康情報），⑦個人の特別な選好（地理的ロケーション，仕事のタイプ）[87] などが含ま
れ，人事台帳や従業員台帳に記載される。

　なお，出勤簿やタイムカード等の労働時間の書類も作成・保存しなければな
らない。労働基準法は，法定 3 帳簿として労働者名簿，賃金台帳，出勤簿等を
整備し 3 年間保存することを求めている。労働者名簿は，日雇い労働者以外の
すべての労働者について，①労働者の氏名，②生年月日，③履歴，④性別，⑤
住所，⑥従事する業務の種類，⑦雇入れの年月日，⑧退職年月日及びその事由，
⑨死亡の年月日及びその原因を記載しなければならない。

　賃金台帳は，①氏名，②性別，③賃金計算期間，④労働日数，⑤労働時間数，
⑥時間外労働，休日労働及び深夜労働の時間数，⑦基本給，手当その他賃金の
種類ごとにその金額，⑧労使協定により賃金の一部を控除した場合はその金額
を記載する。

　データの保存・管理については，新たなデジタル技術が利用できるようにな
っている。経済産業省は，競争力維持・強化のために，デジタル・トランスフ
ォーメーション（DX）をスピーディーに進めていくことを求めている。DX と
は，「企業がビジネス環境の激しい変化に対応し，データとデジタル技術を活
用して，顧客や社会のニーズを基に，製品やサービス，ビジネスモデルを変革
するとともに，業務そのものや，組織，プロセス，企業文化・風土を変革し，
競争上の優位性を確立すること[88]」である。同省は，DX に必要な人材の確保
と育成の重要性を指摘している。

【注】
1) Chris Rowley and Keith Jackson, ed., *Human Resource Management: The Key Concepts*,
　　Routledge, 2011, p.xx.
2) Ronald R. Sims, "Effective Human Resource Management: Yesterday, Today, and Tomorrow", in
　　Ronald R. Sims, ed., *Human Resource Management: Contemporary Issues, Challenges, and*

Opportunities, Informational Age Publishing, 2007, p.11.

3) William P. Anthony, Pamela L. Perrewe, and K. Michele Kacmar, *Strategic Human Resource Management*, Orland Dryden Press, 1993, p.9.

4) David Duchamp et Loris Guery, *La Gestion des Ressources Humains*, Nathan, 2018, p.4.

5) Jean-Franois Amadieu et Jacques Rojot, *Gestion des Ressources Humaines et Relations Professionnelles*, Litec, 1996, p.11.

6) Tomas Kochan and Peter Cappelli, "The Transformation of the Industrial Relations and Personnel Function", in Michael Poole, ed., *Human Resource Management: Critical Perspective on Business and Management*, Routledge, 1999, pp.70-93.

7) Ronald R. Sims, *op. cit.*, pp.14-15.

8) Jean-Franois Amadieu et Jacques Rojot, *op. cit.*, p.11.

9) Christopher Molander and Jonathan Winterton, *Managing Human Resource*, Routledge, 1994, p.2.

10) Nick Wilton, *An Introduction to Human Resource Management*, SAGE Publications, 2013, p.43.

11) Frederick Herzberg, "One More Time: How Do You Motivate Employees?", *Harvard Business Review*, January-February 1968, pp.53-62.

12) Chris Argyris, *Integrating the Individual and the Organization*, John Wiley & Sons, 1964, p.232. (三隅二不二・黒川正流訳『新しい管理社会の探求：組織における人間疎外の克服』産業能率短期大学出版, 1969年, 308頁)。

13) Douglas McGregor, *Leadership and Motivation*, The MIT Press, 1968, pp.5-17, 52-59. (高橋達男訳『新版リーダーシップ』産業能率短期大学出版部, 1974年, 5-20頁, 62-70頁)。

14) Abraham H. Maslow, *Toward A Psychology of Being*, 2nd ed., Van Nostrand Reinhold Company Inc., 1968, p.197. (上田吉一訳『完全なる人間：魂の目指すもの 第二版』誠信書房, 1998年, 249頁)。

15) Tomas Kochan and Peter Cappelli, *op. cit.*, p.75.

16) Adam Smith, *The Wealth of Nations, Volume1*, J.M. Dent & Sons Ltd., 1910, p.247. (大内兵衛・松川七郎訳『諸国民の富（二）』岩波書店, 1960年, 265頁)。

17) Alfred Marshall and Mary Paley Marshall, *The Economics of Industry*, Macmillan and Co., 1879, p.20. (橋本昭一訳『産業経済学』関西大学出版部, 1985年, 26頁)。

18) Gary S. Becker, "The Age of Human Capital", in David McGuire, Thomas N. Garavan and Larry M. Dooley, eds., *Fundamentals of Human Resource Development, Volume III*, SAGE Publications, 2012, pp.131-135.及びGary S. Becker, *Human Capital: A Theoretical and Empirical Analysis, with Special Reference to Education*, Columbia University Press, 1975, p.9. (佐野陽子訳『人的資本』東洋経済新報社, 1976年, 11頁)。

19) Loïc Cadin, Francis Guérin et Frédérique Pigeyre, *Gestion des Ressources Humaines*, Dunod, 1997, p.11.

20) John Stred Wick, *An Introduction to Human Resource Management*, Butterworth-Heinemann, 2000, p.7.

21) Raymond E. Miles, "Human Relations or Human Resources?", in Michael Poole, ed., *op. cit.*, pp.1-14.

22) Karen Legge, *Human Resource Management: Rhetorics and Realities*, Macmillan Press, 1995, p.86.

23) William Ouchi, *Theory Z: How American Business Can Meet The Japanese Challenge*, Basic Books, 1981. (徳山二郎訳『セオリーZ：日本に学び, 日本を超える』CBS・ソニー出版, 1981年)。

24) Michael Beer, Bert Spector, Paul R. Lawrence, D. Quinn Mils, and Richard E. Walton, *Managing Human Assets*, The Free Press, 1984, p.ix. (梅津祐良・水谷榮二訳『ハーバードで教える人材戦略』生産性出版，1990年，iv-v頁)。

25) John Storey and Keith Sisson, *Managing Human Resources and Industrial Relations*, Open University Press, 1993, p.15.

26) Mary Anne Devanna, Charles J. Fombrun, and Noel M. Tichy, "A Framework for Strategic Human Resource Management", in Michael Poole, ed., *op. cit.*, p.53.

27) 岡田寛史「経営戦略の展開と人的資源管理」島　弘編『人的資源管理論』ミネルヴァ書房，2000年，185頁。

28) 北原佳郎『アメリカ企業の人事戦略』日本経済新聞社，1995年，61-64頁。

29) Patrick M. Wright, Paul McKinnon, Richard L. Antoine, Elizabeth "Libby" Sartain, John W. Boudreau, and David A. Pace, "The Evolving Chief Human Resource Officer Role", in Sartain, Paul McKinnon, and Richard L. Antoine, eds., *The Chief HR Officer: Defining the New Role of Human Resource Leaders*, John Wiley & Sons, Inc., 2011, pp.1-11.

30) Ed Michaels, Helen Handfield-Jones, and Beth Axelrod, *The War for Talent*, McKinsey & Company, Inc., 2001, p.xiii. (マッキンゼー・アンド・カンパニー監訳・渡会圭子訳『ウォー・フォー・タレント："マッキンゼー式"人材獲得・育成競争』翔泳社，2002年，25頁)。

31) Roland S. Persson and Vezir Aktas, "Those Who Know More than You: Talent Management in the Google Era", in Helene Ahl, Ingela Bergmo-Prvuovic and Karin Kihammar, eds., *Human Resource Management: A Nordic Perspective*, Routledge, 2019, pp.190-217.

32) Robert E. Lucas, Jr., "On the Mechanics of Economic Development", *Journal of Monetary Economics*, 22, 1988, pp.1-42.

33) Jeffrey Pfeffer and Gerald R. Salancik, *The External Control of Organizations: A Resource Dependence Perspective*, Harper & Row, Publishers, Inc., 1978, p.2.

34) Andrew Mayo, *Human Resource or Human Capital?: Managing People as Assets*, Gower Publishing Limited, 2012, pp.50-51.

35) https://www.env.go.jp/council/44esg-kinyu/y440-02/mat03.pdf

36) Paul Banfield, Rebecca Key, and Dean Royles, *Introduction to Human Resource Management*, 3rd ed., Oxford University Press, 2018, p.118.

37) *Ibid.*, p.107.

38) Russell Coff, Andy El-Zayaty, Martin Ganco and John K. Mawdsley, "Firm-Specific Human Capital at the Crossroads: A Conversation on Current and Future Directions", in Daniel Trabbar and Bruno Cirillo, eds., *Employee Inter-and-Intra Firm Mobility: Taking Stick of What We Know, Identifing Novel Insights and Setting a Theoretical and Empirical Agenda*, Emerald Publishing Limited, 2020, pp.55-73.

39) Robert E. Ployhart and Thomas P. Moliterno, "Emergence of the Human Capital Resource: A Multiple Model", *Academy of Management Review*, 2011, Vol. 36, No. 1, pp.127-150.

40) https://lysithea.jp/knowledge/guideline/

41) 中村天江『採用のストラテジー』慶応義塾大学出版会，2020年，232-238頁。

42) Fred Luthans, Carolyn M. Youssef-Morgan, and Bruce J. Avolio, *Psychological Capital and Beyond*, Oxford University Press, 2015, p.5. (開本浩矢・加納郁也・井川浩輔・高梨利徳・厨子直之訳『こころの資本：心理的資本とその展開』中央経済社，2020年，14頁)。

43）*Ibid.*, p.2.（同上訳書，11-12頁）。

44）Laszlo Bock, *Work Rules!: Insights from Inside Google That Will Transform How You Live and Lead*, John Murray, 2015, pp.349-350.（鬼澤　忍・矢野沢薫訳『ワーク・ルールズ！：君の生き方とリーダーシップを変える』東洋経済新報社，2015年，524頁）。

45）鈴木好和「わが国の労使関係の形成」『東北学院大学経理研究所紀要』第 6 号，1995年，68頁。

46）森　五郎「現代日本の人事管理とオープン・システム・アプローチ」森　五郎編『現代日本の人事労務管理』有斐閣，1995年，6 頁。

47）二神恭一「人的資源管理」岡本康雄編『現代経営学への招待』中央経済社，2000年，90頁。

48）森　五郎，前掲書，6 頁。

49）Jean-Marie Peretti, *Gestion des Ressources Humaines*, Vuibert, 2016, p.1.

50）厚生労働省のワーク・エンゲージメント・スコアは，「働きがい」を示すもので，調査時点の主な仕事に対する認識として，「仕事をしていると，活力がみなぎるように感じる」（活力），「仕事に熱心に取り組んでいる」（熱意），「仕事をしていると，つい夢中になってしまう」（没頭）と質問した項目に対して，「いつも感じる（6 点）」「よく感じる（4.5点）」「時々感じる（3 点）」「めったに感じない（1.5点）」「全く感じない（0 点）」で算出している（https://www.mhlw.go.jp/content/12602000/000551612.pdf）。

51）Jeffrey Pfeffer, *The Human Equation: Building Profits by Putting People First*, Harvard Business School Press, 1998, pp.64-98.（守島基博監修，佐藤洋一訳『人材を生かす企業：「人材」と「利益」の方程式』翔泳社，2010年，47-75頁）。

52）Raymond Noe and John Hollenbeck and Barry Gerhart and Patrick Wright, *Human Resource Management: Gaining a Competitive Advantage*, 10th ed., McGraw-Hill, 2017.

53）John Storey and Keith Sisson, *op. cit.*, pp.17-18.

54）Paul N. Gooderham, Odd Nordhag, and Kristen Ringdal, "Institutional and Rational Determinants of Organizational Practices: Human Resource Management in European Firms", *Administrative Science Quarterly*, No. 44, 1999, p.510.

55）Bernard Marr, *Data-driven HR: How to Use Analytics and Metrics to Drive Performance*, Kogan Page Limited, 2018.（中原孝子訳『データ・ドリブン人事戦略：データ主導の人事機能を組織経営に活かす』日本能率協会マネジメントセンター，2019年）。

56）谷田千里＋株式会社タニタ『タニタの働き方改革』日本経済新聞出版社，2019年，56-58頁。

57）https://www.mhlw.go.jp/file/05-Shingikai-12602000…

58）日本経済新聞「国内フリーランス1670万人」2021年 3 月31日，朝刊。

59）Jamie Woodcock and Mark Graham, *The Gig Economy: A Critical Introduction*, Polity Press, 2020, p.3.

60）日本経済新聞「ウーバー配達員労災加入を承認」2021年 6 月19日，朝刊。

61）Richard D. Johnson Michael J. Kavanagh, "A Brief History and Overview of Technology in HR" in Michael J. Kavanagh and Richard D. Johnson, eds., *Human Resource Information Systems*, 4th ed., SAGE Publications, Inc., 2018, pp.8-9.

62）Huub Ruel, Rudrigo Magalhaes, and Charles C. Chiemeke, "Human Resource Information Systems: An Integrated Research Agenda", in Tanya Bondarouk, Huub Ruel, and Jan Kees Looise, *Electronic HRM in Theory and Practice*, Emerald Group Publishing Limited, 2011, pp.21-39.

63）*Ibid.*

64）労務行政研究所編『HRテクノロジーで人事が変わる：AI時代における人事のデータ分析・活用

と法的リスク』労務行政，2018年。

65）https://www.cydas.com
66）https://www.hitachi.co.jp/products/it/it-pf/mag/pf/workstyle_2019/02/
67）日本経済新聞「コクヨ，行動歴で職場変革」2021年8月26日，朝刊。
68）https://peopleanalytics.or.jp/
69）Bernard Marr, *op. cit.*, p.24.（前掲訳書，47頁）。
70）H. James Wilson and Paul R. Daugherty, "Collaborative Intelligence: Humans and AI Are Joining Forces", *Harvard Business Review*, July-August 2018, pp.117-118.（DIAMOND ハーバード・ビジネス・レビュー編集部訳「コーポレーティブ・インテリジェンス：人間とAIの理想的な関係」『Harvard Business Review人材育成・人事の教科書』ダイヤモンド社，2020年，188-189頁）。
71）https://www.meti.go.jp/press/2020/01/20210115003/20210115003-1.pdf
72）日本経済新聞「EU，AIに包括規制案」2021年4月22日，朝刊。
73）鈴木好和『企業を世界一にするインターナル・マーケティング：ピープル・マーケティング・オペレーションズ』創成社，2017年，参照。
74）Stephen Deery and Vadana Nath, "Customer Service Work, Employee Well-being and Performance", in Stephen Bach and Nartin R. Edwards, eds., *Managing Human Resources: Human Resource Management in Transition*, John Wiley and Sons Ltd., 2013, pp.100-122.
75）Pervaiz K. Ahmed and Mohammed Rafiq, *Internal Marketing: Tools and Concepts for Customer-focused Management*, Routledge, 2013, p.60.
76）Philip Kotler and Kevin Lane, *A Framework for Marketing Management*, Pearson Education, Inc., 2007, p.337.（恩蔵直人監修・月谷真紀訳『コトラー＆ケラーのマーケティング・マネジメント基本編』ピアソン・エデュケーション，2008年，416頁）。
77）Norizan Saad and Pervaiz K. Ahmed, *Internal Marketing: An Integrated Holistic Model Proposition Using Mixed Methodology*, Lambert Academic Publishing AG & Co., 2010, pp.94-99.
78）鈴木好和「人的資源管理とオフィスデザイン」藤本雅彦編『経営学の基本視座：河野昭三先生還暦記念論文集』まほろば書房，2008年，231-259頁。
79）Christopher Alexander, Sara Ishikawa, Murray Silverstein with Max Jacobson, Ingrid Fiksahl-King, and Shlomo Angel, *A Pattern Language: Towns・Buildings・Construction*, Oxford University Press, 1977, p.399, p.408, p.414 and p.702.（平田翰那訳『パタン・ランゲージ：町・建物・施工』鹿島出版会，1984年，207-208頁，212頁，216頁及び372頁）。
80）日本経済新聞「「仮想職場」の機能改善」2021年9月15日，朝刊及び（https://ovice.in/ja/）。
81）三菱UFJ信託銀行不動産コンサルティング部『ワークプレイスが創る会社の未来：成功企業に学ぶ戦略とオフィスのこれから』日経BP，2020年，127-129頁。
82）同上書，129-132頁。
83）日本経済新聞「テレワーク情報，企業に開示促す」2021年7月11日，朝刊。
84）https://pr.fujitsu.com/jp/news/2021/05/18-1.html
85）日本経済新聞「眼鏡が生んだ集中の場」2020年10月16日，朝刊。
86）https://soken.xymax.co.jp/2020/07/29/2007-office_demand_survey_2020s/
87）Lloyd L. Byars and Leslie W. Rue, *Human Resource Management*, 9th ed., McGraw-Hill, 2011, p.95.
88）経済産業省「「DX推進指標」とそのガイダンス」（https://www.meti.go.jp/press/2019/07/20190731003/20190731003-1.pdf）。

──── 第2章 ────

経営戦略とHRM

第1節　序　　論

　HRMは，経営戦略とのかかわりを重視する。企業を取り巻く環境は，凄まじいスピードで変化しており，それに適応し，競争優位を追求するためには恒常的な「経営戦略」の見直しが必要となる。環境変化には，気候変動，感染症の流行，競争激化，低成長，グローバル化，高齢化，若者の意識変化，情報化，規制緩和，技術革新，社会的責任の重視などが含まれる。

　環境変化に対処するため，国連のSDGs（持続可能な開発目標）[1] への取り組みを通じて社会の課題解決を行う企業が増加している。SDGsには，17の目標が掲げられているが，HRMにかかわる目標として①あらゆる場所で，あらゆる形態の貧困に終止符を打つ，②ジェンダーの平等を達成し，すべての女性と女児の権力付与を図る，③すべての人々のための持続的，包摂的かつ持続可能な経済成長，生産的な完全雇用及び働きがいのある人間らしい仕事を推進する，④国内及び国家間の不平等を是正する，などが挙げられる。

　SDGsに関連して，人間の内面の充実度（健康経営）やGDW（国内総充実）が企業の目標となってきている。OECD（経済開発協力機構）は，ウェルビーイングの指標として，①物質的生活状況（収入と健康，仕事と収入，住宅）と②生活の質（健康状態，ワークライフバランス，教育と技能，社会的つながり，市民参加と市民統治，環境の質，個人の安全，主観的幸福）を含むべきとしている[2]。また，PwC社は，ウェルビーイングを，①身体（フィジカル），②心（メンタル），③感

情（エモーショナル），④価値観（スピリチュアル）の4つの領域で捉え，従業員が充実した仕事や生活ができるよう，各種施策や組織風土づくりを推進している。

　そのほか企業は，経営戦略とポートフォリオ（事業と製品・サービスの組み合わせ）の見直し，大規模なM＆A（合併と買収），事業構造の再構築，ライバル会社との提携，持株会社制への移行，多角化，外部委託の活用，新規参入，BCP（事業継続計画）策定などの変革を実施している。

　こうした経営戦略変更の要求に応じるHRMは，環境変化に対応する多様化管理を戦略課題としている。例えば，経済同友会は，企業のグローバル競争力を高めるための働き方改革としてスマートワークを提案している[3]。その方法は，①個人の主体性が発揮され，顧客視点で働ける環境を創る，②多様な人財をリーダーとして育て，登用・活用する，③働いた時間の長さではなく成果で評価し，処遇につなげる，④働く時間や場所のフレキシビリティを高める，⑤フレキシブルな採用とリタイアメントを設計することから構成される。

　同じく，日本経済新聞社では，時間短縮やダイバーシティなどの多様で柔軟な働き方の実現，イノベーション力，市場開拓力といった企業が成長するための要素を網羅的，総合的に捉えたものをスマートワークとしている。わが国は，環境変化に伴い働き方を変えていかなければならない。そのカギとなる用語としてスマートワークが一般化するであろう。

　本章では，経営戦略とHRMの関係についてさらに詳しく検討したい。

第2節　戦略とは何か

　戦略とは，ギリシャ語で「将軍の技量」を意味する。この用語を実業界や心理学などに導入し普及したのは，フォン・ノイマンとオスカー・モルゲンシュテルンである。彼らは，起こりうるすべての状況において，どのような選択を行うかを明示した計画もしくはゲームのプレイヤーの手番を「戦略」と呼んだ[4]。このゲーム理論は，計画上，何を考慮に入れるべきかを示唆し，戦略論

の1つの基礎となった。

ノーベル経済学賞を受賞したハーバート・サイモンは，ある期間の長さにわたる行動を決める意思決定の一連の系列を戦略と呼び，①意思決定の課業として，すべての代替的戦略を列挙すること，②これらの戦略の各々から生ずる結果のすべてを評価すること，③これらの一連の結果の比較評価という3つの段階を含むとしている[5]。

経営戦略の理論は，1950年代半ばに登場し，1970年代に入って大いに発展した。経営戦略には，主に2つの理論がある。1つは，戦略の内容に焦点を当てるもので，組織にとって競争優位を獲得するために追求される組織の目的あるいは標的を戦略と考える[6]。他は，プロセスに焦点を当てるもので，戦略的問題を確認し，分析し，究極的に決定するために用いられるメカニズムと手続きを問題にする立場である[7]。これらのアプローチはそれぞれ重要なので，両面から検討されなくてはならない。

戦略は，組織のあらゆるレベルにおいて必要である。「戦略とは何をということを問題にし，戦術とは如何にということを問題にする[8]」と指摘されるように，「何を」という問題はどこにでも存在するからである。近年では，基本的な価値観を表したビジョンや使命（ミッション）を果たすための手段を戦略と呼ぶことが多い。よい戦略は，ビジョンや使命を達成するために「何をやるか」を示すだけでなく，「なぜやるのか」，「どうやるのか」を示さなければならない[9]。

HRMが注目すべき理論として，リアル・オプション・アプローチがある。これは，小さな不可逆的投資（大きな後戻りできない投資）を多く行い，不確実性が解消するまで待つ戦略である。オプションとは，物事がどのように展開したかをみた後で意思決定を行う機会である[10]。オプションをたくさん活用して成功しそうなものに集中していく戦略となる。HRMにとってこのアプローチは，実現が難しかったが，現在では，単発の仕事を請け負うギグワークや副業などによる，さまざまな人材を活用して遂行できるようになった。

第3節　SHRM（戦略的人的資源管理）の出現

1．SHRMとは何か

　アルフレッド・チャンドラーによる企業生成と発展に関する歴史的分析結果によれば，組織能力は，企業内部で組織化された物的設備と人的スキルの集合であることを明らかにした[11]。この研究は，トップから現場労働者にまで至る人的スキルの重要性を，設備と同様に歴史的に指摘した点で注目に値する。

　企業の競争優位は，その大部分が戦略によって獲得されるが，HRMという組織能力によって制約を受ける。競争優位を獲得するためにHRMは，戦略的に行われる必要がある。HRMには戦略的な部分とそうでない戦術的あるいは定型的部分が存在する。

　SHRMに関しては，戦略概念同様，多くの定義が提唱されている。そのほとんどの目的は，内部環境と外部環境への適合である。ラリー・ハンターは「企業がさまざまな種類の組織目標を達成するために，異なったHRMの慣行を合理的に選択することを提唱するもの[12]」と指摘している。また，プロセスを重視している定義もある。ショーン・タイソンは「HRMが行うさまざまなレベルの分析を統合するプロセスである[13]」と定義している。

　要するに，SHRMとは，人々を通じて競争優位を達成するためのHRMのガイドラインを決定することである。つまり，価値があり，希少で，模倣できない資源としての人的資源を確保し，育成し，活用することによって持続可能な競争優位を獲得することを目的として，雇用，訓練，報酬，労使関係などの戦略を決定するばかりでなく，組織構造や組織文化，さらには現状のHR構成がどのように新たな企業戦略に寄与できるかを決定することがSHRMの役割であるといえる。例として，2009年にサムスン電子が日本大手9社の倍以上の営業利益をあげるが，この業績に貢献したのは，SHRMであったと指摘されている[14]。したがって，SHRMは，企業戦略にどのように貢献したかで評価される。

2．THRM（戦術的人的資源管理）^{タクティカル}

　こうした競争優位をもたらすSHRMに対して，THRMには，次の項目が含まれる[15]。

① 　人間の問題とデータの基本的な管理（これには，福利厚生管理，報酬管理，人事記録，積極的格差是正措置の報告，政策の立案と執行が含まれる）。

② 　伝統的なHRのプログラムと仕事の実施（これには，採用，基本的なスキルの訓練，給与調査と報酬プログラムのデザイン，日常の従業員の関心と問題を解決するというER（従業員関係）の仕事が含まれる）。

　ERは，職場の意思決定，苦情，コンフリクト，労使関係などの経営者と従業員との間の問題に対するコミュニケーション活動である。すなわち，ERは，PRやIR（投資家との関係）と同様，企業と従業員の間のコミュニケーション活動を意味する。

第4節　HRM部門の役割

　ディビッド・ウルリッチによれば[16]，HR専門職の役割の第1は，SHRMであり，人的資源とビジネス戦略を統合する「組織診断」を行うことで，戦略を実現することである。第2は，企業のインフラストラクチャーのマネジメントで，組織プロセスをリエンジニアリング（合理化，簡素化，リデザイン，価値創造）することで企業全体に共通するサービスを提供することである。第3は，従業員からの貢献のマネジメントで，従業員の声に耳を傾け，対応して「従業員にリソースを提供」することである。第4は，企業変革と変革のマネジメントで，変革推進者としての役割と同時に，継続性，一貫した規律，安定性の間をバランスさせることである。こうした役割を達成できるHRコンピテンシーに関する研究では，「信頼できる活動家」が重要であった[17]。

　かつて人事部門は，企業戦略にはほとんど関与してこなかったし，またその必要もなかった。しかしながら，持続可能な競争優位を確保するためには，いまいる従業員を活用して新たな組織デザインやマネジメント・スタイルを構築

しなければならなくなった。それゆえ，戦略とHRMは，一貫性を必要とし，SHRMを実施するようになった。

SHRMは，特有のスキルをつくり出す効果がある。マクドナルドやアメリカの大学では，労働移動を通して競争上の地位を高めている。それに対して，ヒューレット・パッカードやNASAでは企業特有のスキルを内部で育成している[18]。また，コンサルタント業界でもボストン・コンサルティング・グループ（BCG）ではビジネスに対する広い視野をもった採用候補者を好む傾向があるのに対し，マッキンゼーでは昔から新卒者を採用しており，中途採用を行うケースはまれである。コカ・コーラは新卒採用を行っており，ほとんど終身雇用といってもよいのに対し，ペプシでは出来合いの社員の能力を外部のマーケットから集めていた[19]。

このように，新しい機会に対応して迅速に行動する企業と長年かけて競争優位を獲得した企業とでは，採用する戦略が異なっている。ただし，いずれの企業も柔軟性に対する要求が高まるとSHRMはそれに応じて変化するのかもしれない。

SHRMにとっては，人的資源の利用可能性と獲得可能性が課題であるが，HRMの原点である「従業員を貴重な資源とみなす」ことを忘れてはならない。例えば，デルのCEOマイケル・デル氏は「デルの成功のうち，かなりの部分は社員たちのおかげである。とはいえ，優れた人材を採用するだけでは十分ではない。すべての従業員の間に，「自分自身が投資をする」という意識を育む必要がある[20]」と述べている。

1989年から1994年までの間に規模縮小（ダウンサイジング）に踏み切ったアメリカ大手企業の調査によれば，その30％で労働生産性が上昇し，34％の企業では逆に生産性の低下がみられただけでなく，勤労意欲が高まった人は2％で，86％の従業員は勤労意欲をまったく失ったと報告されている[21]。

ウルリッチらは，ダウンサイジング（規模縮小），ディレイヤリング（階層削減），そしてリストラクチャリングの名の下に多くの価値ある従業員，すなわち，組織の経験と知識のかなりの量の宝庫が捨てられてきたが，そうした行為は，人

的資本損失の長期的結果をほとんど，あるいはまったく考えてこなかったと指摘している[22]。こうした反省点に立ち，アメリカでは従業員の能力を高めると同時にコミットメントを高める努力の中でHRMが生まれてきたが，現実は，人的資源の重要性を理解していないケースもかなり存在する。

　人的資源を重視し，その価値を高める人材育成は，労働生産性や売上高などによい影響を与えることが明らかになっている。わが国の労働生産が低い原因がここにある。例えば，厚生労働省「令和2年度　能力開発基本調査」によれば，教育訓練費用を支出した企業は49.7％で，教育訓練に支出した費用の労働者一人当たり平均額は，Off-JTが0.7万円で自己啓発支援は0.3万円という残念な結果であった。

　取締役が備える知識や経験を一覧にした「スキルマトリックス」は，HRMや人材育成については，自社の能力が低いために社外取締役に依存しているとする調査結果があるが[23]，専門家の自社育成が早急に求められる。自社に経験者がいる場合もあり，キリンは専門性と経験というスキルセットとして「企業経営」，「ESGサスティナビリティ」，「財務・会計」，「人事・労務・人材開発」，「法務・コンプライアンス・リスク管理」，「SCM」，「ブランド戦略・マーケティング・営業」，「海外事業」，「R&D・新規事業・ヘルスサイエンス」の項目を示しているが，12人中4人がHRMに専門性をもつと報告している[24]。

第5節　HRデューデリジェンス

　デューデリジェンスとは，買収審査のことで，M&A（合併・買収）の際に売買価格の適切さや不良債権などがないかを審査することである。M&Aを行う場合は，退職給付債務や人件費，人員整理に伴う各種コスト，転籍に伴うコスト，労働組合関係などのHRデューデリジェンスが必要になる[25]。クロスボーダー案件（海外M&A）については，報酬，福利厚生，年金など国によって制度が異なるので十分注意しなければならない。

　また，EUにおける人権デューデリジェンス義務化の法制化を受けて，外務

省は，人権を尊重する企業の責任を促すため，人権デューデリジェンスのプロセス（企業活動における人権への影響の特定，予防・軽減，対処，情報共有を行うこと）の導入を求めており，グローバル化が進展した企業ばかりでなく国内においても取り組まなければならない。

第6節　HRMと組織文化

　有能な人材を会社に引きつける方法の1つは，社会化プロセスと呼ばれる。社会化プロセスは，「こんな人材になれる」ことを示すことを含むもので，会社の組織文化が規定する。また，戦略も文化的規範によって制約される[26]。

　組織における文化（カルチャー）の研究は，トーマス・ピーターズらが『エクセレント・カンパニー[27]』において，超優良企業が強烈な文化を有していることを突き止め，その効果が指摘されたからである。価値観の重要性が説かれ，ミッションの策定が注目された。その結果，文化は，経営の操作可能な道具としてみなされるようになった[28]。

　組織文化は「集団として獲得された価値観，信念，仮定であり，組織が繁栄をつづけるにつれてそれらが共有され当然視されるようになったもの[29]」である。組織文化に限らず，文化とその影響は，相対的にある世代においては安定しており，そうした文化に根ざした価値とか行動様式を変革する努力に対しては必ず反抗とか抵抗に遭うことが知られている。その理由は，人間が変化を嫌うためであろう。これまで正しいと思っていたことが間違ったものになるからである。変革が用意周到に準備され，組織構成員全員の理解と承認を受ける形で浸透していかない限り混乱状態を招くおそれがある。またそうした変革は，権力構造をつくり変えることを意味するので，既存の権力者は，これに反対する場合が多い。

　戦略変更は，組織文化を変えようとする力が働くので，大きな抵抗に遭う可能性が高い。戦略の実行は，組織文化によって左右されるからである。したがって，トップの人間が自己のイメージ戦略を下位の者全員に伝達しなければ，

たとえその戦略がすばらしいものであっても役立たなくなってしまう危険性がある。

　戦略の策定と実行は，組織文化によって影響を受けるが，組織文化が当該組織にとって有益な形で形成されるならば，それは戦略と同じような役割を果たすかもしれない。

　ヒューレット・パッカード社は，自社の価値観，企業目標，プランと慣行を合わせたものを「HPウエイ」と呼んでいて[30)]，同社のルイス・プラットCEOは，「日本企業のマネジメントの特徴は文化によるコントロールにあるが，われわれの「HPウエイ」によるコントロールも文化によるもので，この点では日本的経営とよく似ている[31)]」と述べているように，文化は戦略と同じような働きをもつ。

　このように，戦略と組織文化は互いに深くかかわっている。そして，組織文化は，社会文化の産物であることに注意すべきである。

　企業あるいは組織文化は，戦略が明らかとなり，現実化されるようになる過程でHRMの解説的役割を果たす。そして，それは以下の4つの原則を通して活性化されることになる[32)]。

① 　価値の共有（革新を重視し，多様な能力を取り入れようとする価値を企業内で共有しておくことは，1つの有効な原則である）。

② 　個人の希望と組織ニーズの適合（人員配置，配置転換，社内公募，コース別人事はそのような適合を可能にする）。

③ 　情報と知識の拡大（配置転換，朝礼，掲示板，公式の訓練は，情報と知識を増加し創造的なアイデアの源となる）。

④ 　新しいアイデアの奨励と革新に向けてのやる気。

　他方において，組織文化は，企業にとって障害となる場合もある。経営戦略に適合した組織文化が形成されなければ，混乱や反抗といった逆機能をもたらす。SHRMは，外部要因と組織文化などの内部要因によって左右されるが，その組織文化を形成し，維持し，改革し，発展させるのは，リーダーの重要な役割である。

第7節　HRMとリーダーシップ

　リーダーシップは，地位権限，すなわち公式組織上の権力^{ポジションパワー}以外の影響力である。したがって，リーダーは，組織内のどこから出現しても不思議ではない。この定義には2つの条件を満たす必要がある。第1に，この影響力は，モラール，すなわち，実行意欲と帰属意識をもたらすものでなければならない。リーダーシップを行使する目的はここに求められる。第2に，この影響力は，被影響者によって自発的に受け入れられなくてはならない。自発的に受け入れられない場合は，権限や強制権力が行使されたものとみなされる。このように，リーダーシップは，競合やコンフリクトをもたらす可能性があるが，それが社会的是認を受けた場合には，権力よりも有効に働く。人は自分が納得しないことに対しては努力を惜しむからである。

　リーダーの特徴として，レジリエンスが注目されている。レジリエンスは「人々の精神と魂に深く刻まれた反射能力であり，世界と向き合い，理解する能力」と定義され[33]，測定し，学習し，強化できることが指摘されている。採用にあたってはレジリエンスを有する人材を採用し育成しなければならない。それは，企業のレジリエンスと結びつくであろう。

　戦略の策定と遂行にはそれぞれリーダーが必要になる。なぜならば，戦略は，組織の指針となる方向舵であり，リーダーシップは，推進力となるエネルギーを組織に吹き込むものだからである。この推進力がなければ，組織は目標に向かって動き出さない。

　戦略的リーダーシップとは，そうした戦略の策定とその実施に際して行使されるリーダーシップのことである。ノエル・ティチーらは，戦略的リーダーと同様の概念である変換^{トランスフォーメーショナル}リーダーを提唱している[34]。このリーダーは，組織のために新しいビジョンを設け，従業員がその新しいビジョンを受け入れて仕事をするように動員し，必要な変化を制度化する。変換リーダーは，業務のマネジメントを担当する管理者がほとんど扱わない組織の使命，構造，

HRMという3つの領域を担当する。

　SHRMにおいても，戦略的リーダーや変換リーダーが不可欠である。また同時に，通常業務で活躍するオペレーション・リーダーもHRMに求められている。

　戦略の策定や実行に深いかかわりのある文化の側面についても，やはりリーダーシップが欠かせない。エドガー・シャインは，リーダーシップを文化の形成と変革の決定的要因であると述べ，リーダーを文化の管理者とみなし，それが組織を理解し組織を効果的にする上できわめて中心的なものであると結論づけている[35]。

　HRMは，従業員の積極的参画を推奨する手法であり，コミュニケーション，コミットメント，エンパワーメント（意思決定を委ねること）などの組み合わせを統合することによって戦略や構造のフレキシビリティを高めることを目的としている。しかし，その使用度合いは，企業の状況によって異なる。急速な方向転換が必要な場合やさまざまな従業員のセグメントを有する場合には，従業員の自由裁量やエンパワーメントを制約し，リーダーシップを発揮できる機会を制限するかもしれない。経営理念やビジョン及び価値の共有を通して，そうしたケースがあることを周知徹底させておくとともに，事後でもよいので承認を得ることが求められる。日本にはコンセンサスを重視する文化的規範があるといわれるが，公的ばかりでなく根回し等の非公式かつシンボリックなコミュニケーションを通して従業員にそれを伝達することが望ましい。

　日本企業にとってリーダーシップ行使の障害となるのは，いわゆる「出る杭は打たれる」等の文化の影響である。イノベーションや価値創造には，心理的安全性を保障する文化，すなわち，みんなが気兼ねなく意見を述べることができ，自分らしくいられる文化が必要であるが，日本の文化では困難であるものの，トヨタではそれができており，やろうと思えばできるとも指摘されている[36]。

　また，儒教の教えである「長幼有序」も下位者によるリーダーシップ行使の障害となる可能性がある。したがって，年配者の人材育成においては「過去の

成功を忘れること」を重視するばかりでなく「若い者にもリーダーシップを行使させる」ことが肝要となる。

　権力理論によれば，権力を乱用すればするほど，対抗権力を受けやすくなる。逆に権力を委譲すればするほど，権力を手に入れられる。若年者によるリーダーシップの行使は，管理者の権力や権限の放棄とはならない。

【注】

1) https://www.jp.undp.org/content/tokyo/ja/home/sustainable-development-goals.html

2) https://www.oecd.org/sdd/47917288.pdf

3) https://www.doyukai.or.jp/policyproposals/articles/2015/pdf/150422a.pdf

4) John Von Neumann and Oskar Morgenstern, *Theory of Games and Economic Behavior*, Princeton University Press, 1953, p.79 and p.84. (武藤慈夫訳『ゲーム理論と経済行動』勁草書房，2014年，109頁及び116頁)。

5) Herbert A. Simon, *Administrative Behavior: A Study of Decision-Making Processes in Administrative Organization*, 3rd edition, Free Press, 1976, p.67. (松田武彦・高柳　暁・二村敏子訳『経営行動』ダイヤモンド社，1989年，84-85頁)。

6) Shaun Tyson, "Human Resource Strategy: A Process for Managing the Contribution of HRM to Organizational Performance", in Poole, ed., *op. cit.*, p.355.

7) Lee Dyer, "Studying Human Resource Strategy: An Approach and an Agenda", in Poole, ed., *op. cit.*, p.292.

8) 高宮　晋「戦略的経営と組織」『組織科学』Vol.15, No.2, 1981年，2頁。

9) Richard P. Rumelt, *Good Strategy, Bad Strategy: The Difference and Why It Matters*, Profile Books Ltd., 2011, p.85. (村井章子訳『良い戦略，悪い戦略』日本経済新聞社，2012年，118頁)。

10) Martha Amram and Nalin Kulatilaka, *Real Options: Managing Investment in an Uncertain World*, Harvard Business School Press, 1999, pp.6-25. (石原雅行・中村康治・吉田二郎・脇保修司訳『リアル・オプション：経営戦略の新しいアプローチ』東洋経済新報社，2001年，6-31頁)。

11) Alfred D. Chandler, Jr., *Scale and Scope: The Dynamics of Industrial Capitalism*, Harvard University Press, 1990, p.594. (安部悦生・川辺信雄・工藤　章・西牟田祐二・日高千景・山口一臣訳『スケール アンド スコープ：経営力発展の国際比較』有斐閣，1993年，514頁)。

12) Larry W. Hunter, "Choices and the High-Performance Workplace", in IMD International, The London Business School and The Wharton School of the University of Pennsylvania, *Financial Times Mastering Management*, Financial Times Management, 1997, p.271. (杉村雅人・森　正人訳『組織行動と人的資源管理』ダイヤモンド社，1999年，84頁)。

13) Shaun Tyson, *op. cit.*, p.355.

14) 李　炳夏『サムスンの戦略人事：知られざる競争力の真実』日本経済新聞出版社，2012年，218頁。

15) Ralph Christensen, *Roadmap to Strategic HR: Turning a Great Idea into a Business Reality*, AMACOM, 2006, p.9. (梅津祐良訳『戦略人事マネジャー』生産性出版，2008年，11頁参照)。

16) Dave Ulrich, *Human Resource Champions: The Next Agenda for Adding and Delivering Results*, 1977, Harvard Business Review Press, pp.24-188. (梅津祐良訳『MBAの人材戦略』日本能率協会マネジメントセンター，1997年，34-238頁)。

17) Dave Ulrich, Wayne Brockbank, Dani Johnson, Kurt Sandholtz, and John Younger, *HR Competencies: Mastery at the Intersection of People and Business*, SHRM, 2008, p.226. (中島　豊訳『人事コンピテンシー：人と組織は「改革」「進化」「活性化」できるのか』生産性出版，2013年，256頁)。

18) Peter Cappelli and Anne Crocker-Hefter, "Key to Competitive Advantage," in IMD International, The London Business School and The Wharton School of the University of Pennsylvania, *op. cit.*, pp.262-267. (前掲訳書，49-67頁)。

19) Cynthia A. Lengnik-Hall and Mark L. Lengnik-Hall, "Strategic Human Resources Management: A Review of the Literature and a Proposed Typology", in Poole, ed., *op. cit.*, p.314.

20) Michael Dell with Catherine Fredman, *Direct from Dell: Strategies that Revolutionized an Industry*, Michael Dell, 1999, p.121. (國領二郎監訳『デルの改革』日本経済新聞社，1999年，171頁)。

21) Howard H. Stevenson, *Do Lunch or Be Lunch*, Harvard Business School Press, 1998, p.13. (菊田良治訳『スチーブンソン教授に経営を学ぶ』日経BP社，2000年，39頁)。

22) Dave Ulrich, Jack Zenger, and Norm Smallwood, *Result-Based Leadership*, Harvard Business School Press, 1999, p.56.

23) 日本経済新聞「専門性，社外取締役に依存？」2021年4月26日，朝刊。

24) https://pdf.irpocket.com/C2503/vTQq/drbC/hIBg.pdf

25) マーサージャパン編『M&Aを成功に導く人事デューデリジェンス・第2版』中央経済社，2010年，35頁。

26) Michael E. Porter, Hirotaka Takeuchi, and Mariko Sakakibara, *Can Japan Compete?*, Macmillan Press Ltd., 2000, p.163.

27) Robert H. Waterman, Jr. and Tom Peters, *In search of Excellence: Lessons from America's Best-Run Companies*, Profile Books, 2015. (大前研一訳『エクセレント・カンパニー：超優良企業の条件』講談社，1983年)。

28) James Champy, *Reengineering Management: The Mandate for New Leadership*, Harper Collins Publishers, Inc., 1995, p.161. (中谷　巌監訳『限界なき企業革新：経営リエンジニアリングの衝撃』ダイヤモンド社，1995年，240頁)。

29) Edgar H. Schein, *The Corporate Culture Survival Guide*, Jossey-Bass Inc., 1999, p.20. (金井壽宏監訳，小川丈一・片山佳代子訳『企業文化：生き残りの指針』白桃書房，2004年，22頁)。

30) David Packard, *The HP Way: How Bill Hewlett and I Built Our Company*, Harper Business, 1960, p.82. (伊豆原弓訳『HPウエイ：シリコンバレーの夜明け』日経BP出版センター，1995年，100頁)。

31) 校條　浩・本荘修二『日本的経営を忘れた日本企業へ：ヒューレット・パッカード』ダイヤモンド社，1955年，166頁。

32) Toyohiro Kono and Stewart R. Clegg, *Transformation of Corporate Culture: Experiences of Japanese Enterprises*, Walter de Gruyter Gmb H & Co., 1998, p.292. (吉村典久・北居　明・出口将人・松岡久美訳『経営戦略と企業文化』白桃書房，1999年，271-272頁)。

33) Diane Coutu, "How Resilience Works: Three Traits of Those Who Bounce Back", in Harvard

Business Review, *Resilience: HBR Emotional Intelligence Series*, Harvard Business Review Press, 2017, p.30.（DIAMONDハーバード・ビジネス・レビュー編集部訳「レジリエンス（再起力）とは何か」『レジリエンス』ダイヤモンド社，2019年，40頁）。

34）Noel M. Tychy and David O. Ulrich, "The Leadership Challenge: A Call for the Transformational Leader", *Sloan Management Review*, Fall, 1984, pp.59-68.

35）Edgar H. Schein, *Organizational Culture and Leadership*, Jossey-Bass Inc., Publishers, 1985, pp.326-327.（清水紀彦・浜田幸雄訳『組織文化とリーダーシップ』ダイヤモンド社，1989年，416-417頁）。

36）Amy C. Edmondson, *The Fearless Organization: Creating Psychological Safety in the Workplace for Learning, Innovation, and Growth*, John Wiley & Sons, Inc., 2019, p.xvi and p.207.（野津智子訳『恐れのない組織：「心理的安全性」が学習・イノベーション・成長をもたらす』英治出版，2021年，14-15頁及び257-258頁）。

---- 第3章 ----

採用と解雇に関する管理

第1節 序 論

　人材の採用から退職に至るまでの一連の管理は,「雇用管理」と呼ばれる。雇用管理には, 採用管理, 人材育成, 配置転換, 昇進・昇格, 人事考課, 職務分析, 定年制, 再雇用制度などが含まれる。本章では, 最初に採用管理, そして退職管理について検討する。

　採用とは, 従業員候補者の選抜であり, 雇用とは, 労働契約書を締結して仕事に従事させることである。採用に際しては, 必要な人数という「数」と, どのような能力や知識をもつ人が必要なのかという「質」の2つが基準になる。

第2節　採用計画

1．採用計画と要員管理

　(1) 採用計画

　採用計画とは, 人材を確保するための計画である。企業内の労働需要は, 退職者数や事業の拡大もしくは縮小などにより, 毎年変化する。そうした需要は, 最初に「内部労働市場」によって満たされる。「内部労働市場」とは, 主に企業内で労働力の配分が行われ, 賃金が決まる仕組みである[1]。すなわち, とりあえず社内で人材がやりくりされる。

　そうした「やりくり」では間に合わないときは, 社外の外部労働市場から人

材を調達する。この調達計画のことを「採用計画」もしくは「要員計画」とい
う。採用計画は，ミッション（企業の果たすべき役割）の一部を構成するもので
あり，戦略的に実行される。現行あるいは新たな経営戦略の遂行に必要な人材
は「どのような知識，技能，資格及び経験をもっている人か」，「どのような性
格か」，「どのような学習能力を備えているか」，「多様性は満たされるか」など
を決定し，そうした人々が何人必要なのかを決めなければならない。したがっ
て，採用計画策定には，トップやHRMのスタッフばかりではなく，戦略計画
のスタッフの参加も欠かせない。

　時間やスタッフの問題から，採用基準の設計などの採用計画，説明会開催，
応募，書類選考や面接などの選考までをアウトソーシングする「採用代行」を
利用している会社もある。

(2)　内部労働市場の構造設計政策

　経営戦略に基づき内部労働市場の構造設計政策が決定される。これには3つ
の政策がある[2]。第1は，「労働市場の内外区分政策」である。これは，内部
労働市場の境界を定めるもので，内部労働市場の人材を活用するのか，それと
もアウトソーシングによって外部の専門企業の能力を活用するのかを決める。

　第2は，「雇用形態区分政策」であり，派遣労働者，契約社員（有期労働契約），
パートタイム労働者，短時間正社員（フルタイムではない正社員），業務委託（請負）
契約を結んで働いている人，家内労働者（通常，自宅を作業場として，メーカーや問
屋などの委託者から，部品や原材料の提供を受けて，一人または同居の親族とともに，物品
の製造や加工などを行い，その労働に対して工賃を受け取る人），自営型テレワーカー
（非雇用型テレワーカーともいい，事業者と雇用契約を結ばずに仕事を請負い，自宅等で働
く人），別企業の正規従業員ではあるが短期・単発で働くギグワーカーなどの
多様な雇用形態を区分する政策である。

　第3は，「社員区分政策」である。これは，総合職（基幹的業務に従事する従業
員）と一般職（補助的業務に従事する従業員），全国社員と地域限定社員，管理職と
専門職・専任職の区分あるいは職種別区分などを決定する。

(3) 基本的データの収集

最も重要なデータは，内部労働市場の動向である。そのほか，学生の分野別就職率，有効求人倍率（全国の公共職業安定所に申し込まれている求職者数に対する求人数の割合），完全失業率（収入を伴う仕事に調査期間中一度も従事しなかった者のうち，就業が可能でこれを希望し，かつ求職活動を希望した者），地域別や職種別などの労働市場の動向，さらには景気動向等についてのデータ収集を行う。

(4) 要員測定

要員量（人数）の決定には次のような計算方法がある[3]。最初のものは「積上げ方式」と呼ばれ，

$$要員量 = \frac{総作業量}{1人当たり標準作業量 \times 労働時間}$$

で示される。これにコスト計算を入れたものを「採算人員制」と呼び，次式で示される。

$$要員量 = \frac{売上高 \times 人件費率}{1人当たり人件費} \quad あるいは \quad \frac{付加価値 \times 労働分配率}{1人当たり人件費}$$

こうした要員量から予定退職者数を除いた数が新規採用人数となる。このほかの求人に関する公式は，以下のようになる[4]。

$$\frac{現在採用できるポストの総数}{現在充足されているポストの総数} \times 100$$

もしくは，次式になる。

$$\frac{現在採用できるポストの総数}{予算化されたポストの総数（ある期間）} \times 100$$

これらの計算式は，安定した環境下で戦略変更がないことを前提としており，市場変化や技術進歩などによって戦略変更がある場合，単純な公式では求めら

れないことが多い。内閣府によれば，コロナ禍の影響で，生産に見合わない形で雇用し続けている「雇用保蔵」も増加している[5]。

　近年ではFTE（Full Time Equivalent：フルタイム当量）が用いられる場合もある。これは，「入社3年以上で，週に5日出社し，1日8時間の所定内労働時間で勤務する人員[6]」のことで，「戦力人材」などと呼ばれる。例えば，入社3年未満は，0.7FTE，時短勤務者は，0.75FTE（1日6時間で5日勤務），シニア人材は，0.9FTEなどとなり，これにより，組織の必要人数である基準人員が明らかになる[7]。

　(5) 要員量の法的規制

　その他，法制度も要員量を規制している。第1に「障害者の雇用の促進等に関する法律」は，2021年では従業員43.5人以上を雇用する民間企業で2.3％，国，地方公共団体，特殊法人等には2.6％の雇用率を定めていて，毎年雇用状況をハローワーク（正式名は公共職業安定所：厚生労働省からの指示を受け，職業紹介，雇用保険・求職者支援，雇用対策を展開している都道府県労働局の職業安定部）に報告しなければならない。障害者とは，身体障害，知的障害，発達障害を含む精神障害，そのほか，難病患者など，心身の機能の障害がある者であり，障害者手帳所持者に限定されない。

　障害者雇用のための各種助成金や職場定着に向けた人的支援などが整備されているが，法定雇用率未達成企業は，1人当たり月5万円の障害者雇用納付金を支払わなくてはならない。常用労働者が100人以下の事業者が障害者雇用率を超えて雇用する場合は1人当たり2万7千円の障害者雇用調整金が支給される。なお，条件つきで企業グループや特例子会社による障害者雇用及び短時間労働も障害者雇用率の算定に加えることが認められている。

　5人以上の障害のある従業員が働いている事業所では，「障害者職業生活相談員資格認定講習」を修了した等の資格を有する障害者職業生活相談員を選任し，職業生活全般における相談・指導を行うことが義務づけられている。

　厚生労働省によれば，従業員20名以上の企業では，フランスは6％，ドイツは5％が法定雇用率となっているが[8]，わが国も雇用の拡大が望まれる。障

害のある人もない人も，互いに支え合い，地域で生き生きと明るく豊かに暮らしていける社会を目指す「ノーマライゼーション」の理念が浸透する中，障害者も同じ人的資源となる。

　第2に「出入国管理及び難民認定法」は，外国人労働者を自由に雇用することを禁じている。国内就労が認められているのは，(1)専門的・技術的分野の在留資格で在留が認められる者，(2)永住者や日本人の配偶者等の身分に基づき在留する者，(3)技能移転を通じた開発途上国への国際協力を目的とする技能実習，(4)経済連携協定に基づく外国人看護師・介護福祉士候補者や休暇目的ではあるが就労を認めるワーキングホリデーなどの特定活動，(5)留学生のアルバイト等の資格外活動，に限定される[9]。このうち，(1)については，大学教授や高度専門職などが含まれる。

　高度専門能力をもつ外国人は，学歴，職務経験，年齢をそれぞれ点数化し，合計が70点に達すると高度人材として認定し，在留資格「高度専門職1号」を付与している。この在留資格をもって一定期間在留した場合には，在留期間が無期限の在留資格「高度専門職2号」が与えられる。金融人材については，特例として在留資格の取得後に短期間で永住が認められる[10]。

　厚生労働省の「外国人雇用状況」によると，2020年現在，外国人労働者は1,724,328人で，「専門的・技術的分野の在留資格」の労働者数が359,520人，「技能実習」は402,356人となっている。

2．人材の質的構造の管理

　人材の質的構造の管理は，内部労働市場の構造設計政策と関連が深い。すなわち，外部労働市場から採用を行う際に内部労働市場との整合性が必要となる。質的側面の管理には次のようなものがある。

　第1は，学歴別採用管理である。グーグルのように，大卒かどうかを問わない企業もあるが[11]，大卒に限定する企業もある。新卒の採用活動の日程については，これまで日本経済団体連合会（以下経団連）が決めてきたが，2022年以降は政府主導の就活ルールに従うことになった。2022年では，広報活動開

始は，大学生の場合，3年生の3月1日以降，採用選考活動開始は，4年生の6月1日以降，正式な内定日は，10月1日以降としている。

　学歴別採用管理の根拠には以下のものがある。

　ミカエル・スペンスは，雇用者は，教育レベルによって生産成果が異なるというシグナルを信じるので，学歴に応じて給与を決めるとする「シグナリング理論」を展開している[12]。また，学歴によって能力が異なるとする調査結果もある[13]。すなわち，企業内労働経験については高卒にも大卒にも所得向上効果は認められるが，大卒の方が，企業外経験も含め，労働経験を成長に結びつける傾向が強く，高卒は周囲の助けによって成長するが，大卒は自己学習によって成長するのであり，大卒は高卒よりも多くの能動的な学習を受けることにより，「大卒」と「高卒」は，異質の人材ということになる。

　第2は，職種別採用管理である。これには，運転手，守衛，トレーダーなどの職種ごとに行うものと後述するジョブ型と呼ばれる職務別及び一般職や総合職といった区分の採用管理がある。サントリーでは，ビジネス部門，財経部門，デジタルテクノロジー部門，生産研究部門別に採用を行っている[14]。

　第3に，雇用形態別採用管理が挙げられる。これには，派遣労働者，契約社員，パートタイム労働者，短時間正社員，業務委託（請負）契約者，家内労働者，自営型テレワーカー，アルバイト，季節労働者，ギグワーカーなどの採用管理が含まれる。また，転勤がないか限られたエリア内のみの転勤がある「地域限定社員」の管理も雇用形態別採用に含まれる。

　派遣社員，契約社員，パートタイム社員，短時間正社員については，第8章で述べる。業務委託・請負は，いわゆるアウトソーシングであり，仕事の注文主と労働者との間に指揮命令関係を生じない。

　家内労働者については，家内労働法に基づいて，家内労働手帳の交付，工賃支払いの確保，最低工賃制度，安全及び衛生の確保，委託状況届の労働基準監督署への提出などが決められている。

　自営型テレワーカーは，厚生労働省によって「注文者から委託を受け，情報通信機器を活用して主として自宅または自宅に準じた自ら選択した場所におい

て，成果物の作成または役務の提供を行う人（法人形態により行っている場合，他人を使用している場合などを除く）」と定義されている。自営型テレワーカーへの仕事の注文や仲介事業を行う場合には，「自営型テレワークの適正な実施のためのガイドライン」を踏まえた対応が求められる。

季節労働者は，雇用保険上は，短期雇用特例被保険者と呼ばれ，季節的に雇用され，または短期の仕事につくことを常態とする労働者である。

政府は，副業・兼業の普及促進を図っていて，こうした希望をもつ人の採用も実施されている。地方自治体も支援していて，岩手県庁では公式サイトやSNS等で副業したい人を募集し，岩手県内の企業とのマッチングを行っている[15]。

第4は，中途採用管理である。厚生労働省の令和元年「中途採用に係る現状等について」によれば，新卒採用の割合は，34.7％で，中途採用は65.3％であった。従業員5千人以上の企業では，新卒62.6％，中途採用37.4％となっていて，大企業ほど新卒採用を重視していることが分かる。

トヨタはキャリア採用と呼ばれる中途採用を行っていて[16]，その1つは，キャリア登録と呼ばれる。これは，転職希望者が登録しておき，本人に適した職種の募集の開始やイベントが開催される場合に，メールで連絡するものである。もう1つは，リファラルであり，社員が知人・友人を紹介する採用手法である。

中途採用でミスマッチを防ぐために「リファレンスチェック」を活用している会社もある。これは，転職希望者が出身企業の同僚2人から3人を指定して，自分の評価をしてもらうもので，性格，働きぶり，経歴に偽りがないかの裏付けに使用する[17]。

政府は，中途採用に関して3種類の「中途採用等支援助成金」を支給している。1つは，中途採用拡大コースで，正規雇用の採用者全体に占める中途採用者の割合である中途採用率の増加に対する助成金である。2つめは，東京圏からの移住者に対するUIJターンコースである。地元に戻るUターン，近くの都市に行くJターン，出身地以外に移住するIターンがある。3つめは，40歳以

上者が起業によって就業機会を創出した場合の生涯現役起業支援コースである。こうした中途採用の増加を受けて，「労働施策総合推進法」は，従業員301人以上の企業の中途採用比率について，求職者がインターネット等で簡単に確認できる方法での公表を義務化している。

　第5に，日本企業の海外現地法人の増加に伴う外国人採用管理がある。経済産業省の2021年4〜6月期「海外現地法人四半期調査」によれば，日本企業は約418.7万人の現地従業員を雇用しており，国際化が進んでいる。そのため，伊藤忠やトヨタなどは，幹部人材の評価基準を世界で統一したグローバル人材管理を実施している[18]。

　法務省の調査では，2019年には留学生のうち25.2％が日本企業に就職しているが[19]，今後は全世界からの採用が行われると考えられる。

　第6に，タレント採用がある。わが国では，特別なキャリアパス（キャリアアップのルート）や高い報酬を提示することでタレントを獲得しているが，フランスでは事業戦略と一体的な人材戦略，アメリカでは働き方改革が有効であるとする報告がある[20]。

　グーグルなどは，異質な人材を重視しているが，これらの人材の採用方法は，一般の場合とは異なる。例えば，イノベーションを連続的に起こす「シリアル・イノベーター」の採用に関しては，実際のシリアル・イノベーターやそのマネジャーを参加させるばかりでなく，社内の技術開発者のネットワークを積極的に活用し，複数の大学でイノベーション関連の教授陣を巻き込んで，潜在的シリアル・イノベーターを特定するなどの努力が必要であると指摘されている[21]。

3．ジョブ型採用

　ジョブ型採用は，タレント採用にも含まれるが，アメリカの例をもとに述べておきたい。

　アメリカでは，職務配置が一般的で，特定の職務に必要な人材を募集する。こうした採用は，後述するように，わが国においても「ジョブ型」と呼ばれ，

仕事内容に応じて報酬が支払われる。欧米では，少数の職務群（バンド）ごとに報酬の最低額と最高額が決められており，それは範囲職務給（ブロードバンド）と呼ばれる[22]。今日では，課業を構成する職務がますます細分化されることで課業化（タスキフィケーション）と呼ばれる状況が生じ，アマゾン・メカニカルタークなどを通じて安く，24時間いつでも行えるようになっている[23]。

職務給の導入には，職務に関する詳細な情報を収集・整理して，職務の内容を明確にする「職務分析」，職務に必要な課業，能力，資格，使用道具，遂行方法などをデザインする「職務設計」，設計された職務を書面にした「職務記述書」，職務記述書に基づき「職務評価」を行うというプロセスが含まれる。

近年の職務分析は，職務要件が変化するという事実を前提として行われる戦略的職務分析を用いる場合がある。この戦略的職務分析は，将来の組織目標について考え，これらの変化が特定の職務のパフォーマンスに対してもつ意味とは何かを決める過程である[24]。

アメリカでは，この職務記述書を満たす能力，知識，技術，その他の特徴を有する人材確保のために，①面接，②身元検査，③経歴，④身体能力テスト，⑤言語理解，数量的能力，推論能力などの認知能力テスト，⑥外向性，適応力，同調性，誠実性，経験に対する積極的受け入れなどを示す人格目録，⑦仕事サンプルテスト，⑧正直テスト，⑨ドラッグテスト等が実施される[25]。

このうち，とりわけ重視されるのは，知的能力，職務遂行能力，感情の能力である。知的能力には，思考能力，語学能力，コミュニケーション能力，計算能力，問題解決能力などがある。職務遂行能力には，各種の資格や免許を有すること，企画力，判断力，実行力，折衝力，指導力などが含まれる。感情の能力には，積極性，持続性，責任感，誠実さ，社交性，協調性などがある。そのほか，精神運動検査（器用さと反応時間のテスト），職務知識と実務試験，職業興味検査，性格検査，ポリグラフ鑑定（嘘発見器を用いたテスト），筆跡鑑定，エイズテスト，遺伝子検査などを実施する場合がある[26]。

また，80％の企業が採用前の身元チェックをしていて，30％に虚偽や誤解を招く証明書がみつかっている[27]。メタ（フェイスブック）の「いいね」から

は，性的指向，民族性，宗教的及び政治的見解，パーソナリティ特性，知性，幸福，中毒性物質の使用，親の離婚，年齢，性別など，機密性の高い個人属性の範囲を自動的かつ正確に予測するために使用できることを示す調査結果もある[28]。

4．採用選考時に配慮すべき事項

　厚生労働省は，次の3点を採用選考時に配慮すべき事項としている。

　第1は，本人に責任のない事項の把握であり，①本籍・出生に関すること，②家族に関する職業，健康，地位，学歴，収入，資産など，③生活環境・家庭環境など，これらに関することは，応募用紙への記載や面接で尋ねることは就職差別につながるおそれがある。

　履歴書に関しては，様式例として，性別記入を任意にし，未記入も可能としている[29]。

　第2は，本来自由であるべき事項の把握であり，①宗教に関すること，②人生観，生活信条に関すること，③尊敬する人物に関すること，④思想に関すること，⑤労働組合・学生運動など社会運動に関すること，⑥購読新聞・雑誌・愛読書などに関すること，といった思想信条にかかわることの応募用紙への記載や面接で尋ねることも就職差別の原因になる可能性がある。

　第3に，採用選考の方法として，①身元調査などの実施や②合理的・客観的に必要性が認められない採用選考時の健康診断の実施も就職差別につながるかもしれない。

　以上のような配慮は必要であるものの，前の職場でのトラブルについて聞くことは一定の範囲で認められる。

第3節　募　集

　採用計画が決定したら，次は募集である。肝心なことは，できるだけ多くの人に応募してもらうことである。人を引きつける魅力の創出として，①熱意を

もって取り組める，刺激的な仕事の存在と提供，②一流の企業，一流の企業文化，一流のリーダーたちの存在，③富と報酬の保障，④成長と能力開発，⑤自分と家族の生活を大事にする，⑥人間的側面（すばらしい人間関係）などがある[30]。募集人数を拡大するため，中途採用では，経験や年齢を不問にする場合もある。

1．募集方法
(1) 募集方法の決定
　募集方法には，企業が自ら新聞や雑誌その他の刊行物を用いて労働者を募集する文書募集，インターネットなどを用い，労働者に直接働きかけて応募を勧誘する直接募集，他の会社などに委託して募集を行う委託募集の3つがある。中学生と高校生の募集については，ハローワーク（公共職業安定所）を介して行われる。新規中学校卒業者を対象とする文書募集は，禁止されている。高校生の文書募集は，ハローワークで確認を受けた求人であり，求人票記載内容を順守し，広告等掲載にはハローワーク名及び求人番号を記載しなければならない。そして，応募者の受付は学校またはハローワークを通じて行わなければならない。

　企業が自ら行うものの中には，前述の社員が有望な学生を推薦する紹介採用（リファラル）も登場している。委託募集の場合は，他の会社などに報酬を支払って募集する場合は，厚生労働大臣の許可を得，報酬を支払わないときには同大臣に届け出る必要がある。

　企業が行う間接的方法には，①学校，②ハローワーク，③地方公共団体，④人材銀行や人材紹介会社などの有料職業紹介事業者のルートがある。学校の場合，大学の就職課などが紹介する。

　ハローワークは，全国どこからでもインターネットを使い求人情報が検索できるサービスを提供している。この求人情報には，個別企業ごとに仕事の内容，賃金・休日などの労働条件，年齢制限，最寄りの鉄道路線名などが含まれる。そのほか，新卒者のための求人情報を個別に提供しているばかりでなく，「リ

クナビ」や「マイナビ」などの就職情報サイトにも新卒応援ハローワークを掲載している。町や市なども特定地方公共団体無料職業紹介事業（地方版ハローワーク）を行うことが認められている。例えば，鳥取県は，県立ハローワークを開設して県が有する情報，機能，ネットワークを有効活用した「地域の課題解決のための打って出るハローワーク」を目指している。

　また，厚生労働省は，アメリカ政府が運営する無料の職業情報サイトO-NET と同様の「職業情報提供サイト（日本版O-NET）」を開設している。このサイトでは，動画コンテンツを含む約500の職業の解説，求められる知識やスキルなどの「数値データ」を盛り込んだ，総合的な職業情報を提供している。

　求人情報サイトを運営する企業もあり，AIを活用したマッチングで適職を紹介している場合もある。会社の求人情報と職務経歴や希望をAIが審査して，適職を紹介する。

　有料の職業紹介事業を行う場合は，厚生労働大臣の許可を必要とする。手数料は，あらかじめ厚生労働大臣に届け出た金額で，原則として求職者からは手数料を徴収してはならない。紹介料率は，転職先の年収に料率を掛け合わせたもので，厚生労働省によれば30〜35％未満が最も多くなっている。

　日本人材紹介事業協会によれば，人材紹介会社には，①一般登録型，②サーチ型，③再就職支援型の3つの形態がある[31]。①は，求人企業と求職者からの依頼に基づき，最適なマッチングを企業に紹介するサービスであり，パーソナルプレースメントとかエンプロイメントエージェンシーとも呼ばれる。②は，求人企業の依頼に基づき，その企業に最適な人材を検索して紹介するサービスであり，ヘッドハンティングとかスカウトと呼ばれることもある。③は，企業側の事情により要請を受け，社員の再就職を支援するサービスである。

　求人内容と実際との食い違いである「求人詐欺」が後を絶たないので，厚生労働省は，労働条件が募集と契約で異なる場合，書面などで求職者に説明する義務を課す方針である。

　(2)　募集の原則

　厚生労働省は，労働者募集の原則として，①労働条件等の明示，②労働条件

の明示等にあたっての留意点，③募集主による労働条件等の変更等に係る明示，④試用期間中の従事すべき業務の内容等と当該期間終了後の従事すべき業務の内容等が異なる場合の取り扱い，⑤受動喫煙を防止するための措置，記録の保存，⑥募集内容の的確な表示等，⑦個人情報の取り扱い，⑧秘密を守る義務，⑨募集者からの苦情の適切な処理，⑩労働者の募集及び採用における年齢制限の禁止に関する取り組み，⑪報酬の受領及び供与の禁止，⑫労働争議に対する不介入，⑬労働者の帰郷の措置，⑭男女雇用機会均等法及び同法に基づく指針の順守を定めている。

　また，若者雇用促進法は，①職場情報については，新卒者の募集を行う企業に対し，企業規模を問わず，（ⅰ）幅広い情報提供を努力義務化，（ⅱ）応募者等から求めがあった場合は，（ａ）募集・採用に関する状況，（ｂ）職業能力の開発・向上に関する状況，（ｃ）企業における雇用管理に関する状況の３類型ごとに１つ以上の情報提供を義務化し，②ハローワークにおける「すべての求人」で，一定の労働関係法令違反の求人者からの求人を受理しないことを定め，③若者の採用・育成に積極的で，若者の雇用管理の状況などが優良な中小企業について，厚生労働大臣が「ユースエール認定企業」として認定する制度を創設している。

　ユースエール認定企業になるためには，各都道府県労働局への申請が必要である。認定されると，認定企業限定の就職面接会などへの参加が可能になり，自社の商品，広告などに認定マークを使用できるなどのメリットが付与される[32]。

２．広報活動（募集の宣伝）

　広報活動とは，採用を目的として，業界情報，企業情報，新卒求人情報等を学生に対して広く発信していく活動である[33]。これには，企業自身によるPRとリクルート専門機関によるものがある。募集を含め，採用活動全般にインターネットを活用して会社説明会などを行っている会社も多い。LINE，メタ，ユーチューブ，ツイッター，インスタグラムなどの ＳＮＳ（ソーシャルネットワークサービス）を利用した

オンライン（ソーシャルもしくはe）リクルーティングと呼ばれる募集は，その手軽さ故「本気度」を見極めることが困難であるという問題はあるものの，多くの希望者を集められる点では望ましい。こうした，求人求職サイト，企業サイトの求人募集ページ，新聞社や協会のサイト，SNS，コンテンツサイト，公共職業安定所など，インターネット上に掲載されている何千ものサイトから求人情報を自動収集して1つのサイトに集約する求人情報専門検索エンジンサイトは，ジョブボード・アグリゲーター（アグリゲーター）と呼ばれている[34]。Indeedは，世界中の企業の採用情報ページや求人求職サイトから情報を収集し，一括検索できる世界最大級の国際的なジョブボード・アグリゲーターである。

　オンラインでは，ゲームを活用するゲーミフィケーションが使われる場合がある[35]。これは，ゲームを用いたシュミレーションで，会社がどのような活動をしているか分かるようメッセージを提供するものである。そのほか，求職者の要望や特性に応じて情報提供する機能や求人企業の採用選考プロセスを支援する機能として，ダイレクトリクルーティング（データベース化された求職者の登録情報を求人企業が閲覧し，直接スカウトやオファーを送信できる機能），リコメンド（求職者の要望，特性に応じた情報提示が行われる機能），メールマガジン（求職者の希望に基づき新着情報や希望条件に合致する情報をメール送信），チャットツール（応募者からの問い合わせなどに自動で対応），面接日程調整（面接受付や日程調整を自動で実施できるカレンダー機能等）が使われている[36]。

第4節　選　　考

　選考で最も重要なことは，優れたタレントを選ぶことである。グーグルでは，自分よりも優れた人材を選ぶことが求められている。

1．選考プロセス
　大卒者の第一次選考については ＨＰ上で行う企業が多い。一般的な選考フ

ローは，①プレ登録，②エントリーシート提出，③SPI（総合適性検査）テストセンター，④１次面接（若手による個人面接もしくは集団面接），⑤２次面接（管理職による個人面接），⑥３次面接（役員による個人面接），⑦内々定，⑧内定となっている。このうち，リクルートマネジメントソリューションズが提供するSPIなどの適性テストは，通常ネット上で行われるオンラインテストとなっている[37]。すなわち，HP上で都合のよい時にテストを行い，メールで結果が通知される。一定期間内にネットを通じてレポート提出を求める場合がある。エントリーシートの提出をやめてオンラインテストをすぐ行う会社もある。

　募集や選考にインターネットを利用するオンラインリクルーティングを利用するのは，求職者も求人者もお金をかけずに短時間で求める人材や職を探せるからである。ICTは「必要な人材を，必要な時に，必要な人数だけ」確保するという人材のジャスト・イン・タイム化を可能にする。それは，ナレッジ・ベースの外部リスト（社外のHRの情報）と内部リスト（社内のHRの情報）を管理し，いつでも必要な時に検索可能にする。ICTを使ったHRテックは，クラウド上で求人者のデータ管理を行うほか，従業員の人事データを管理できる。

　なお，厚生労働省は，採用選考活動の実施時期が梅雨や夏季に当たることから，学生のクールビズ（冷房温度の適正化とその温度に適した軽装や取組など）への配慮を行うことを求めている[38]。

２．応募者の会社選択理由

　「会社の選択理由」についての「2021年卒マイナビ大学生就職意識調査」によれば，「安定している会社」（38.3％）が１位で，そのあと「自分のやりたい仕事（職種）ができる会社」（35.9％），「給料のよい会社」（19.8％）が続いている[39]。海外のグラスドア（求人口コミサイト）を用いた調査では，よい職場の一番の条件は「文化と価値」であり，「給与と福利厚生」よりも4.9倍推奨されている[40]。

　一方，採用側が重視している点は，経団連の「2018年度新卒採用に関するアンケート調査結果」によれば，「コミュニケーション能力」82.4％，「主体性」64.3％，「チャレンジ精神」48.9％，などとなっていて，「語学力」6.2％

や「履修経歴・学業成績（GPA）」4.4％は，さほど重要視されていない[41]。
また，2021年の同調査では，9割を超える企業がウェブ面接を実施し，6割
強の企業が最終面接も含めてすべてウェブで行ったことが報告されている。

　「チャレンジ精神」の採用を狙うあおぞら銀行は，在学中に起業した学生が
入行後も事業を続けることを認めるなど[42]，企業はさまざまな工夫をしてい
る。

3．試験項目

　新卒選考の場合は，①書類選考，②健康診断，③筆記試験（一般常識・基礎学
力，作文・小論文），④適性検査（SPIなどの一般心理適性と職業適性），⑤面接試験
（集団面接や個人面接），⑥実技試験などが採用されている。

　選考の際，選考目的として，どのような専門能力や知識をもつ人材を必要と
しているのか，どのような経歴を有する人が必要なのか，どのような性格の人
が望ましいのか，などを明らかにするとともに評価基準の一貫性を保つことが
重要である。例えば，デザイン・コンサルティング会社・IDEOのティム・ブ
ラウンCEOは，スキルの深さを意味する横棒と学問分野を超えた協働処理を
意味する縦棒を備えたT字型人材を求めている[43]。

　なお，スタンフォード大学のテクノロジー・ベンチャーズ・プログラム
（STVP）は，少なくとも1つの専門分野で深い知識をもつと同時に，イノベー
ションと起業家精神に関する幅広い知識をもっていて，異分野の人たちとも積
極的に連携して，アイデアを実現できる「T字型の人材」を育成している[44]。

4．適性診断とAI

　選考時に適性診断が必要な職種もある。自動車運送事業者は，旅客自動車運
送事業運輸規則及び貨物自動車運送事業輸送安全規則に基づき事業用自動車の
運転者あるいはトラック乗務者として選任する前に国土交通大臣が認定する適
性診断を受けさせなければならない。厚生労働省の調査では，適性にも関係が
あるが，遺伝情報をもとに「内定取り消し」があることが明らかになっている。

欧米では採用時の遺伝子検査は禁止されており，日本でも法律の制定が望まれている。なお，わが国では，遺伝情報によるいじめ，異動，降格などが報告されている。イギリスでは，犯罪歴審査もある[45]。

　企業は，採用時に学生の適性の判断を誤る場合があり，仕事の内容と人材のミスマッチが生じている。理論的には，試用期間（解雇権留保時の雇用契約であって，採用にあたって一定の期間を定め，社員としての適格性を調査し，正式社員として採用するか否かを判定する期間[46]）を通じてそのミスマッチを解消できるはずである。しかし，これまで解雇は例外的であった。

　応募者の適性を数値で判断するサービスが登場している。技術者派遣のエスユーエスは，AIを用いて採用・マッチングのための人材アセスメントを提供している[47]。

　ユニリーバのAI採用は，以下のようになる[48]。求職者が，ビジネス特化型SNSのリンクトイン経由で求人をみつけた場合，第一ラウンドでは，12のオンラインゲームでリスク回避傾向や感情を読み取る力などの性質を把握される。第二ラウンドでは，コンピュータやスマートフォンで映像によるインタビューを行う。ここでAIが言葉やボディランゲージ，口調などを解析して最もよい評価を得た候補者が最終ラウンドに進む。第三ラウンドでは，オフィスで人間が面接を行い，雇うかどうかの最終判断を下す。このシステムの導入により求人が2倍に，決定までの時間が4カ月から4週間に短縮し，採用担当者が応募の精査に費やす時間が75％削減し，採用者の出身大学数は840校から2,600校へ増加した。

　ユニ・チャームもAIが自己PR動画を分析し，対話能力などの評価を合否の参考にする[49]。そして，不合格になった学生に対して，理由を伝えて今後の採用活動に役立ててもらう。

5．面　　接

　アメリカでは，構造的面接が行われる場合がある[50]。構造的面接は，あらかじめ質問事項が決まっていて，非構造的面接は，前もって質問する事項が決

まっておらず，半構造的面接は，ある程度質問事項が決まっているが状況により変わるものをいう。

　グーグルでは，非構造的面接は，職務能力の14％しか説明できないとしたフランク・シュミットとジョン・ハンターの研究結果から構造的面接を用いている。同社では，受験者を採用すべきかどうかは，4回の面接によって86％の信頼性で予測できることを発見し，それを「4回の法則」と呼んでいる[51]。

　インテルでは，面接の際，①技術的知識，②過去において自分のもっているスキルと技術知識を使って何を成し遂げたか，③過去の失敗などの能力と実績との差異，④「なぜ新しい仕事をこなせると思うのか」や「なぜわが社はあなたを採用すべきか」など，仕事上の価値観という4つの情報を収集している[52]。

　ノーベル経済学賞を受けたダニエル・カーネマンが提唱した面接方法は，今日でもイスラエル軍で用いられている。その方法は，一般企業でも使えるもので，仕事で必須の適性を6項目程度あらかじめ決め，それぞれ事実確認質問で5段階などの採点方式を定め，各項目を合計し，最高得点者を採用する[53]。この方法の最大の利点は，構造的でありハロー効果が防げることである。

　ロバート・サットンは，面接は工学部でどういうテクノロジーを勉強しているかなどの新しい情報を得るにはよいが，あまり役に立たないので仕事の一部を実際にやらせてみるテストなどを実施したほうがはるかに有効だと指摘している[54]。

　アメリカでは，不正を防止するために身元調査だけでなく，指紋までとる場合がある[55]。

6．ミスマッチの解消

　2020年の厚生労働省発表では，大卒では，就職して3年以内に32.8％が会社を辞めている。その結果とも考えられるフリーターと呼ばれる労働者は，同省2020年調査で136万人にのぼると推計されている。同省は，フリーターを「15〜34歳で，男性は卒業者，女性は卒業で未婚の者のうち，①雇用者のうち「パート・アルバイト」の者，②完全失業者のうち探している仕事の形態が

「パート・アルバイト」の者，③非労働力人口のうち希望する仕事の形態が「パート・アルバイト」で家事も通学も就業内定もしていない「その他」の者」と定義している。

　企業の仕事内容，実際の労働時間，賃金，仕事場所などを十分理解しないまま就活を進める学生が多いことも早期に会社を辞める原因になっていると考えられる。

　こうした求人者と求職者間のミスマッチを解消する方法として注目されるのが，「インターンシップ」である。文部科学省は，インターンシップを「学生等が在学中に自らの専攻，将来のキャリアに関連した就業体験を行うこと」と広く定義している。なお，中学生や高校生対象のものもあり，中学生の場合は職場体験と呼ばれる。年配者のためのインターンシップも用意されており，ブリストルマイヤーズスクイブは，日本でシニア・インターンシップを募集している[56]。

　大学の場合，マイナビの2021年卒業予定学生の調査では，83.5％が平均3.6社のインターンシップに参加した[57]。文部科学省によれば，2018年，約9割の大学が海外インターンシップを含めて実施していて，87.3％がこれを単位として認定している。実施時期は，3年生の夏ごろが定着しており，採用直結型や実務体験型がある。例えば，メルカリは，能力と文化への適合を見極めるため原則3カ月間，採用を前提として実施している[58]。経団連は，採用選考に関する指針を策定していて，2022年については，就業体験を伴わないインターンシップの禁止や学事日程に配慮することを求めている[59]。

　アメリカでは，従業員体験（EX）が行われており，VRなどを利用して業務及び採用から退職するまで（場合によっては退職後も）に経験する企業とのすべてのイベント，また所属しているチームメンバー，マネジャー，顧客といったステークホルダーとの関係性を経験するだけでなく，労働環境や福利厚生のような企業に所属することで得られる有形・無形の特典なども知ってもらっている[60]。

　その他のミスマッチ解消策として，多様性優先採用，新卒者体験雇用事業，

ジョブカード制度，ギャップイヤーなどがある。多様性優先採用には，採用に際して性別や顔写真を求めない三菱ケミカルなどの例が挙げられる[61]。新卒者体験雇用事業は，就業の決まらない学生を試験的に雇う事業主に厚生労働省が奨励金を支給する制度である。ジョブカード制度は，国から助成を受けた企業が求職者を有期雇用して現場実習をさせ，就業能力証明書を発行するものである。ギャップイヤーは，イギリスで始まり，大学入学前にボランティア活動などの社会経験や留学を通して目的意識を明確にする制度である。ギャップイヤーは，わが国でも新潟大学などいくつかの大学が採用している。

第5節　採　　用

　採用に関する動向として，「新卒一括採用」は継続しつつも，即戦力を求める「中途採用」も重視する傾向がある。

　新卒については，「第2新卒」と呼ばれる，卒業後3年あるいは5年未満の退職者を新卒と同様の条件で採用する方式や，セメスター制，海外留学，資格取得などを考慮して入社時期を4月と10月にするなどの「入社時期選択制度」が取り入れられている。かつて第2新卒は，新入社員教育を終了した者を採用するというコスト軽減目的のものもあった。しかし，現在では，海外留学などを経験した多様な人材の確保のために第2新卒採用をする会社も増えていて，「第2新卒向け求人紹介・転職支援サイト」がネット上にいくつもみられる。

　エンジャパンの「中途入社者の定着（オンボーディング）」調査によれば，中途採用に関する2019年の直近3年間の調査で38％の会社が「定着率が低い」，37％が「1カ月未満から6カ月以内」に退職していると回答した[62]。企業は，定着を高める努力が求められている。また，リクルートキャリアの「2020中途採用市場」調査によれば，中途採用に業種や職種の壁を越えて転職する「越境転職」が67.4％にまで増加していることから[63]，越境転職も採用方針に含むべきであろう。

　リモート勤務の拡大を受けて，ライオンは，他の企業の社員などを対象に副

業で働く人を公募している[64]。厚生労働省は「副業・兼業に関するガイドライン」で，企業は原則，副業・兼業を認める方向とすることが適当としているが，こうした新たな働き方が広がると考えられる。

　欧米では，若者，女性及び少数民族等の失業問題を解決するために，一定人数の採用を義務づける割り当て制度がある[65]。わが国でも障害者雇用などがそれに当てはまる。

1．採用手続き
(1) 労働条件の明示

　採用するためには，労働契約の締結が必要である。労働基準法は，採用の際に労働条件の明示を義務づけている。労働契約については「労働契約法」に基づき仕事と生活の調和を保つとともに，労使双方とも信義誠実の義務を守らなくてはならない。労働条件として必ず明示しなければならないのは，①労働契約の期間，②就業の場所及び従事すべき業務の内容，③始業，終業の時刻，所定外労働の有無に関する事項，休憩時間，休日，休暇，就業時転換に関する事項，④賃金の決定，計算及び支払いの方法，賃金の締め切り及び支払いの時期並びに昇給に関する事項，⑤退職に関する事項（解雇事由を含む），⑥その他であり，このうち①から⑤までは書面による明示が必要であるが，労働者が希望した場合は，FAX，メール，SNS等でも明示することができる。

　また，定めをする場合に明示しなければならないものとして，①退職手当の定めが適用される労働者の範囲，退職手当の決定，計算及び支払いの方法並びに支払いの時期に関する事項，②臨時の賃金等及び最低賃金額に関する事項，③労働者に負担させるべき食費，作業用品その他に関する事項，④安全及び衛生に関する事項，⑤職業訓練に関する事項，⑥災害補償及び業務外の傷病扶助に関する事項，⑦表彰及び制裁に関する事項，⑧休職に関する事項がある。

　テレワーク，すなわち，情報通信機器を活用して請負契約に基づきサービスの提供等を行う在宅形態での就労の場合は，厚生労働省の「テレワークの適切な導入及び実施の推進のためのガイドライン」に従って契約条件の文書明示な

どを行わなければならない。同ガイドラインは，誰もがテレワークを行えるよう工夫することを求め，オフィス出勤の労働者を高く評価することは望ましくないなどとしている。

　パートタイマーについては，パート労働法（短時間労働者の雇用管理の改善等に関する法律）によって正社員と同様に賃金，労働時間などの労働条件を文書で提示した「労働条件通知書」の交付が求められている。

　(2) 労働契約の締結

　労働契約には，①期間の定めのない契約と②期間の定めのある契約あるいは有期労働契約がある。①の契約は，一般常用労働者（正規従業員）を主たる対象としているが，場合によっては臨時や短期雇用でもこの契約を結ぶこともある。なお，正規従業員の中には，労働時間，地域，仕事内容などを限定した限定正社員も含まれる。

　②については，契約社員やパートタイマーなどを対象としている。有期期間は，原則として3年であるが，博士の学位を有する者や公認会計士，医師，弁護士など高度の専門知識を有する者及び60歳以上の者を雇い入れる場合は5年を上限とする有期契約を締結できる。有期労働契約（有期労働契約が3回以上更新されているか，1年を超えて継続して雇用されている労働者に限る）を更新しない場合には，少なくとも契約の期間が満了する日の30日前までに，雇止め予告をしなければならない。

　労働契約の締結に際しては，労働基準法で定める基準に達しない労働条件を定めてはならないなど，いくつかの規制が設けられている。

　(3) 健康診断と安全衛生教育

　労働安全衛生法は，常時使用する労働者を雇用する場合には，医師による健康診断を義務づけている。パートタイマーについても，1年以上の雇用が予定されている等の条件を満たすときは，健康診断を行わなくてはならない。

　合わせて，採用後遅滞なく担当業務に関する安全衛生教育を年間安全衛生推進計画等に基づき計画的に実施しなければならない。

(4) 社会保険への加入等

採用者の雇用保険は，翌月の10日までに管轄のハローワークに，「雇用保険被保険者資格取得届」を提出し，健康保険・厚生年金は，5日以内に管轄の年金事務所（日本年金機構）に「健康保険・厚生年金保険被保険者資格取得届」を提出する。健康保険・年金に関しては，電子申請が認められている。中途採用などの場合は，雇用保険被保険者証，年金手帳などの確認をする。

そのほか，住民票や通勤手当申請書などの必要書類を提出してもらう。住民票については，個人情報保護の観点から，住民票記載事項証明書を用いる場合が多い。

(5) 誓 約 書

採用の際は，本人の身元保証人と会社との間で身元保証契約を結ぶのが通常である。保証人は2人の例が多い。「身元保証に関する法律」は，3年間の効力を有する（商工業見習いの場合は5年）などの契約の存続期間や業務上不適任または不誠実の兆候がある場合には引受人への通知義務が生じること等を定めている。なお，賠償に関しては，上限額を定めなければならない。

(6) オリエンテーション

入社後すぐオリエンテーションや新入社員研修を行わなければならない。これには，会社の歴史，哲学，ミッション，社是，社訓，目標，戦略，業務，就業規則，さまざまな事務手続き等の理解，仕事の手順と仕方，顧客や社員同士との接し方やふるまい方，安全衛生，評価のされ方，マナー，個人の成長に必要なキャリアや人材育成についての知識などが含まれる。新入社員オリエンテーションの第一の目的は，企業文化の理解と社会化（会社の決まりを守れるようになること）である。

入社後の「フロー体験（深い楽しみの感覚を経験すること[66]）」がその後の仕事人生で大切である。そのためには，明確な目標やチャレンジとスキルとのバランス，コントロールの感覚，適切なフィードバック，時間の柔軟な使用などが必要とされる。

ハーバード大学の調査では，入社後数週間の間に新しいスキルを学ぶ，新し

い同僚と交流する，手ごわい仕事に取り組むなどの新奇な体験を頻繁に経験した人ほど，仕事に対する満足度とやる気が高く，組織により長くとどまりたいと考えていたのに対して，自分の仕事は「毎日ほとんど同じ」と答えた社員は，仕事満足度が低く，転職願望が高かった[67]。すなわち，この会社に入ってよかったという経験と新奇な体験をしてもらうことが望ましい。

２．就業規則

　労働基準法は，常時10人以上の従業員を使用する場合は，就業規則を作成して所轄の労働基準監督所長に届けることを義務づけている。就業規則を変更した場合も届け出なければならない。就業規則は，経営者が作成・変更できるが，労働者の代表の意見を聞く必要がある。

　就業規則には，必ず記載すべき絶対的必要記載事項として，①始業及び終業の時刻，休憩時間，休日，休暇並びに労働者を２組以上に分けて交代に就業させる場合においては，就業時転換に関する事項，②賃金の決定，計算及び支払いの方法，賃金の締切り及び支払いの時期並びに昇給に関する事項，③退職に関する事項があり，労働契約書と同じ項目になっている。そして，定めを置く場合には記載しなければならない相対的必要記載事項も同様であるが，近年，共働き世帯の増加に伴い，転勤が困難になっていることから転勤や配置転換があることを明記しておいた方がよい。

第６節　配置と異動

１．配　　置

　配置（配属）とは，職場あるいは職務（いくつかの課業が集まった，いくつかの職位[68]を意味し，課業の範囲を示す）に従業員を配分して所属させることである。適正な配置を行うためには，職務の明確な設定と人材の適性を考慮しなければならない。

　ピーター・ドラッカーは，「ある一定の時期に，一人の人間をどこに，また

いかに配置するかということによって，その人が生産性の高い従業員となるかどうか，企業の経済的，社会的〈力〉を増進するかどうか，彼が自分の仕事に満足するかどうかが決められるのである。また，その人がすなおに企業の管理に服するかどうかも，少なからず彼の配置のされ方にかかっているのである[69]」と述べている。すなわち，配置の在り方は，組織の成果と従業員の満足度を決定づける。

　欧米では，職務(ジョブ)配置が一般的であるが，わが国では職場配置が普通で，これは職務を限定しないメンバーシップ型あるいは時間管理型などと呼ばれる。そのため，日本では，どの職務に就くかではなくて，どの会社に入るかが問題となり，それが「就職」ではなく「就社」と呼ばれるゆえんとなった。

　わが国でもジョブ型と呼ばれる職務記述書に基づいて仕事をする働き方が増加している。経団連は，2021年の春季交渉で新卒にもジョブ型を呼び掛けている[70]。この働き方が普及すれば，女性の失業リスクが低下すると考えられる。女性は伝統的に補完的業務についてきたが，この業務が消滅することによって男性より3倍失業しやすかった[71]。ジョブ型になればこれまでよりは失業リスクは低下するであろう。

　ジョブ型は，あるジョブが必要なくなるとき問題が生じる。これまでわが国ではジョブに固執しなかったため職務転換が容易に行えたし，年功制であったためにジョブが変わって能力が低下しても給与は保障された。内部労働市場におけるジョブ型の導入は，解雇には至らないとしてもジョブ変更に伴う賃金の低下が避けられないかもしれない。

　新卒者の初任配置は，3カ月程度の適性観察期間である仮配置後に行われるのが一般的である。仮配置は，特定の知識，能力，技術，モチベーションなどの適性をみつける「適材適所」を追求している。適材適所は，テーラーの科学的管理法から追求されてきた。その要点は，職能的職長制によって職能ごとに専門化された職長を配置することで経営効率を高めようとするものであった。

2．異　　動

　異動とは，採用，昇進，昇格，降格，解職や退職を含め，現在の配置職場あるいは職務の変更を意味する。その目的は，業務ニーズと人員配置の不適合の調整，適材適所の追求，人的交流の促進，能力開発などである。配置転換や転勤等の実施については，就業規則に明記しておくことが望ましい。

　これまでは，同一の職務を担当する「単一職能型」人材，他の職能分野の経験もあるものの特定職能分野の経験が比較的長い「準単一職能型」そして，複数の職能分野を経験し，経験が長い特定の職能分野がない「複数職能型」にほぼ3等分されてきた。これは，「仕事に専門知識が必要である」，「仕事に人間関係の蓄積が必要である」，「仕事のサイクルが長い」といった理由から「動く者」，「あまり動かない者」，「動かない者」をつくることによって単一職能，準単一職能，複数職能に分かれたと考えられる[72]。今後は，ジョブ型の普及が見込まれることから，単一職能型が増加するなど，この3形態の割合は変わるであろう。

3．異動の種類

　昇進や降格などの職位以外の異動は，図表3－1[73]に示されるように，社内異動と社外異動に大別できる。社内異動は，ヨコとタテの異動に分けられる。

図表3－1　人事異動の全体図

教育異動 ●留学 ●駐在	タテ異動 （職位・役職の変更） ●昇進 ●降職	ヨコ異動 （配置転換） ●職務変更（職務割当変更） 　職務交代，職務拡大，職務充実，役割付与，課題割当，教育配置，配置転換 ●部門内異動 ●部門間，個所間異動（含応援）	タテ異動 （処遇・能力等級の変更） ●昇格 ●昇給 ●職務変更	社外異動 （関係会社，関係団体・他社） ●出向・転籍 ●派遣
受入（導入）配置				

　ヨコの社内異動には，①他の部門に所属が変わる「職務割当変更」もしくは「職種変更」，②同一部門内で課の所属が変わる「部門内異動」，③現在の部署に在籍のままで，会社内の他の部門に勤務する「応援」などの部門間，個所間異動がある。また，③には，一時的な業務遂行場所の変更としての長期出張や応援出張のような「出張」が含まれる。

　さらに，④として，地位に変更はないものの国内外を含めた所属事業所が変わる「転勤」がある。転勤については，働く配偶者への考慮が求められている。カルビーは，2014年から在宅勤務を導入してきたが，モバイルワークを基本とすることで業務支障がない旨を所属部門が認めた場合は，単身赴任を解除している[74]。朝日生命は，配偶者の転勤先から出勤できる部署へ異動する配偶者動向制度や育児期間中の異動配慮などを実施している[75]。転勤がなくなる可能性もある。JTBは，可能な場合，転勤なし地域間異動を認めている[76]。

　こうしたヨコの職場内配置の異動は，「職務ローテーション（アメリカではクロストレーニングという場合がある）」と呼ばれ，定期人事異動と不定期な異動に分けられる。

　配置転換は，適材適所を追求するための制度でもある。配置転換は，①職務ローテーションと呼ばれる教育訓練計画の一環として行われるもの，②戦略出向や派遣などの戦略的なもの，③業態の再構築であるリストラクチャリングによる企業内ばかりでなく事業所間の労働需給の調整のためのもの，④昇進，懲戒や降格に伴うもの，⑤減量経営のための転籍，⑥使い込みなどの不正を防ぐリスク管理のためのもの，⑦人的ネットワークの形成のためのもの，⑧マンネリ化を防ぐ労働者の意欲増進のためのものなどが含まれる。

　社内異動は，「人材育成のため」，「適性を発見するため」，「多能的な能力を身に付けさせるため」など人材育成に関連したものが多いことを調査研究は示している[77]。

　経団連の2020年「人材育成に関するアンケート調査結果」によれば，今後の異動（配置転換・転勤）の方針として，「社員本人の意向や要員計画等を総合的に考慮して実施」が，85.0％となっている半面，「社員本人の意向を可能な

限り優先して実施する」(11.2%) や「社員本人の意向を最優先して実施」(0.8%) は，少なくなっており，総合的に判断していることが分かる[78]。

　タテの社内異動には，職位・役職の変更である「昇進」や「降職」，処遇の変更である「昇格」や「降格」，能力等級の変更である「昇級」，担当職務の変更である「職務変更」がある。

　一方，社外異動として，次のものがある。

　第1は，企業間異動の「出向」である。これには，雇用関係にある企業の労働者としての地位を保有したまま他の企業や組織へ異動する「在籍出向」や在籍のまま独立する「出向起業」がある。これらの「出向」が「転籍（移籍）」と異なる点は，二重の労働契約関係が同時に成立することである。また，「転籍予定出向」のように，一定期間だけ出向し，その後転籍するケースもある。

　第2は，退職して他社に就職する「転籍」である。この場合，本人の承諾が必要になる。

　第3は，グループ企業間で行われる「労働者派遣」であり，労働者派遣法で，この数は全体の8割以下と定められている。

　第4に，「教育異動」として海外の大学院などで学ぶ「留学」や一定の任務のために派遣される「駐在」がある。三菱商事は，マネジメントスキルの向上と，異文化・異業種から集う参加者とのネットワークの構築を目的として米国，欧州，アジアのトップビジネススクールの短期プログラムに毎年約50名を派遣している[79]。新型コロナウイルスの影響もあり，現在のところ駐在は減少傾向にある。

4．さまざまな異動政策

(1) 自己申告制度

　自己申告制度とは，「個人的な事情や希望を従業員本人に自己申告してもらい，それを考慮した適正な配置とキャリア開発を行うことにより，従業員個人の事情・希望と会社の人事政策との調和をはかる[80]」制度である。これは，「労働時間の自己申告制度」とは異なる。

　自己申告は，定期的（通常年1回）に行われ，その内容は，①適正配置の状況（現在の職務が能力・適性・希望に沿っているか），②希望勤務地，③将来のキャリアの希望（希望する職務や部門は何か，希望する進路は管理職か専門職か等），④健康状態[81]，⑤遠隔勤務の希望，⑥副業の希望などである。

　国は，女性に関して婚姻または子どもがいる場合には，通勤不便なところに配置転換させない，子どもがいるという理由で本社勤務から排除しないことを企業に求めているが，こうした法的条件も併せて自己申告制度を運用していく必要がある。

(2)　社内公募制度

　社内公募制度は，特定のプロジェクトの要員募集・欠員補充の際などに社内で自由公募を行うものである。これには，新規事業の立ち上げの際などの求人型の公募制や本人の異動希望の下に行われる求職型のものがある。会社が募集して，社員からの応募を待つ場合を「自己申告制度」，社員が手を挙げていて会社からの引き合いを待つ場合を「オープンエントリー制度」と呼ぶ場合もある。

　社内公募制度は，海外の主要企業でも採用されている。アメリカン・エクスプレスでは，社内の異動は90％以上が社内公募制で実施されているし，フェデックスでも管理職への応募は，社内公募制度というシステムにより行われている[82]。また，マッキンゼー・アンド・カンパニーのように，辞令が天から降ってくるということはあり得ず，各人はそれぞれ自身のキャリア形成に対して，主導権をもっている会社もある。同社では，転勤については自分で行き先を決めるが，その理由を説明し，受け入れ先オフィスとも事前に話し合って，ニーズがあることを確認しておくなど，主体的な活動が求められる。こうした結果，マッキンゼーは「優秀な人材を，彼らの最も必要とする分野や企業に再分配する仕組み[83]」という効率的な人材配分市場を活用して，存在価値を出している。

　この制度は，プロ野球における FA（フリーエージェント）制度と異なり，賃金交渉する権利は与えられないが，職場を自分で決められる利点があり，自ら決めた目標に対

しては努力を惜しまないという「動機づけ」の面から望ましい。この社内公募
制度を社内FA制度と呼んでいる会社もある。

導入にあたっては，優秀な人材ほど上司は異動に反対するなどの問題点もあ
るため，応募した事実を上司に知らせずに選考するなどの工夫も必要となる。

(3) 勤務地限定制度

勤務地限定制度は，地域限定勤務制度とも呼ばれ，海外を含めた全国転勤が
あるコースとは別に，一定地域内だけ転勤があるブロック内転勤コースや県内
のみ転勤があるコース，転居を伴わない自宅からの通勤圏内の転勤コース，転
勤がないコースなどを設けるもので，従業員のニーズに対応した異動である。

通常は，採用時にコース選択を行うが，三井住友信託銀行のように，入社時
に決まった地域限定型と全国転勤型を転換できる「コース転換制度」を設けて
いる場合もある[84]。

この勤務地限定制度適用者の比率が高まると組織の流動性が損われる恐れが
あり[85]，経営戦略上のメリットを失う可能性が出てくるが，逆に，地域に固
執し，転勤を望まない優秀な人材を確保し，総人件費を抑制するというメリッ
トも生まれてくる。

(4) キャリア選択制度

キャリアとは「馬車の轍」を語源とする言葉で，一連の仕事経験の積み重ね
によりできあがっていく個人の仕事の経歴と定義される[86]。キャリアマップ
は，職種ごとの能力開発の標準的な道筋を示したものであり，技術・技能の習
得標準年数が分かるようになっている。キャリアパスは，キャリアマップに示
される道筋の選択を意味する。

キャリア選択制度は，管理職適格時に自分の将来のキャリアを選択するもの
である。それには，主として「管理職コース」，「専門職コース」，「専任職コー
ス」の3つがある。管理職とは，部下を指揮し職責を達成していく部門管理者
を，専門職とは，特定の専門分野に特化した専門家を，専任職とは，長年の経
験により蓄積した実務知識・技能を駆使する高級実務者を意味している[87]。

事務職や専門職などのさまざまな異動政策は，かつての「ゼネラリスト（何

でも屋)」を育成する画一的なキャリア形成を多元化や複線化する方針から生まれてきたもので，「複線型人事制度」と呼ばれている。

(5) 役職任期制度

役職任期制度とは，役職を一定期間後に改選することを前提として，その期間内の業績を評価し，再任，昇進，降格，他の部署への異動などを行う制度で，ポスト不足の解消や組織の活性化を目的としている。

(6) 役職定年制度

役職定年制度は，役職別定年制度とも呼ばれ，ある一定年齢で役職の肩書きがなくなり，専門職などに異動するものである。これには，一律管理職定年制，役職別定年制，資格等級別定年制などがある。

(7) 進路選択支援退職制度

進路選択支援退職制度は，中高年社員の転職支援のために設けられたもので，別会社に出向して通常1年たった時点で転籍するか復職するかを選択させる仕組みである。従業員が自ら納得してやめる道を提供し，退職の際には通常の退職金に加えて特別加算金などを支払う場合もある。

(8) コース制度

コース制度は，キャリア選択制度における総合職，一般職，事務職，専門職など，さまざまなコースによる処遇を意味する。またこれは，一般職と総合職に区分するコース別人事制度を指す場合があるが，これについては，「女性の管理」で述べる。

(9) 社内兼業制度

社内兼業制度は，現在の業務を継続しながら，同じ社内の他の業務を行う制度である。応援と異なる点は，自分で望んで応募するところである。例えば，富士ゼロックスは，50歳代の社員を対象に，意欲をもって仕事に取り組むことで社内の活性化をもたらすための多様な働き方・選択肢を提供する「New Work支援プログラム」の1つの人事制度として「ダブルジョブ・プログラム」を制定している。これは，社命によるのではなく，自分の意志で，現在の全業務量の3割までなら他部門で働くことができる制度となっている。これに

よって，オープンな出会いの場ができるばかりでなく，受け入れ部門では人員を増やさず人的資源を活用できる。

(10)　副　業

国は「副業・兼業の促進に関するガイドライン」を作成して副業を推進している。それを受けて，副業を認める主要企業は約5割にも上ることが日本経済新聞社の調査で明らかとなっている[88]。同調査では，副業解禁の意義やメリットとして「社員の成長やモチベーションの向上につながる（76.6％）」，「社員のセカンドキャリアの形成に資する（45.7％）」などとなっている。

副業は，かつて企業にとって望ましくない行動であったが，リモート勤務の普及で容認が広がっている。企業にとっても副業人材の活用が可能になるばかりでなく，社員とともに成長を望むならばこれらを積極的に推進する必要があろう。ただし，副業のやりすぎが本業の労働時間に悪影響を及ぼしたり，副業中の労災や不祥事などのリスクがあることも指摘されているので，それを前提とした規定を作成しておかなければならない。

パーソル総合研究所の2021年調査では，副業を認める企業（全面容認と条件付き容認の合計）は55％であり，その理由として，従業員の収入補填のため（34.3％），禁止するべきものではないため（26.9％）となっている[89]。トヨタやIHIなども制度化している[90]。副業には，所属する部門以外の事業に携わる「社内副業」も含まれる場合がある。この制度の目的は，社員のスキル向上，人脈づくり，キャリア形成などである。

(11)　早期退職優遇制度

早期退職優遇制度は，「自由定年制度」などとも呼ばれ，定年年齢以前に退職を選択する人に対して，割増退職金を支給するなど，定年で退職するよりもメリットを与える制度である。早期退職優遇制度は，リストラ的イメージがあるが，これを積極的に利用して独立する人もいるので，「個人選択型人事制度」として確立することも必要であろう[91]。厚生労働省の賃金構造基本統計調査では，45-49歳男性で平均月給46万円，50-54歳男性で51万円と中高年の賃金が高いばかりでなくデジタル化による若手の人材不足もあるが，他方で早期

にキャリアの再設計に動く人も増えている[92]。

第7節　退職・解雇

1．労働関係の終了

　労働関係の終了には，①解雇（使用者の一方的な意思表示による労働関係の終了），②退職（労働者の一方的な意思表示による労働関係の終了），③期間満了等による自動終了（労働契約期間の満了，定年，休職期間の満了，死亡等による労働関係の満了）がある。

2．解　　雇

　解雇には，①勤務成績不良等を理由とする「普通解雇」，②事業の縮少等に伴う「整理解雇」，③従業員の職場規律違反等を理由とする「懲戒解雇」がある。

　「普通解雇」の代表的な事由は，「心身の故障により正常勤務に耐えないとき」，「協調性の欠如・勤務態度不良」，「勤務成績不良・能力不足」[93]である。これには，「本人の非行」，「頻繁な無断欠勤」，「職場規律の紊乱（乱すこと）」，「休職期間の満了」などの理由が含まれる。

　「整理解雇」は，希望退職，勧奨退職を含めた雇用調整の最終手段とみなされている。整理解雇をする場合，判例の要件として，①人員削減の必要性，②配置転換などを含む解雇回避の努力，③解雇対象者選定の合理性，④労働組合との協議など手続きの妥当性があり，これを無視した場合には「解雇権の濫用」になる。この要件は，労働契約法第16条によって「合理的な理由を欠く場合は無効」とする「解雇ルール」として明記された。これは，人種，信条，年齢，性別による差別でない限り，いつでも，どのような理由でも解雇できるアメリカの随意雇用（エンプロイメント・アット・ウイル）[94]とは大きく異なる。

　整理解雇により相当数の離職者が発生する場合は，「再就職援助計画」もしくは「大量雇用変動届」をハローワークに提出しなければならない。厚生労働

省は，雇用対策のためのプログラムやプランを立てているばかりでなく，経済上の理由により，事業活動の縮小を余儀なくされた事業主が，雇用の維持を図るための休業手当に要した費用を助成する雇用調整助成金などを支給する制度を創設しているので，これらを利用して，その回避に努めることが望ましい。現在，解雇の金銭解決制度がわが国で検討されている。

　「懲戒解雇」の事由には，①事業場内における盗取，横領，傷害等の刑法犯に該当する行為や会社の名誉・信用を傷つけた場合などの「私生活上の犯罪」，②二重就職（会社の承認を得ないで他に雇用されることを禁止している就業規則が多い），③経歴詐称，④交通死亡事故（運輸会社などでは懲戒解雇条項に該当する），⑤男女関係（仕事に悪影響をもたらす場合）・セクハラ，⑥業務命令の拒否，⑦転勤拒否，⑧始末書の不提出，⑨無断欠勤等不正常な勤務状態，⑩多重債務・破産（本来予定されていた労務の提供が不可能になる場合）[95] などがあり，これにパワハラやインサイダー取引といった近年注目される事案が含まれるようになった。とりわけ営業秘密の不正取得・利用については，不正競争防止法改正により個人ばかりでなく，企業も罰則が強化された。

　「懲戒」とは経営秩序違反に対する制裁であり，就業規則等で規定しなければならない。それには，①戒告（譴責：将来を戒める）（始末書の提出），②減給，③出勤停止（短期）・懲戒休職（長期），④昇給延伸，昇給停止，降格，職務替，⑤懲戒免職（解雇）などの処分がある。そのほか，懲戒処分に含まれない場合がある①口頭注意，②厳重注意（口頭厳重注意と文書厳重注意があり，人事管理台帳や社員管理台帳に記載されることがある），③訓告（将来を戒めるものであり，内規で定められ，累積すると懲戒の対象になる場合がある）などがある。懲戒解雇時の退職金については，就業規則に従う。

　判例は，お詫びや反省の意思を示す始末書の提出命令は，業務上の命令には該当しないとしているので，強制できない可能性がある。また，公益通報者保護法は，企業の違法行為を社外の機関に通報する「公益通報」をした人に降格，減給，訓告といった処分をした役員や社員を懲戒処分にするだけでなく，従業員300人以上の企業は通報窓口の設置を義務づけている[96]。

　労働基準法等労働法令による解雇の規制としては，①国籍，信条等を理由とする解雇の制限，②業務上の傷病による休業期間中の制限（療養中の期間とその後の30日間），③産前産後の休業期間中の制限（休業期間中とその後の30日間），④監督機関への申告（労働基準法違反など）を理由とする解雇の制限，⑤男女雇用機会均等法上の解雇の制限（性別を理由とする解雇など），⑥育児休業法上の解雇の制限，⑦労働組合法上の解雇の制限，⑧民法上の制限（信頼に基づき誠意をもって行う信義誠実の原則など）がある。

　解雇を行う場合には，少なくとも30日前に予告をしなければならない。これは，解雇予告と呼ばれる。予告をしない場合には，平均賃金の30日分以上の解雇予告手当を支払わなければならないが，予告期間が30日に満たない場合には，その満たない日数分の平均賃金を支払えばよい。

　契約社員の途中解約は，民法628条により「やむを得ない事由」が必要で，その場合には解雇予告手当を支払わなくてはならない。

　解雇予告のいらない労働者は，①日々雇われる者，②2カ月以内の期間を定めて使用される者，③季節的業務に4カ月以内の期間を定めて使用される者，④試みの使用期間中の者である。ただし，①の場合，1カ月を超えるとき，②と③の場合，契約期間を超えるとき，③の場合，14日間を超えるときは，解雇予告制度の対象になる。天災事変の場合と労働者の責に帰すべき事由がある場合には，解雇予告は必要ないが，いずれの場合も所轄労働基準監督署の認定を受けなければならない。

3. 退　　職

　民法上，退職は，その申し入れ後2週間で効力を生ずることとなるので，多くの就業規則は，「従業員が自己の都合により退職しようとするときは，少なくとも14日前までに退職の申し出をしなければならない」と規定している。なお，①強迫を理由とする退職願，②近いうちに会社が倒産するなど詐欺を理由とする退職願，③心裡留保・真意によらない退職願については意思表示に法的な欠陥があり，取消しとなる場合がある[97]。また，労働者に退職を勧める

ことは，退職勧奨と呼ばれるが，使用者による労働者の自由意思を妨げる退職勧奨は，違法な権利侵害に当たる可能性がある。

　退職後，出戻りを許さない会社もあるが，歓迎しているところもある。トヨタは「プロキャリア・カムバック制度[98]」，富士通は「カムバック制度[99]」を設け，それぞれ出戻り社員を認めている。

　リード・ホフマンらは，会社を退職した「卒業生」ネットワークに投資すべき4つの理由を指摘している[100]。すなわち，①優れた人材の獲得に役立つ。すなわち，会社を離れていた「出戻り」社員が，非常によい採用候補者を紹介してくれる，②競合に関する情報，効果的な事業のやり方，注目の業界トレンド，その他諸々の有力な情報が得られる，③「卒業生」自身が顧客になったり，他の顧客を紹介してくれたりする，④「卒業生」は第三者の立場にいるため，より客観性が高いと思われる強みがあるのでブランド・アンバサダーになる。

　従業員のつなぎ止めのことをリテンションあるいはバインドと呼び，優秀な従業員が離職しないように，良好な労働条件，人材育成，やりがいのある職務を提供する。

4．期間満了等による労働関係の自動終了

　労働契約期間の満了については，解雇予告等の問題は生じないが，3回以上契約が更新されている場合や1年を超えて継続勤務している人については，30日前までに予告しなければならない。また，反復更新の実態などから，実質的に期間の定めのない契約と変わらない場合や，雇用の継続を期待することが合理的であると考えられる場合は，雇止め（契約期間が満了し，契約が更新されないこと）には客観的・合理的な理由がなく，社会通念上相当であると認められない。

　高年齢者雇用安定法は，定年年齢を定める場合は，65歳までの雇用確保を義務づけ，努力義務として，シニア雇用とも呼ばれる高年齢者就業確保措置を講ずることを求めている。すなわち，①70歳までの定年引き上げ，②定年制の廃止，③70歳までの継続雇用制度（再雇用制度・勤務延長制度）の導入，④70

歳まで継続的に業務委託契約を締結する制度の導入，⑤70歳まで継続的に以下の事業に従事できる制度〔a.事業主が自ら実施する社会貢献事業，b.事業主が委託，出資（資金提供）等する団体が行う社会貢献事業〕の導入のいずれかを実施するよう努力しなければならない。

アメリカやイギリスでは，定年年齢制限を禁止しているほか，フランスでは，70歳までは会社から一方的に退職させることはできない[101]。わが国でもYKKやサイオスは，定年を廃止し，ダイキンは，希望者が70歳まで働く機会を提供している[102]。

最後は，休職期間の満了による労働契約の終了である。休職とは，在職のまま一定期間就業を免除もしくは禁止することである。これには，業務外の傷病を理由とする傷病休職（病気休職），傷病以外の私的な事故を理由とする事故欠勤休職，刑事事件を理由とする起訴休職，他社への出向休職，労働組合の役員に専従する場合の組合専従休職，公職就任や海外留学などの期間中になされる休職，懲戒休職[103]，選挙の立候補を理由とする公務休職がある。このうち，傷病休職が終了しても職場復帰できない場合は，自動退職ないしは解雇となる。

なお，労働基準法では，休業とは「労働者が労働契約に従って労働の用意をなし，しかも労働の意思があるにも関わらず，その給付の実現が拒否され，または不可能となった場合」をいう。同法は，天災事変などの場合を除き，休業手当として平均賃金の100分の60以上の支払いを事業主に義務づけている。

5．労働関係終了に伴う手続き

最初に，賃金の支払い及び金品を返還する。次に，請求があった場合には「使用期間」，「業務の種類」，「その事業場における地位」，「賃金」及び「退職の事由」等を記載した「使用証明書」を交付する。退職の事由については，懲戒解雇の場合，労働者が望まなければその理由を書いてはならない。もし就業のために住居を変更した労働者が14日以内に帰郷するときには，必要な旅費を負担しなければならない。

最後に，解雇または退職の年月日及びその事由，もしくは死亡年月日及びそ

の原因を労働者名簿に記入するとともに，賃金台帳その他労働関係に関する重要な書類を3年保存する。

　退職の事由などを聞く退職インタビュー^{エグジット}は，HRMの有効性や展望に影響するデータとなるので，実施することが望ましい。

【注】
1）今井賢一・伊丹敬之・小池和男『内部組織の経済学』東洋経済新報社，1982年，80頁。
2）今野浩一郎「人事・賃金改革のシナリオ」日本経済新聞，1998年6月2日，朝刊。
3）白井泰四郎『現代日本の労務管理』東洋経済新報社，1982年，108頁。
4）Lee Elliott, Daniel Elliot, and Louis R. Forbringer, "Using HR Metrics to Make a Difference", in Jac Fiz-enz, *The New HR Analytics: Predicting the Economic Value of Your Company's Human Capital Investments*, AMACOM, 2010, p.208.
5）https://www5.cao.go.jp/keizai3/2020/0331nk/n20_2_4.html
6）デロイト トーマツ コンサルティング合同会社『"未来型"要員・人件費マネジメントのデザイン』労務行政，2019年，101頁。
7）同上書，85-104頁。
8）https://www.mhlw.go.jp/file/05-Shingikai-11601000-Shokugyouanteikyoku-Soumuka/0000194949.pdf
9）https://www.mhlw.go.jp/stf/seisakunitsuite/bunya/koyou_roudou/koyou/gaikokujin/gaikokujin16/category_j.html
10）日本経済新聞「金融人材，永住しやすく」2021年6月7日，朝刊。
11）Laszlo Bock, *op, cit.,* p.66.（前掲訳書，116頁）。
12）A. Michael Spence, *Market Signaling: Informational Transfer in Hiring and Related Screening Processes*, Harvard University Press, 1974, pp.14-30.
13）濱中淳子『検証・学歴の効用』勁草書房，2013年，53頁，196頁。
14）https://www.suntory.co.jp/recruit/fresh/recruit/requirement/
15）日本経済新聞「都市と地方，デュアルに生きる」2020年11月24日，朝刊。
16）https://www.toyota-careers.com/index.html。
17）日本経済新聞「職場同僚の評価活用」2021年9月3日，朝刊。
18）「国際化指標」検討委員会（meti.go.jp）。
19）http://www.moj.go.jp/isa/content/001336801.pdf
20）中村天江，前掲書，256頁。
21）Abbie Griffin, Raymond L. Price, and Bruce A. Vojak, *Serial Innovators: How Individuals Create and Deliver Breakthrough Innovations in Mature Firms*, Stanford Business Books, 2012, pp.150-151.（市川文子・田村　大監訳，東方雅美訳『シリアル・イノベーター：「非シリコンバレー型」イノベーションの流儀』プレジデント社，2014年，278頁）。
22）鈴木雅一著・ピー・エム・ピー株式会社監修『アメリカ企業には就業規則がない：グローバル人事「違い」のマネジメント』図書刊行会，2013年，24-25頁。

23) Arun Sundararajan, *The Sharing Economy: The End of Employment and the Rise of Crowd-Based Capitalism*, The MIT Press, 2016, pp.173-175.

24) George C. Thornton Ⅲ and Deborah E. Rupp, *Assessment Centers in Human Resource Management: Strategies for Prediction, Diagnosis and Development*, Psychology Press, 2006, pp.90-91.（廣瀬紳一・渡辺直人監訳，日詰慎一郎・林洋一郎・佐野　達訳『人事戦略のためのアセスメント・センター：予測・診断・開発の理論と実践』中央経済社，2014年，104-105頁）。

25) Raymond Andrew Noe, John R. Hollenbeck , Barry A. Gerhart , Patrick M. Wright, *op. cit.*, pp.247-253.

26) Lloyd L. Byars and Leslie W. Rue, *op. cit.*, pp.128-130.

27) Raymond Noe and John Hollenbeck and Barry Gerhart and Patrick Wright, *op. cit.* p.244.

28) Michal Kosinski, David Stillwell, and Thore Graepel, "Private Traits and Attributes Are Predictable from Digital Records of Human Behavior", (https://www.pnas.org/content/110/15/5802).

29) 日本経済新聞「履歴書　性別記入任意に」2021年4月17日，朝刊。

30) Ed Michaels, Helen Handfield-Jones, and Beth Axelrod, *op. cit.*, pp.47-61.（前掲訳書，90-106頁）。

31) https://www.jesra.or.jp/content/1000010/

32) https://www.mhlw.go.jp/content/11600000/000763670.pdf

33) 0331_betten.pdf (keidanren.or.jp)

34) https://www.works-i.com/column/ttl/detail019.html

35) Derek S. Chapman and David Mayers, "Recruitment Process and Organizational Attraction", in Ioannis Nikolaou and Janneke K. Oostrom, *Employee Recruitment, Selection, and Assessment: Contemporary Issues for Theory and Practice*, Psychology Press, 2015, pp.36-37 and pp.27-42.

36) https://www.mhlw.go.jp/content/12401000/000727534.pdf

37) https://www.recruit-ms.co.jp/freshers/spi-001.html

38) https://jsite.mhlw.go.jp/tokyo-hellowork/content/contents/000723418.pdf

39) https://saponet.mynavi.jp/release/student/ishiki/survey2021-1/

40) Josh Berson, "Data Proves That Culture, Values, and Career Are Biggest Drivers of Employment Brand", (https://joshbersin.com/2016/07/data-proves-that-culture-values-and-career-are-biggest-drivers-of-employment-brand/).

41) www.keidanren.or.jp › policy

42) 日本経済新聞「起業家学生の採用強化」2021年3月12日，朝刊。

43) Morten T. Hansen, "IDEO CEO Tim Brown: T-Shaped Stars: The Backbone of IDEO's Collaborative Culture", *Chief Executive*, January 21, 2010, (https://chiefexecutive.net).

44) Tina Seelig, *What I Wish I Knew When I was 20: A Crash Course on Making Your Place in the World*, Harper One, 2009, p.10.（高遠裕子訳『20歳の時に知っておきたかったこと：スタンフォード大学集中講義』阪急コミュニケーションズ，2010年，19頁）。

45) James Bloodworth, *Hired: Six Months Undercover in Low-wage Britain*, Atlantic Books, 2018, pp.88-89.（濱野大道訳『アマゾンの倉庫で絶望し，ウーバーの車で発狂した：潜入・最低賃金労働の現場』光文社，2019年，112頁）。

46) 日本公認会計士協会東京会編『人事管理』同文舘，1995年，96頁。

47) https://www.sus-g.co.jp/news/

48) Paul R. Daugherty and H. James Wilson , *Human ＋ Machine: Reimaging Work in the Age of AI,*

Harvard Business Review Press, 2018, pp.51-52.（保科学世監修・小林啓倫訳『人間＋マシン：AI時代の8つの融合スキル』東洋経済新報社，2018年，68-69頁）。

49）日本経済新聞「ユニ・チャーム新卒採用にAI」2021年3月16日，朝刊。

50）Kenneth Yusko and Harold Goldstein, "Strategic Staffing: Talent Acquisition in 21st Century", in Ronald R. Sims, ed., *Contemporary Human Resource Management: Issues, Challenges, and Opportunities*, IAP-Information Age Publishing, Inc., 2007, pp.175-226.

51）Laszlo Bock, *op.cit.*, p.103.（前掲訳書，170-171頁）。

52）Andrew S. Grove, *High Output Management*, Vintage Books, 2015, pp.205-206.（小林　薫訳『ハイアウトプット　マネジメント：人を育て，成果を最大にするマネジメント』日経BP社，2017年，295-296頁）。

53）Daniel Kahneman, *Thinking, Fast and Slow*, Farrar, Straus and Giroux, 2011, pp.232-233.（村井章子訳『ファースト&スロー 上：あなたの意思はどのように決まるか』早川書房，2012年，336頁）。

54）Robert I. Sutton, *Weird Ideas That Work*, 2002, p.60.（米倉誠一郎訳『なぜ，この人は次々と「いいアイデア」が出せるのか』三笠書房，2002年，163-168頁）。

55）Joseph F. Coughlin, *The Longevity Economy: Unlocking the World's Fastest-Growing, Most Misunderstood Market*, Public Affairs, 2017, p.233.（依田光江訳『人生100年時代の経済：急成長する高齢化市場を読み解く』NTT出版，2019年，266頁）。

56）https://careers.bms.com/jobs/R1534520?lang=en-us

57）2021年卒 マイナビ大学生 広報活動開始前の活動調査｜新卒採用の支援情報ならマイナビ　新卒採用サポートネット（mynavi.jp）。

58）日本経済新聞「変わる日本の採用」2021年3月25日，朝刊。

59）0331_betten.pdf（keidanren.or.jp）。

60）平井亜矢子稿「シリコンバレー最新動向：日本企業の人材・組織課題とその解決策を探る」日本能率協会（https://member.jma.or.jp/member/wp-content/uploads/2020/07/siliconvalley_report_hirai.pdf）。

61）日本経済新聞「性別・顔写真求めず」2021年3月7日，朝刊。

62）https://corp.en-japan.com/newsrelease/2019/16757.html.

63）https://www.recruitcareer.co.jp/news/pressrelease/2020/200123-01/

64）日本経済新聞「ライオン，副業人材公募」2020年6月7日，朝刊。

65）Tom. L. Beauchamp and Norman E. Bowie eds., *Ethical Theory and Business*, 5[th]ed. , Prentice-Hall, Inc., 2003.（中村瑞穂監訳『企業倫理学3』晃洋書房，2003年）。

66）Mihaly Csikszentmihalyi, *Good Business: Leadership, Flow, and the Making of Meaning*, Coronet Books, 2003, p.39 and p.96.（大森　弘監訳『フロー体験とグッドビジネス：仕事と生きがい』世界思想社，2008年，47頁及び121-122頁）。

67）Francesca Gino, *Rebel Talent: Why it Pays to Break the Rules at Work and in Life*, Pan Books, 2018, p.38.（櫻井祐子訳『イヤなやつほど仕事がデキる：なぜルールに従わない人が成功するのか』日本経済新聞社，2019年，59-60頁）。

68）山田雄一『組織科学の話』日本経済新聞社，1973年，37頁。

69）Peter F. Drucker, *The Practice of Management*, Harper & Brothers Publishers, 1954, p.299.（現代経営研究会訳『現代の経営：組織と人間』自由国民社，1956年，182頁）。

70）日本経済新聞「新卒からジョブ型提案」2021年1月27日，朝刊。

71）日本経済新聞「失業リスク，女性は3倍」2021年8月13日，朝刊。

80 |

72）八代充史『大企業ホワイトカラーのキャリア：異動と昇進の実証分析』日本労働研究機構，1998年，156頁。

73）清水　勤『ビジネス・ゼミナール・会社人事入門』日本経済新聞社，1991年，232頁。

74）https://www.calbee.co.jp/newsrelease/200625b.php

75）https://www.asahi-life.co.jp/saiyou/shinsotsu/kankyo/positive.html

76）日本経済新聞「JTB赴任せずに「転勤」」2021年5月31日，朝刊。

77）八代充史，前掲書，155頁。

78）http://www.keidanren.or.jp/policy/2020/008.pdf

79）https://www.mitsubishicorp.com/jp/ja/about/resource/training.html

80）今野浩一郎『人事管理入門』日本経済新聞社，1996年，76頁。

81）同上書，76-77頁。

82）ヘイコンサルティンググループ・浅川　港編『世界で最も称賛される人事：グローバル優良企業に学ぶ人材マネジメント』日本実業出版社，2007年，190頁及び215頁。

83）伊賀泰代『採用基準：地頭より論理的思考力より大切なもの』ダイヤモンド社，2012年，237頁。

84）https://smtg-recruit.jp/recruit/guideline/

85）山本　寛「配置と異動」服部　治・谷内篤博『人的資源管理要論』晃洋書房，2000年，91頁。

86）高橋俊介『キャリア論』東洋経済新報社，2003年，1頁及び58頁。

87）岩出　博，前掲書，94頁。

88）日本経済新聞「副業解禁，主要企業5割」2019年5月20日，朝刊。

89）https://rc.persol-group.co.jp/news/202108111000.html

90）日本経済新聞「IHI，8000人の副業解禁」2021年1月21日，朝刊。

91）企業主導型人事制度と個人選択型人事制度については，八代充史「個人選択型人事制度」菊野一雄・八代充史編『雇用・就労変革の人的資源管理』中央経済社，2003年を参照。

92）日本経済新聞「早期退職はや8000人」2019年7月7日，朝刊。

93）櫻井　稔『退職・解雇の理論と実際』中央経済社，1994年，135頁。

94）アメリカでは解雇戦略と呼ばれることもある（Dave Ulrich, Jack Zenger, and Norm Smallwood, *Results-Based Leadership,* Harvard Business School Press, 1999, p.66.（DIAMONDハーバード・ビジネス・レビュー編集部訳『脱コンピテンシーのリーダーシップ：成果志向で組織を動かす』ダイヤモンド社，2003年，91頁））。

95）櫻井，前掲書，190-212頁。

96）日本経済新聞「内部通報処分なら懲戒」2021年8月13日，朝刊。

97）櫻井，前掲書，57-61頁。

98）https://global.toyota/jp/detail/1468417

99）https://fujitsu.recruiting.jp.fujitsu.com/career/comeback/

100）Reid Hoffman, Ben Casnocha, and Chris Yeh, *The Alliance: Managing Talent in the Networked Age,* Harvard Business Review Press, 2014, pp.132-136.（篠田真貴子監訳『アライアンス：人と企業が信頼で結ばれる新しい雇用』ダイヤモンド社，2015年，152-157頁））。

101）https://www.jetro.go.jp/ext_images/jfile/report/07000317/1006r5.pdf

102）日本経済新聞「生涯現役　企業が備え」2021年4月20日，朝刊。

103）http://www.pref.osaka.lg.jp/attach/6026/00000000/033.pdf

第 4 章

人 材 育 成

第1節　序　　論

　18世紀後半にイギリスで始まった産業革命は，工業化社会を生み出した。工業化社会では，機械的組織，すなわち，官僚制の仕組みが厳格に適用され，権限と責任が明確な構造特性をもった組織がかなり長い間，多くの産業で有効であった。その後，IT（情報技術）やICT（情報通信技術）が進歩し，知識社会へと変貌を遂げた。知識社会では，有機的組織と呼ばれる，フラットな組織や柔軟性の高いチーム単位の組織が有効になった。その理由は，工業化社会の雇用関係は，肉体的労働の提供が中心であったのに対し，知識社会では，それが知識の提供に変わったためである。

　会社の値打ちは，その会社が有する知的所有権やブランド認知，信用，人的資本（従業員のもつ能力，経験や知識），社会資本（従業員が社内外で構築している人間関係）といった無形財産がほとんどを占めることになった[1]。

　ピーター・ドラッカーは，知識社会では，かつてのマネジメントの意味が通用しなくなったと指摘し，「マネジメントの基本的な取り組みは，知識労働者の生産性に対してである[2]」と述べている。そして，イノベーションによる経営が重要で，働く全員がイノベーションの担い手となるべきであるとした[3]。

　こうした知識社会における人材育成は，企業に役立つ人材の育成，個人の働きがいの追求，社会に役立つ人材の育成という目的については，過去の企業内教育訓練と基本的には変わらないが，その方法や対象は大きく変わらざるをえ

なかった。

第2節　人材育成とは何か

　企業内教育訓練や社内教育という用語は，広く用いられている。しかし，
HRMが注目されて以来，人材育成（HRD）や従 業 員 育 成（ED），経 営 者
育　成（MD）という用語が西欧で一般的となっている。本書では，HRDと
MDを合わせて人材育成というタイトルで論じていきたい。なお，この名称
は，人材育成学会の訳に従ったものであるが，人的資源開発や人材開発なる訳
語も用いられている。

　最初に，教育訓練と人材育成の違いについて明らかにしたい。

　人材育成は，人材の成長，拡大，改善及び教育を含むものであり[4]，個人，
集団及び組織のレベルで組織目的を達成する意図で人的資源の有効性を高める
学 習を意味する[5]。すなわち，個人にとっては，肉体的，精神的潜在能力を
高めると同時に，組織にとっては，知識や能力の拡大を目的とするために，そ
れは単なる訓 練以上のものとなる。

　訓練は，ある特定の職務に関連した学習であり，職場内の狭い範囲に限られ，
短期間に行われる。学習は，新しい知識や能力を獲得することである。英語で
は，学習はラーニングとスタディに分けられ，ラーニングは，経験に重点が置
かれ，スタディは，体系的に本質や理論などを研究する場合に用いられる。ラー
ニングを重視する応用優先とスタディを重視する原理優先の文化があり，前
者は，アリストテレスに始まる帰納法が広まったイギリスやアメリカなど，後
者はヘーゲルに始まる弁証法が広まったドイツやフランスなどである[6]。わが
国は，原理優先で，理論を検討して実際に応用しているケースが多い。しかし
ながら，原理優先の学習ばかりでなく，訓練については応用優先の学習を用い
ることが望ましいであろう。

　教 育は，訓練よりも長期にわたり，より広く教養を身につけさせること
である。それは，会社に貢献できる潜在能力を獲得させることを意味する[7]。

したがって，訓練は，教育よりも実践的な習熟を求め，教育は，会社の具体的な仕事に必要な知識に限定されないという特徴をもつ。

　以上のように，人材育成は，訓練や教育を含めたものであり，従業員が現在の職務及び将来のための知識と技能を習得すると同時に，個人ばかりでなく，チームや組織全体を巻きこんだ取り組みである。この理論的根拠は，HRMや後述する組織学習などに求められる。

第3節　人材育成と政府・企業・従業員

　人材育成は，企業ばかりでなく，政府もかかわっている。すべての組織には，人材育成が必要であるが，自己努力だけでは達成が難しい。これまで企業は，新入社員教育と経営者教育に重点を置いてきたが，今ではすべての従業員に能力向上を求めるようになった。例えば，情報リテラシー（コンピュータ等を利用して幅広く情報を収集・活用し，それを分析し，判断する基礎的能力）の習得は，あらゆる階層の人たちにとって不可欠である。

　欧米主要国は，生産性拡大のため，学び直し（リスキリング）に尽力しているが，わが国の再教育への参加率は，35％と出遅れ，生産性は北欧各国の半分程度で37カ国中21位にとどまる[8]。そのため，政府は，新型コロナウイルスの感染症対策の一環として「IT新戦略[9]」を打ち出し，テレワーク等のさらなる推進やオンライン教育の必要性を求めている。政府の「創造的IT人材育成方針」では，高度IT人材は，「IT利活用社会をけん引する人材」（ITを通じて独創的な発想を実現することができる人材と，多様性を認め「他産業・分野の専門家と融合・協働し，イノベーティブな事業やサービスを企画，実装できる人材）及び「IT利活用社会を支える人材」（「ITを業務やビジネスに活かすことができる人材」と「安全・安心にITを製品・サービスなどに実装する人材」）と定義されている[10]。

　世界経済フォーラムは，2025年に必要な10のスキルを①分析思考とイノベーション，②アクティブラーニングと学習戦略，③複雑な問題解決，④クリティカルシンキングと分析，⑤創造性，オリジナリティとイニシアチブ，⑥リー

ダーシップと社会的影響力，⑦技術の利用，モニタリングとコントロール，⑧技術のデザインとプログラミング，⑨レジリエンス，ストレス耐性とフレキシビリティ，⑩推論，問題解決とアイデエーション（発想）としていて，これらを獲得するためのリスキリングを求めている[11]。

　また，「職業能力開発促進法」は，事業内で職業能力開発計画の制定及び職業能力開発推進者の選任を努力義務としている。職業能力開発計画は，人材の育成方針と人材開発の計画である。職業能力開発推進者は，職業能力開発計画の作成，従業員に対する能力開発に関する相談と指導及び国等との連絡等を担当する。

　厚生労働省は，企業がその人材育成ビジョン・方針に基づき，従業員個人の能力の向上や進路設計を支援する「キャリアカウンセラー」や「キャリアコンサルタント（国家検定に合格したキャリアコンサルティング技能士）」によるキャリアコンサルティング面談と多様なキャリア研修などを組み合わせて，体系的・定期的に従業員の支援を実施し，従業員の主体的なキャリア形成を促進・支援する総合的な取り組み，また，そのための企業内の「仕組み」である「セルフ・キャリアドック」制度の導入を推薦している[12]。さらに，雇用する労働者のキャリア形成を効果的に促進するため，職務に関連した専門的な知識及び技能を修得させるための職業訓練等を受講させる事業主等に対して助成する人材開発支援助成金制度を設けている。なお，離職者や求職者には，無料の公的職業訓練（ハロートレーニング）が設けられている。

　このように，政府は，人材育成にかなりの役割を担うようになっている。この背景には，人材の流動化と同時に，知識社会への移行，すなわち，個人の自己責任に基づく能力形成の時代が到来したことがあると思われる。

　産労総合研究所の調査では，教育研修費用総額の2019年度の予算額は7,737万円，実績額は6,599万円，2020年度の予算額は7,370万円で，前回調査と比較すると，いずれも増加している。従業員1人当たりの2019年度実績額は35,628円で，2020年度予算額は39,860円と増加している[13]。ただ，企業は，人材育成に関しては，大学の職業人養成や従業員の自主的学習にかなり依存し

ていると考えられる。大学で学習した知識が役立たなくなるのは，2年とも4年ともいわれているし，本来の業務に関する能力を高めるためには多様な職務経験，キャリア形成が欠かせない。

　そうしたキャリア形成を支援できるのは企業である。また，戦略が変更されれば，それを実行するのに必要となる能力は変わる。次なる戦略を明らかにし，そのための準備として人材育成をしておかなければ，当分の間は「戦略は構造に従う[14]」，つまり，従業員の能力不足という構造によって新戦略の遂行ができなくなる。

　企業は，人材育成を資源の蓄積や知的資産の増加と考えなければならない。例えば，スターバックスのシュルツ元会長は，一番大事なのは従業員で2番は顧客，3番は株主であるとしていて，その理由を「会社は従業員を通じた価値創造ができて，初めて株主利益が生み出せるからだ」と述べており，スターバックスコーヒージャパンでは，コーヒーアンバサダーになるとシアトル本社での研修が待っている[15]。

　退職率が低い会社に共通した特徴は，生涯教育プログラムの充実である[16]。企業特殊技能についての訓練を受講した労働者の離職願望は低いという調査結果もある[17]。このように，優れた人材を確保するためにも生涯にわたる人材育成が欠かせない。

　最後に，個人についてみていきたい。能力主義や成果主義などの言葉が巷に氾濫し，それらは，従業員にとってかなりのプレッシャーになっている。従業員に対する要請の1つとして，「資格取得」がある。企業は，これまで個人の自己啓発援助として，通信教育講座の受講，資格取得，セミナー・研究会への出席等に対して経済的，非経済的援助を行ってきた。経済面では，受講料負担，奨励金，資格取得手当の支給などがあり，非経済面では，社内での自主的な講習会等の支援，有給教育訓練休暇の付与，残業時間の配慮，通信教育等に関する情報提供などがある。資格ブームの原因の1つは，資格が将来の不安からセーフティネットとしての救命具と考えられてきたためである。

　この追い風となったのが，厚生労働省の「教育訓練給付制度」である。この

制度は，一定の条件を満たす雇用保険の被保険者（在職者）が厚生労働大臣の指定する専門実践教育訓練を受講し修了した場合に最大7割の公的補助が受けられるものである。この対象として，医療事務やフィナンシャルプランナーなどの講座がある。

　個人に関する人材育成は，動機を最重要に考慮しなければならない。すなわち，何を身につけたいのか，何になりたいのかといった動機が自己研鑽の源となるからである。また，教育訓練の累積額が2倍になると労働生産性は2.7％高くなるばかりでなく，労働者の賃金も2.9％高くなるという調査結果があるように，人材育成は，労働者にとってもメリットが大きい[18]。

第4節　人材育成のプロセス

　人材育成のプロセスは，管理サイクルであるPDS（計画・実行・検証）やPDCA（計画・実行・評価・改善）に基づいて行うことが望ましい。

　計画を立てる際に，現在の育成状況を調べなければならない。すなわち，現在従業員のもっている知識，能力及びスキルと将来必要なそれらについての調査である。これには，会社ばかりでなく，従業員が求めている知識，能力及びスキルが含まれる。このデータを基に育成目標を設定し，必要な人材育成方法を決めて，実行する。

　最後に評価し，その結果を次の計画にフィードバックできるようにする。評価は，コスト・ベネフィット分析（育成に要した費用と育成の結果もたらされた収益とを比較・分析する），実際に製品の製作を行う製作等作業試験，ロールプレイを行う実地試験，学科試験，ポートフォリオ評価（すべての学習成果の相互評価）などが行われる。評価は，賃金などとリンクすれば動機づけにつながる。社内検定制度も学習を促進するうえで有効である。

　厚生労働省は，社内検定のうち，一定の基準に適合し技能振興上奨励すべきものを「厚生労働省認定」としている。認定を受けた社内検定は，「厚生労働省認定」の表示ができ，同省のホームページで公示される。

第5節　人材育成の種類

　人材育成は，3つに分類される。

　第1は，O J T（On the Job Training）で，職場内訓練ともいう。その意味は，「実務経験が訓練になる[19]」ことを指す。OJTは，フォーマルなものとインフォーマルなものに分けられる。フォーマルなOJTは，①指導員が指名されている，②訓練成果のチェック項目の設定がある。その過程は，①指導員が習い手の学ぶべき仕事を実際にやってみせ，②ついで習い手が指導員の見守るもとで仕事をする，③指導員は自分の仕事にもどり習い手は自分ひとりで作業し，分からないことを聞きに行く，また仕事の成果を指導員にみてもらいその評価を聞く，という手順で行う[20]。それ以外は，インフォーマルOJTであり，直属の上司などに指導を受ける。

　OJTのメリットは，2つあり，1つは，職務分掌規定とか職務マニュアル等の公式の文書では表現できない具体的な技能を伝達し熟練を形成できることである。問題と変化をこなすノウハウは，知的熟練と呼ばれていて，その内実は幅広いインフォーマルなOJTにあると指摘されている[21]。

　他のメリットは，部下1人ひとりに対して行われるので，能力・適性や仕事の必要に応じたきめ細かい個別的な教育ができることである[22]。すなわち，暗黙知の伝達が個人単位で行える利点がある。暗黙知とは，目にみえにくく，表現しがたい洞察，直観，勘を意味する[23]。もちろん形式知と呼ばれる規則や手順などの記録が可能でコンピュータ処理が可能な知識の伝達もOJTにより教育されるが，言葉では表現できない暗黙知が重要なことは明白である。

　アメリカではOJTに，見習訓練やインターンシップが含まれる。見習訓練は，OJTと集合教育プログラムを組み合わせたものでリビーグラス社などが用いていて，インターンシップは，教育機関によって資金援助されていてフォードやロールスロイスが活用している[24]。

　第2は，Off-J T（Off the Job Training）あるいは職場外訓練や集合教育で

ある。これは，業務遂行の過程外の教育訓練であり，OJTが「仕事をしながら
訓練する」のに対して，Off-JTは，「仕事を離れて訓練する」場合を指す。

　Off-JTには，①新入社員教育や新任課長訓練などの階層別教育訓練，②販
売員研修や技術スタッフ研修などの職能別研修，新商品に関する知識習得など
の事業別研修及び特許や品質管理に関する研修などの共通専門知識研修を行う
部門別教育訓練，③海外要員育成研修や新規事業開発要員研修などの重点戦略
教育訓練，そして④マネジリアルグリッド・プログラムなどのリーダーシップ
訓練や感受性訓練等を用いて組織の規範や態度などを変革して組織の活性化を
目指す組織開発教育などが含まれる。

　Off-JTのメリットは，①新しい専門的知識や技術などが専門の講師によっ
て伝達される，②企業内のさまざまな部署から集まって教育を行うばかりでな
く，場合によっては他の企業からの人たちと一緒に教育訓練を受けることにな
るので，情報交換や体験の交流ができる，そして③直接の上司やOJTの担当
先輩とは違う判断基準やものの見方を習得できるなどである。

　最後は，自己啓発である。これは，企業による一方的な教育訓練ではなく，
自発的な能力開発を意味する。人材育成という用語が用いられるようになった
最大の理由は，教育訓練という企業からの受身的なものから，従業員による自
発的な「学習」へと基本的な考え方がシフトしたためである。そうした意味に
おいても，自己啓発は，自発的な「学習」から成り立つがゆえに今後ますます
重要となるであろう。

　厚生労働省の令和2年度「能力開発基本調査」では，正社員に対してOJT
を実施した企業は56.5％で，正社員以外は，22.3％であった。自己啓発を行
った労働者は，正社員で41.4％，正社員以外が16.1％であった。残念ながら，
Off-JTの一人当たりの費用平均額は，0.7万円，自己啓発への支出は，0.3万
円と低い。ただ労働政策研究・研修機構の2020年調査では，75.3％の企業が
OJTをうまくいっていると評価し，87.8％がOff-JTを効果があると評価して
いる[25]が，さらに人材投資に取り組むことが望まれる。

　理想的な姿として，OJT，Off-JTと個別の学習機会を散発的に設けるので

はなく，必要に応じて効果的に配列・連携させ，「統合的な学習環境」を組織
内に置いて構築し，パフォーマンス向上につなげる職場学習が提案されている。
「職場学習」とは，組織の目標達成・生産性向上に資する，職場に埋め込まれ
たさまざまなリソースによって生起する学習を意味する[26]。

　企業は，全社員一律の人材育成から，意欲的な人材や投資効率が高いと思わ
れる人材へ大きく投資するようになった。これは，能力主義の影響もあるが，
同時にコスト削減にもつながるものであり，メリットが大きい。

第6節　人材育成の方法

　人材育成の具体的方法は，①全社的人材育成，②階層別人材育成，③職能別
人材育成，④社員区分別人材育成の4つに大別される。その他，事業部別やプ
ロジェクト別，カンパニー制別など組織構造に応じたものや事業の国際展開に
合わせたグローバルな人材育成制度など多様なものがある。グローバル人材育
成制度の目的は，経営哲学の共有化や人事交流ばかりでなく，現地社員の本社
登用を視野に入れたものとなっている。ダイキンのように世界各地から社員を
日本に呼びよせて研修させる場合もあれば[27]，現地で研修を実施する場合も
ある。

　以下，さまざまな育成方法についてさらにみていきたい。

1．全社的人材育成

　全社的人材育成は，階層や職能や社員区分にかかわりなく行われる人材育成
である。例えば，ダイハツは，AI人材育成プログラムの全社適応を目指して
いる[28]。

2．階層別人材育成

　階層別人材育成は，組織階層別，すなわち，新入社員，中堅社員，管理職，
経営者ごとに行われる。日本生産性本部のプログラムでは，①新入社員教育プ

ログラム，②若手社員コース，③中堅社員コース，④係長・リーダーコース，⑤管理職（課長）コース，⑥上級管理者（部長）コース，⑦次世代経営幹部コース，⑧経営者・役員コースばかりでなく，⑨シニア・ベテラン層コース，⑩労働組合役員コースが用意されている[29]。

3．職能別人材育成

　職能別人材育成は，販売・マーケティング，技術・生産，研究・開発，賃金・評価，労使関係など各職能別に行われる育成である。新製品研修，販売スキルアップ研修，OA研修などが含まれる。パナソニックでは，IT・コミュニケーション・語学など業務推進に必要なスキルを修得するためのビジネススキル研修，技術・モノづくり・営業など職能ごとに必要な専門知識・技能を修得するための職能別研修などを提供している[30]。

4．社員区分別人材育成

　社員区分別人材育成とは，正規従業員とは別にパートタイマー，アルバイト，派遣労働者，などの社員区分に応じて行われるものである。これらの非正規人材に関する育成は，これまで軽んじられてきたが，重要度は正規従業員とは変わらない。そのため，明治安田生命は，契約社員が希望する場合に正社員にする方針に変えた[31]。人材不足などにより，こうした非正規から正規への転換の可能性が高まるため，あらゆる社員をしっかり育成しておく必要がある。

5．eラーニング

　多くの企業は，IT研修を義務化していて，ITにアクセスできる能力を全社員に求めるようになっている。企業は，ITを使って，簿記などの講座をインターネットで公開し，社員研修を行っている。こうしたインターネットを使った教育システムをeラーニングと呼ぶ。

　eラーニングは，これまでの研修費の半額以下の費用で済むといわれている。自社の社員だけでなく他社からも受講者を集めて企業間で行う相互の受講，

eラーニング専門会社に研修を依託するケースが増えている。

　eラーニングは，主としてインターネットを使用する学習であるが，その他のITやAIを使用する場合にもあてはまる。例えば，「アダプティブ」ラーニングテクノロジーは，コース，コースのセグメント，アクティビティ及びテストの質問を，学習者の好み，学習のペース及び学習者にとっての最良の学習方法に合わせて個別化（パーソナライズ）できる[32]。その具体的なものには，以下の技術が含まれる。

　第1は，CBT（コンピュータ・ベースド・トレーニング（コンピュータによる訓練））で，CD-ROMやコンピュータ上の動画などを用いて行われる研修である。英検CBTでは，受験もできる。

　第2は，WBT（ウェッブ・ベースド・トレーニング（ウェッブによる訓練））で，モバイルラーニングとも呼ばれ，インターネットを利用する学習と育成（L&D）である。通常，eラーニングはWBTを指す。そのメリットは，いつでもどこでも多くの人材を低コストで育成できることである。学習者は，学習項目の進捗度や学習時間が分かるだけでなく，終了後には理解度をチェックし，受講期間後も繰り返し復習できる[33]。

　第3は，同期型（シンクロナス）ラーニングであり，学習時間が決まっている。場所も時間も自由に選べる非同期型（アシンクロナス）ラーニングとは異なり，講師がZoomなどのウェブ会議システムを用いて講義と質疑応答を行う研修である。

　非同期型ラーニングには，短時間で少しの内容を学習するマイクロラーニングが含まれる。マイクロラーニングは，1回の学習が数分で終わる短時間の学習であるため，継続性や振り返りが容易になり，効果が高まる。

　その他，シンクロナスラーニングの一種でレパーポージングと呼ばれる，インストラクター主導の対面のオンライン訓練プログラムとか，誰もが無料で受講できるMOOCs（ムークス（マッシブ・オープン・オンライン・コース（無料オンライン講座）））があり，それには，ビデオ講義，ディスカッション・グループ，ウィキ，アセスメントクイズなどが含まれる[34]。

　eラーニングは，知識学習には向いているが，暗黙知や対人関係のスキル向上には向いていないという側面もあり，万能というわけではない。そのため，eラーニングと伝統的な対面教育を組み合わせたブレンド型学習（ブレンデッドラーニング）も行われている[35]。

6．組織学習

　組織学習は，学習する組織（ラーニング・オーガニゼーション）とも呼ばれ，クリス・アージリスとドナルド・ショーンらによる組織学習の理論[36]やピーター・センゲの学習する組織[37]がその源となっている。

　アージリスらは，電気工学やサイバネティクス（通信と制御に関する学問領域）で用いられる用語からシングル・ループ学習とダブル・ループ学習を提案した。シングル・ループ学習とは，システムの基本的価値に疑問を示したり，改めることなくエラーをみつけて修正するサーモスタットのような学習をいう。それに対して，ダブル・ループ学習は，組織の基本的な価値観の変化を伴うような学習を意味する。ダブル・ループ学習は，人々に自分自身の行動を検証させ，行為や休止に対する個人的責任をとらせ，現実の変化を引き起こしうる潜在的に脅威で厄介な種類の情報を明るみに出すのを奨励する[38]。

　一方，センゲは，人々がたゆみなく能力を伸ばし，心から望む結果を実現できる組織，革新的で発展的な思考パターンが育まれる組織，共通の目標に向かって自由にはばたく組織，共同して学ぶ方法を絶えず学び続ける組織として「学習する組織」を提案した。

　経営学では，メンタル・モデルは世界に対する仮定，観念，枠組みとして用いられていて，戦略策定に大きな影響を及ぼす要因とみなされている。メンタル・モデルとは，ジョンソン・レアードの用語で，世界についての表象，あるいは心の中の現象についての「作業用モデル」を意味する[39]。このメンタル・モデルは，個人の学習によって形成される。組織学習は，組織内の人々が共通のメンタル・モデルを共有することによって知的資源を蓄積していく過程であり，その知識は，組織文化に根づいた知識となる。

　知識には，コンピュータ処理が簡単で，電子的に伝達可能で，データベースに蓄積できる「形式知」と，目にみえにくく，表現しがたい暗黙的なもので，個人の行動，経験，理想，価値観，情念などが含まれる「暗黙知」がある。暗黙知は，マイケル・ポランニーが「語ることのできない知識」と定義したものである[40]。

　組織学習の理論は，知識経営（ナレッジマネジメント）として展開することになる。センゲは，アージリスを引用しつつも自分の理論との関連性については明確にしていないが，この理論の提唱者である野中らは，センゲやアージリスの理論との違いを明らかにしつつ独自の立場を展開している。ナレッジマネジメントとは，組織的知識を蓄積し，価値創造をするための管理である。ここで知識は，情報に由来し，情報はデータに由来するのであるが[41]，野中らは，知識の中でも特に暗黙知を発展させることが学習であるという立場をとっており，①暗黙知の共有，②コンセプトの創造，③コンセプトの正当化，④プロトタイプの製作，⑤知識の組織全体での共有という5つのステップをすすめている[42]。

　組織学習において，その途中に，進歩を評価し，習得内容を共有し，軌道修正を加えるための休止を含んでいるアプローチは，「アクション・ラーニング」，「経験学習」，「問題中心学習」などさまざまな名前で呼ばれている[43]。

7．コーチング

　1970年代に経営参加が叫ばれた。経営参加は，従業員に参加の欲求や自己実現の欲求を満たすばかりか，利益配分参加による公平な利潤の分配，雇用の安定，ひいては生活の安定という精神面と物質面の二次元的利益を与えることができ，産業デモクラシーの基盤といわれた。

　1990年代に入り，上司の決定に部下を参加させる経営参加の理論から，エンパワーメントの理論へと発展した。エンパワーメントは，従業員の関与や参加についての率先力と関係がある[44]。GE（ジェネラルエレクトリック）のワークアウトもエンパワーメントの一種であると考えられる。ワークアウトは，職能や職位に関係なく，現場の人間のアイデアを集め，しかもその場でそれを実行に移す。具体的には，解決すべき問題と解決策を社員自身が決め，解決策の検討はクロスファンクション（全社横断的）で行われ，解決策はトップに直接提言され，トップは即断即決で判断することを特徴としている[45]。

　エンパワーメントは広い意味では，従業員に権力（パワー）を与えることであり，特に公式の権力といわれる権限（オーソリティ）の委譲を指す。これは意思決定を委ねることであり，

そのためには，従業員は，自分で考え，学び，行動できるようにならなければ
ならない。そのために上司は，従業員が自ら決定して行動できるようコーチと
して部下である人材を育成することが責務となる。これがコーチングについて
の基本的考えである。

その背景に，上司の決定への参加ではなく，さまざまな事柄について自ら決
定できるような人材を育成することが「スピードの経営」の必須条件となった
ことがある。その自立決定の精度や合理性を高めるのがコーチングである。

コーチングは，部下に答えを与える方法ではない。上司が部下に答えを与え
られない状況でも，質問によるコミュニケーション（例えば，「君はこの状況に対
し，どのように対応すればいいと思うか」など）を通して自ら答えをみつけられるよ
うにサポートすることである[46]。つまり，原因や問題点を質問によって本人
に気づかせ，解決方法を自分で引き出せるようにトレーニングする方法であ
る。

コーチングには，3つの役割がある[47]。1つは，従業員との1 on 1ミーティ
ングである。1 on 1ミーティングとは，基本的には週1回，少なくとも2
週に1回の頻度で行われる上司と1対1のミーティングである[48]。2つめは，
従業員の学習を手助けすることである。3つめは，コーチの手助け無しでは得
ることのできないメンター，学習過程あるいは職務経験を提供することであ
る。

コーチングは，組織の下位の人たちだけのためのものではなく，グーグルの
元CEOエリック・シュミットやGEの元CEOジャック・ウェルチといったト
ップマネジメントも活用したように，あらゆる階層の人々にとって有益な人材
育成方法である。

8．メンタリング
人材育成には，コーチングばかりでなく，フィードバックとメンタリングが
大きな効果をもたらすことが分かっている。メンタリングは，コーチングとセ
ットで提供されることが望ましい。すなわち，管理者は，よきコーチでありメ

ンターであることが期待されている。

　メンターという言葉は，ギリシャ神話のホメロスの『オデッセイア』からきている。オデッセウスは旅立ちの前に友人のメントールに息子の世話を委ねる。20年後に帰宅してみると息子が立派に成長していたことを知る。このことから，業務上の上下関係とは別に，若手人材の成長やキャリアに関する相談に乗ったり，アドバイスを与える役割を担う経験を積んだ年長者を「メンター」と呼び，メンターを支援，奨励する正式なシステムを「メンタリング制度」[49] あるいは「メンター制度」という。メンターから支援を受ける人は，メンティあるいはプロテージ（被支援者）と呼ばれる。P＆G（プロクター・アンド・ギャンブル）では直接の上司でない上級マネジャーが定期的に相談に乗ってくれたりアドバイスをもらえたりする仕組みを「メンター制度」と名づけている[50]。

　メンタリングの機能には，キャリア的機能と心理・社会的機能がある[51]。

　キャリア的機能は，組織内での昇進と関係している。第1は，「スポンサーシップ」であり，望ましい異動や昇進人事を積極的に指名することが含まれる。第2の「推薦と可視性」の機能は，重要人物との関係性を築けるようにすることなどがある。第3は，企業という世界をどのようにして効果的に渡っていくかについての知識や理解を高める「コーチング」の機能である。第4は，上位の役員などから保護する「保護」機能である。第5は，「やりがいのある仕事の割り当て」である。

　心理・社会的機能は，人の能力（コンピタンス），アイデンティティ，専門家としての役割の有効性を向上させる関係性である。第1は，「役割モデリング」であり，態度，価値観，行動のモデルとなる機能である。第2は，仕事ぶりのフィードバックや相手に対する好意と尊敬のような「受容と確認」機能である。第3は，「カウンセリング」である。第4は，「交友」の機能で，仕事以外でも楽しい付き合いをもたらすものとして特徴づけられる。

　メンタリングは，従業員の能力向上，意欲（エンゲージメント）の高まり，離職率の低下，リーダーの育成などに役立つため，アメリカの多くの企業が新入社員向けにも取り入れている[52]。

　同期，年下，年上の同僚との関係であるピア関係のメンタリングもある。ピア関係は，メンター関係よりも形成されやすく，長続きしやすい。ピア関係もまた，キャリア的機能と心理・社会的機能を果たす[53]。キャリア的機能では，同僚との「情報共有」，同僚とのキャリア上の関係を選択する「キャリアの戦略化」，「仕事関係のフィードバック」が提供され，心理・社会的機能では，自分たちの見方や価値，信念などの「確認」，ストレス時の「情緒的サポート」，「個人的フィードバック」，「交友」を提供する。

　東京海上日動では，仕事と育児を両立させ活躍している社員が「ママメンター」となり，仕事と育児の両立についてオフィシャルに相談できる環境を提供することにより，女性の継続就業とキャリア形成を支援する取り組みを実施している[54]。

　メンター制度や健康づくり制度などの雇用管理制度を導入する場合，厚生労働省より助成支援金が支給される[55]。

9．スポンサーシップ

　スポンサーシップは，メンタリングの一部でもあるが，先輩が後輩を指導して「恩送り」する関係というよりも長期の徹底した関係を制度化したものである。スポンサーは，部下の才能をみつけ出し，育成し，進歩を精査し，部下を擁護することで部下の昇進を助ける[56]。アメリカ人材革新センター（CTI）の調査では，過去2年間に昇進した女性の内，スポンサーがいた場合は27％で，いない場合は18％であった[57]。アクサ生命保険は，役員・営業局長がスポンサーとなり，管理職としてのポテンシャルのある女性を育成して管理職登用を支援するスポンサーシッププログラムを設けている[58]。また，『日経WOMAN』の2019年調査によれば，スポンサーシッププログラムにより，日本IBMが女性管理職登用首位になった[59]。

10．ベンチマーキング

　最良の手法は他の発明であっても，大いに学び，導入しようという動きがリ

エンジニアリング（「コスト，品質，サービス，スピードのような，重大で現代的なパフォーマンス基準を劇的に改善するために，ビジネス・プロセスを根本的に考え直し，抜本的にデザインし直すこと」と定義されるビジネス手法[60]）のツールとして1980年代から注目された。それがベンチマーキングと呼ばれるもので，「プロダクトやプロセスの変革のために他社の最善な方法であるベスト・プラクティスを評価，学習する体系的，継続的な手法[61]」として定義される。具体的には，データを収集して優れた他の会社を明らかにし，その会社と自社のシステムや業績を比較する。その結果，自社の状況を確認し，他社のよいところを取り入れようとする手法である。

　人材育成のベンチマーキングは，人材育成に関する投資額などのデータを作成し，人材育成の成果と他社のそれとの比較を行い，他社との比較によって改善すべきは改めることを指す。

　ベンチマーキングは，競合他社と比べてどの程度の水準にあるかを示すばかりでなく，自社の水準の原因究明にも用いられる。「ベンチマーキングは組織内部のあらゆる管理機能やプロセスについていかにたくさんの競争相手が存在するかを社員に自覚させるためのメカニズムとなった[62]」と指摘されるように，この手法は，自己の能力を市場で評価することにつながった。

11. 企業内大学（CU）
<small>コーポレート・ユニバーシティ</small>

　企業内大学は，戦略的に人材を育成する機関である。起源は，1958年に開設されたGEの「ジョン・F・ウェルチ・リーダーシップ開発研究所」である。そこでは，経験を活かしながら成長を加速させ将来のリーダーを早期育成している[63]。GEは，人の成長の80％は経験を通じて培うことのできるものであり，座学や知識のインプットは残る20％で補完するものだと考えている[64]。
経験学習は，ジョン・デューイの「あらゆる純粋な教育は経験を通じて行われる」という指摘から，実践的なカリキュラムを実施するもので，自社の全体的な経営戦略，特定の事業本部の経営的な課題，あるいは経営革新といった具体的なテーマに対する実践的な解決策を考え，経験を通して学習していく[65]。

その後，最初に 大学 という名称を用いたマクドナルドの「ハンバーガー
大学」が1961年に創設され，現在日本を含めて世界に9校ある。同校では，
リーダーシップ，チームビルディング，総合マネジメントなどの人材育成及び
システム開発を行っている[66]。

ボストン・コンサルティング・グループ（BCG）によれば，4,000社以上が
企業内大学を有している[67]。この背景には，①従業員をMBAコースに通わせ
るよりも費用対効果でみて，40％も効率が高い，②ビジネススクールが提供
し，多くの企業の派遣者が一緒に講義を受けるオープン講座では，企業独自の
ニーズを反映した内容になりにくい，③個人が獲得した能力育成の成果が，組
織全体の成果に結びつくには長い時間を要する，④企業が大勢の幹部を対象と
して集中的に教育を行うのが難しいために，企業は新たな方法を模索すること
になった[68]。

そこで登場したのが，非公開型で，ある特定の企業を対象にしたカスタム講
座であり，ビジネススクールやコンサルティング会社に委託するものであった。
企業内講座ともいわれるカスタム講座では，さまざまな他社の事例をとりあげ
て学習していくケース・メソッドとは違い，アクション・ラーニングが用いら
れる。

外部委託型ではなく，自前で企業内大学を設立するのは，カスタム講座をさ
らに自社の人材育成目標に合致させると同時に，新入社員の教育からトップマ
ネジメントの教育まで一貫して行えて，研修者の活動をすべて測定し，評価し，
改善できるからである。また，トップマネジメントが直接社員を教育する場を
つくることにより，企業の文化や信念を共有させ，目標への取り組みであるコ
ミットメントを高められる。

もちろん，外部委託型の教育にも①企業内特殊的でなく，一般理論を学べる，
②他社の人々とのネットワークを築けるなどの利点がある。

企業内大学協会によれば，日立製作所の日立経営研究所が国内初の企業内大
学とされる[69]。その後，米国トヨタの「トヨタ大学」，「損保ジャパン・プロ
フェッショナル大学」，「大京ネクサスアカデミー」などが設立され，DMG森

精機のように，奨学金付きの長期インターンシップを含めた「企業内大学院」も出現した[70]。

12．ビジネス・キャリア制度

ビジネス・キャリア制度は，厚生労働省がホワイトカラーの能力開発のために設立した教育訓練システムであり，中央職業能力開発協会が試験を実施している。資格は，①人事・人材開発・労務管理，②企業法務・総務，③経理・財務管理，④経営戦略，⑤経営情報システム，⑥営業・マーケティング，⑦ロジスティクス，⑧生産管理の8つの分野別に1～3級にランクづけされている。「ビジネス・キャリア検定試験」の試験区分を学習単位として，優先度等を考慮したeラーニングが公開されている[71]。

13．経験学習

経験学習は，自分の経験から学ぶことで，被訓練者が知識と理論を学習した後，行動シミュレーションに参加し，その行動を分析し，OJT状況で理論と行動を結びつける訓練プログラムである[72]。

ケイ・ピーターソンとデイヴィッド・コルブは，「経験する」，「検討する」，「考える」，「行動する」の4つのステップで構成される経験学習サイクルを提案している[73]。このサイクルは，具体的経験，内省的検討，抽象的思考，積極的行動を示したもので，生涯を通じて学ぶための基礎となるとしている。ヤフーは，コルブの経験学習サイクルを用いて1 on 1ミーティングで部下の内省を支援し，経験学習のサイクルを効果的に回している[74]。

14．AI学習[75]

AIの特徴は，機械学習によって事前に明示的なプログラミングをしなくてもデータに基づいて学習と予測ができることである。AIは，HRを最も付加価値の高い活動に再配分し，トレーニングを支援して能力拡張を可能にする。例えば，ナイキはAIを用いて製品テストの時間を短縮し，アウディは，遠隔操作_{テレプレゼンス}

ロボットを用いて技術者に診断や修理の方法を教えている。AIから人間が学習するのであるが，同時にAIも人間から学習することによって相互学習が可能になっている。

15．トランステック

トランステックとは，ITに脳科学や心理学などを組み合わせ，人間の心身の成長をサポートする技術を指す[76]。これにより，外見からわからない心の動きをデータで示し，社内の交流や仕事の効率化を促す。

16．その他の学習[77]

アドベンチャーラーニングは，構造化されたアウトドア活動を用いることによってチームワークとリーダーシップスキルを育むことに集中した学習である。コーディネーショントレーニングは，チームで情報と決定をどのように共有するかを訓練する。

また，本業に関する法律，個人情報保護，情報漏えいなどに関するコンプライアンス教育も欠かせない。

アマゾンやウォルマートは，人材確保のために大学に通うパートタイマーらの学費全額負担をしている[78]。トヨタなどでは奨学金返済支援制度を設けており，これは一種の人材育成と考えられる。

第7節　人材育成の展望

戦後まもなくアメリカから導入したTWI（素人工を直接企業内の職場に入れて訓練する技法）をはじめMTP（管理者教育訓練），CCS（経営幹部教育）といった定型形階層別教育訓練は，わが国の経済復興の基盤となった。例えば，トヨタは，1951年にTWIを導入したが，技能系では現在も用いている[79]。

今日の日本の人材育成は，さまざまな課題や問題点をかかえている。多くの企業では，能力主義管理を重視してきているが，その能力を高めることに対し

て企業は責任を負わなければならない。確かに，自己責任という側面もあるが，従業員は，企業の経営戦略の変更に応じて必要な学習を余儀なくされるからである。企業は，組織成員全員を人的資源とみなし，それを育成していかなければならない。

　内閣府は，自ら大きな変化を起こし，大変革時代を先導していくため，非連続なイノベーションを生み出す研究開発を強化し，新しい価値やサービスが次々と創出される「超スマート社会」を世界に先駆けて実現するための一連の取り組みをさらに深化させつつ「Society 5.0」として強力に推進している。

　これを受けて経団連は，①前例主義的な意識や内向きの組織文化の変革，②会社主導による受け身のキャリア形成からの転換，③デジタル革新を担える能力の向上を求めている[80]。

　わが国の第1の課題は，後継者育成を含めたトップマネジメントのさらなる人材育成であるといえよう。

　第2の課題は，科学技能イノベーションの基盤をつくる人材力の強化である。上記経団連の調査では，一般社員にデジタルスキル・リテラシーの研修プログラムを提供している企業においては，デジタル技術全般の動向や，データアナリティクス，セキュリティ，デザイン思考，デジタルマーケティング，プログラミング，アジャイル等のプログラムが提供されていて，スペシャリスト社員の育成が欠かせない。

　前述のように，DXなどこれまで社内になかった事業の成長・変革に必要なスキルを従業員に習得させることは，「リスキリング（学び直し・能力再開発）」と呼ばれていて，富士通や日立製作所が取り組んでいる[81]。

　第3は，日本型の「職務無限定・高技能」タイプに加えて欧米型の「職務限定・高技能」タイプを育成することと双方のタイプを組み合わせた「ハイブリッド型」人材育成を目指さなければならないことである[82]。ハイブリッド型は，これまでの日本的経営のよさを残そうとするものである。

　第4は，女性の高学歴化・社会進出・長期継続化に伴うものである。すなわち，「女性の人材育成」を企業はさらに進めなければならない。

　第5に，中高年齢者の人材育成が挙げられる。新たな知識やスキルを身につけるリカレント教育の充実が重要となる。若年者の高卒と大卒の賃金格差は拡大しているが，中高年者に関しては逆に格差が縮小している。これは，大卒中高年者の能力が陳腐化したか，あるいは不必要になった結果であると考えられる。

　第6に，海外事業を担う幹部候補者育成がある。多くの企業は海外での事業拡大に対応するために海外研修や外国語研修に力を入れている。アサヒグループは，勤続3年以上10年以下でCASEC（日本英語検定協会の英語コミュニケーションのコンピュータ評価システム）のスコアが730点以上の一般社員から希望者を選抜し，原則1年アサヒグループの海外事業会社においてOJTを実施している[83]。また，ファーストリテイリングの柳井会長兼社長は「日本の店長と本部の管理職以上は必ず3年くらい海外で勤務させて，世界で通用する人材にする[84]」として，世界に通じる人材育成を急いでいる。

　第7に，雇用の流動化問題がある。ピーター・キャペリは，アメリカが長期的な雇用関係や内部人材育成を前提とした「オールドディール」は，1980年代初頭に雇用関係が市場原理に基づく交渉によって決定される「ニューディール」に取って代わられたと指摘している[85]。そこで重要なことは，社員に対する教育投資が回収できない可能性があるため，その投資は減少傾向にあり，自己啓発に頼ったり，エンプロイアビリティ（キャリアに対する責任を社員に転嫁してしまう）に注力したりすることによって，社員のモラールやコミットメントの低下を招いている点である。こうした，雇用の市場化に伴い，アメリカでは社員の目は常に外をみるようになったのである。

　日本でも，ジョブ型の普及に伴い人材の市場化がますます進展する可能性が高い。雇用の流動化が一般的となるかもしれない。そのとき，長期的な人材育成投資は，回収面で困難になる。したがって，会社が行う人材育成投資と自己啓発などの社員の自主的な自己投資とのバランスをとることがますます重要になるであろう。

　また，雇用の流動化に対応して，ドイツのような企業横断的な職業的資格・

職業能力評価制度の整備・充実が望まれる[86]。

【注】

1）Joseph F. Coughlin, *op. cit.*, p.263.（前掲訳書，297頁）。

2）Peter F. Drucker, *The Drucker Lectures: Essential Lessons on Management, Society, and Economy*, McGraw-Hill books, 2010, p.187.

3）Peter F. Drucker, *The Essential Drucker on Society*, Tuttle-Mori Agency, Inc., 2000.（上田惇生編訳『イノベーターの条件』ダイヤモンド社，2000年）。

4）Linda Maund, *An Introduction to Human Resource Management*, Palgrave, 2001, p.514.

5）John P. Wilson, *Human Resource Development*, Kogan Page, 1999, pp.10-11.

6）Erin Meyer, *The Culture Map: Decoding How People Think, Lead, and Get Things Done Across Cultures*, Public Affairs, 2014, pp.97-98.（岡　恵監訳・樋口武志訳『異文化理解力：相手と自分の真意がわかるビジネスパーソン必須の教養』英治出版，2015年，128頁）。

7）山田雄一『社内教育入門』日本経済新聞社，1967年，11頁。

8）日本経済新聞「学び直し世界が競う」2021年6月6日，朝刊。

9）https://www.kantei.go.jp/jp/singi/it2/kettei/pdf/20200715/siryou8.pdf

10）http://www.kantei.go.jp/jp/singi/it2/kettei/pdf/dec131220-2.pdf

11）https://www.weforum.org/agenda/2020/10/top-10-work-skills-of-tomorrow-how-long-it-takes-to-learn-them/

12）https://www.mhlw.go.jp/file/06-Seisakujouhou-11800000-Shokugyounouryokukaihatsukyoku/0000192530.pdf

13）https://www.e-sanro.net/research/research_jinji/kyoiku/kyoikukenshu/pr_2010.html

14）H. Igor Ansoff, *Strategic Management*, The Macmillan Press Limited, 1978, p.91.（中村元一訳『経営戦略論』産業能率大学出版部，1980年，109-110頁）。

15）日本経済新聞「米スターバックス」2001年3月26日朝刊及びhttp://www.starbuckscoffeejapan.blog.so-net.ne.jp。

16）Tom DeMarco and Timothy Lister, *Peopleware: Productive Projects and Teams*, 3rd ed., Addison-Wesley, 2013, p.123.（松原友夫・山浦恒央・長尾高弘訳『ピープルウェア：やる気こそプロジェクト成功の鍵』日経BP社，2013年，139頁）。

17）戸田淳仁「企業の教育訓練と社員の離職意識への効果：意識調査に基づく分析」樋口美雄・八代尚宏・日本経済研究センター編『人事経済学と成果主義』日本評論社，2006年，81頁。

18）森川正之『生産性：誤解と真実』日本経済新聞社，2018年，86-87頁。

19）小池和男『仕事の経済学・第2版』東洋経済新報社，1999年，25頁。

20）同上書，26頁。

21）同上書，29頁。

22）岩出　博『これからの人事労務管理』泉文堂，1998年，103-104頁。

23）Ikujiro Nonaka and Hirotaka Takeuchi, *The Knowledge-Creating Company: How Japanese Companies Create the Dynamics of Innovation*, Oxford University Press, Inc., 1995, p.8.（梅本勝博訳『知識創造企業』東洋経済新報社，1996年，8頁）。

24）Raymond A. Noe, John R. Hollenbeck, Barry Gerhart, Madison, and Patrick M. Wright, *op. cit.*, pp.285-287.

25）荒川創太稿「職場における能力開発の現状と課題」『ビジネス・レーバー・トレンド』独立行政法人　労働政策研究・研修機構，2021年5月，6-14頁。

26）中原　淳『経営学習論：人材育成を科学する』東京大学出版会，2012年，128頁及び131頁。

27）https://www.daikin.co.jp/csr/employee/development.html

28）https://www.nikkei.com/article/DGXLRSP606055_U1A300C2000000/

29）https://www.jpc-net.jp/seminar/hierarchy/

30）https://www.panasonic.com/jp/corporate/sustainability/employee/development.html

31）https://www.meijiyasuda.co.jp/profile/news/release/2020/pdf/20200608_01.pdf

32）Bernard Marr, *op. cit.*, p.188.（前掲訳書，251頁）。

33）http://www.nttcom.co.jp

34）Raymond A. Noe, John R. Hollenbeck, Barry Gerhart, Madison, and Patrick M. Wright, *op. cit.*, pp.290-291.

35）Brian Delahaye, *Human Resource Development: Managing Learning and Knowlede Capital*, 3rd ed., Tilde University Press, 2011, p.354.

36）Chris Argyris and Donald Schon, *Organizational Learning*, Addison-Wesley, 1978.

37）Peter Senge, *The Fifth Discipline: The Art and Science of the Learning Organization*, Currency Doubleday, 1990.（守部信之訳『最強組織の法則新時代のチームワークとは何か』徳間書店，1995年）。

38）Chris Argyris, "Good Communication That Blocks Learning", in *Harvard Business Review on Organizational Learning*, Harvard Business School Press, 2001, pp.87-109.

39）Philip Nicholas Johnson-Laird, *Mental Models*, Cambridge University Press, 1983, p.2.（海保博之監訳『メンタルモデル』産業図書，1988年，「日本語版へのまえがき」1頁及び本文3頁）。

40）Michael Polani, *The Tacit Dimension*, Routledge & Paul Limited, 1966, p.9.（佐藤敬三訳『暗黙知の次元：言語から非言語へ』紀伊國屋書店，1980年，16頁）。

41）Thomas H. Davenport and Laurence Prusak, *Working Knowledge*, Harvard Business School Press, 1998, p.6.（梅本勝博訳『ワーキング・ナレッジ』生産性出版，2000年，24頁）。

42）Georg von Krogh, Kazuo Ichijo, and Ikujiro Nonaka, *Enabling Knowledge Creation: How to Unlock the Mystery of Tacit Knowledgeand Release the Power of Innovation*, Oxford University Press, Inc., 2000.（ゲオルク・フォン・クロー，一條和生，野中郁次郎訳『ナレッジ・イネーブリング』東洋経済新報社，2001年）。

43）David A. Garvin, *Learning in Action*, Harvard Business School Press, 2001, p.117.（沢崎冬日訳『アクション・ラーニング』ダイヤモンド社，2002年，154頁）。

44）Conrad Lashley, *Empowerment: HR Strategies for Service Excellence*, Butterworth-Heineman, 2001, pp.2-20.

45）Dave Ulrich, Steve Kerr and Ron Ashkenas, *The GE Work-Out*, The McGraw-Hill Companies, Inc., 2002, p.4.（高橋　透・伊藤武志訳『GE式ワークアウト』日経BP社，2003年，23頁及び解説354頁）。

46）榎本英剛・増田弥生「コーチングとは何か」『ダイヤモンド・ハーバード・ビジネス・レビュー』March, 2001, 50-65頁。

47）Raymond A. Noe, John R. Hollenbeck, Barry Gerhart, Madison, and Patrick M. Wright, *op. cit.*, pp.404-405.

48）岩村水樹『ワーク・スマート：チームとテクノロジーが「できる」を増やす』中央公論新社，2017年，273頁。

49）Ed Michaels, Helen Handfield-Jones, and Beth Axelrod, *op. cit.*, p.116.（前掲訳書，175-176頁）。

50）和田浩子『P&G式世界が欲しがる人材の育て方：日本初のヴァイス・プレジデントはこうして生まれた』ダイヤモンド社，2008年，202頁。

51）Kathy E. Kram, *Mentoring at Work: Developmental Relationships in Organizational Life*, University Press of America, Inc., 1988, pp.22-76.（渡辺直登・伊藤知子訳『メンタリング：会社の中の発達支援関係』白桃書房，2003年，27-57頁）。

52）Ken Blanchard and Claire Diaz-Ortis, *One Minute Mentoring: How to Find and Work With a Mentor— And Why You'll Benefit from Being One*, Harper Collins, 2017, p.116 and p.142.（田辺希久子訳『1分間メンタリング：変化を引き起こす6つの鍵』ハーパーコリンズ・ジャパン，2017年，126頁及び154頁）。

53）Kathy E. Kram, *op. cit.*, pp.133-158.（前掲訳書，27-57頁）。

54）https://www.tokiomarine-nichido.co.jp/company/diversity/

55）https://www.mhlw.go.jp/content/11600000/000763046.pdf

56）Sylvia Ann Hewlett, *The Sponsor Effect: How to Be a Better Leader by Investing in Others*, Harvard Business School Press, 2019, pp.4-5.

57）*Ibid*, p.6.

58）https://www.axa.co.jp/cr/employee/diversity-2/

59）https://aria.nikkei.com/atcl/column/19/020400062/053000033/

60）Michael Hammer and James Champy, *Reengineering the Corporation: A Manifesto for Business Revolution,* Tuttle-Mori Agency, Inc., 1993, p.32.（野中郁次郎監訳『リエンジニアリング革命：企業を根本から変える業務革新』日本経済新聞社，1993年，57頁）。

61）根本　孝「人材開発のベンチマーキング」『人材教育』September, 1999年，44頁。

62）Peter Cappelli, *The New Deal at Work: Managing the Market-Driven Work-force*, Harvard Business School Press, 1999, p.107.（若山由美訳『雇用の未来』日本経済新聞社，2001年，162頁）。

63）https://www.ge.com/jp/careers/leadership

64）https://www.gereports.jp/ge-culture-change/

65）David A.Garvin, *op. cit.*, p.92.（前掲訳書，118頁参照）。

66）https://www.mcdonalds.co.jp/scale_for_good/our_people/university/

67）https://image-src.bcg.com/Images/Corporate_Universities_Jul_2013_tcm9-95435.pdf

68）野村マネジメント・スクール『企業変革と経営者教育』野村総合研究所広報部，2000年，76頁。

69）http://cuc-or.sun.bindcloud.jp/index.html

70）http://www.etl-dmgmori.com/

71）https://www.mhlw.go.jp/houdou/2007/07/h0726-1.html

72）Raymond Noe and John Hollenbeck and Barry Gerhart and Patrick Wright, *op. cit.*, p.293.

73）Kay Perterson and David A. Kolb, *How You Learn Is How You Live: Using Nine Ways of Learning to Transform Your Life*, Berrett-Koehler Publishers, Inc., 2017, p.19.（中野眞由美訳『最強の経験学習：ハーバード大卒の教授が教える，コルブ式学びのプロセス』辰巳出版，2018年，33頁）。

74）https://about.yahoo.co.jp/hr/workplace/training/

75）Paul R. Daugherty and H. James Wilson, *op. cit.,* p.60, p.73 and p.202.（前掲訳書，80頁，102頁及び281-282頁）。

76）日本経済新聞「トランステック」2019年12月3日，朝刊。

77）Raymond Noe and John Hollenbeck and Barry Gerhart and Patrick Wright, *op. cit.*, pp.294-295.

78）日本経済新聞「人手確保へ学費全額負担」2021年10月21日，朝刊。

79）https://www.toyota.co.jp/jpn/company/history/75years/data/company_information/personnel/personnel-related_development/explanation03.html

80）https://www.keidanren.or.jp/policy/2020/021_gaiyo.pdf

81）日本経済新聞「新たな価値生む職業能力」2021年6月15日，朝刊。

82）https://www.meti.go.jp/committee/kenkyukai/sansei/jinzairyoku/jinzaizou_wg/pdf/005_02_00.pdf

83）https://www.asahigroup-holdings.com/csr/society/development.html

84）日本経済新聞「世界に通じる人材育成」2010年12月23日，朝刊。

85）Peter Cappelli, *op. cit.*（前掲訳書）。

86）藤内和公『ドイツの人事評価：民間労働者，公務員および学校教員に関する日独比較研究』旬報社，2017年，187頁。

───── 第5章 ─────

業 績 管 理

第1節 序　　論

　人は，正しく評価されなければ働く意欲を失ってしまい，場合によっては退社の原因にもなる。逆に，正しい評価は，人々を動機づけ，生産性の向上につながる。査定における正直さや公平さは，信頼感とも結びつき，従業員の協力を生みだす源となる。クリス・アージリスは，経営者に対する信頼が生産性に関連した結果に導くことを理論化したが[1]，信頼を築くことは，組織が存続するうえで不可欠である。

　公平さや信頼は，「組織正義」の名の下で広く研究されている。組織正義は，意思決定に用いられる手続きの公平さについての従業員の評価である「手続き上の正義」とそれらの決定あるいは結果の公平さである「分配上の正義」に焦点をあてて研究されてきた[2]。実証研究は，評定システムと業績評価システムが，手続上及び分配上の正義の知覚に影響を及ぼすことを明らかにした[3]。また，不公平や不正は，怒り，侮辱及び恨みの感情を抱かせるが，逆に公平さは，欠勤や盗みと逆の関連があるという証拠がある[4]。さらに，業績評価プロセスへの被評価者の関与は，公平さの評価を高めることも示されている[5]。

　こうした実証研究結果からも裏打ちされるように，査定と昇進の管理は，公平さや信頼といった人間心理を無視して行うわけにはいかない。

第2節　業績管理

1．業績管理と人事考課

　業績管理は，①業績評価だけでなく，職務，チーム，部署及び事業部のデザインを行う，②業績について不特定多数の参加を求める（業務委託する）クラウドソーシングなどさまざまな情報源を用いる，③業績基準を満たせない従業員をアシストするために訓練や職務再設計などを実施する[6]。

　業績管理には3つの課題がある。1つは，重要な組織目標の達成に貢献するため，個人及びチームが何をすべきか決定することである。2つめは，どのように適切にこれを行うかを決定し，個人とチームに業績に関する情報を適時に提供することである。3つめは，モチベーションを上げ，現在の職務やプロジェクトと将来の配属に関連した知識とスキルを高めることによって，業績能力を改善するためにこの情報を用いることである[7]。

　人事考課は人事評価とも呼ばれ，①業績評価，②能力評価，③態度・意欲評価という3つの側面から会社に対する貢献度を分析・評価して，昇給やボーナスなどの賃金，昇進や配置などの異動及び能力開発等のHRMに反映させる管理活動である。ここで業績とは，個人，作業単位及び組織の正当な目的を達成することに関連する職場内の一連の行動を意味する[8]。

　人事考課の起源は，中国唐代の「考課令」である[9]。人事考課は，その中国の制度を輸入したもので，757年の養老律令の「考課令」を源とする[10]。これは，当時の国家公務員の勤務評定制度を定めた行政法で，「考」は，勤務評価，「課」は，任用試験を意味した。

　人事考課には，査定という消極的側面と能力開発や能力活用という積極的側面がある。評価には，従業員の生産性，安全，動機づけなどの「利益の評価」とイノベーション，変化への適応，リーダーシップ能力の開発などの「成長の評価」がある[11]。フランスの評価の例では，①専門的知識，②仕事の速さ，③生産性，④自己犠牲，⑤経営倫理，⑥規律の順守，⑦自主性，⑧協力の精神，

⑨義務感，⑩服装と体裁などとなっている[12]。評価は，目覚ましい業績をあげるため人材を戦略に結びつけるためのプロセスであり[13]，その評価しだいで業績やイノベーションなどの成果が左右される。

人事考課の基本理念は，「客観性」と「公平性」に基づいて行われ，社員の「納得性」が得られる仕組みが設計される必要がある[14]。そうでないと，不平，不満，ストレスや対立（コンフリクト）などの悪影響をもたらすことになる。

考課に際しては，何をどのように評価するかも重要である。評価の視点は，企業戦略と人材のあり方とを結びつけ，一貫性のあるSHRMを可能にし，変化を生み出す出発点となる。

２．人事考課の方式

一般的に用いられている人事考課の方式には，次のようなものがある[15]。通常は，さまざまな方法を組み合わせて評価することが多い。

(1) 記録法

記録法は，日常の職務活動の事実を記録するもので以下の種類がある。

① 能力評価法——自由記述法とも呼ばれ，個人の能力や特徴を評価する。

② 長所及び短所記録法——日常の仕事の成果を長所と短所として区別して記録する。

③ 定期的記録法——日常ではなく，一定の期間内の成果を記録する。

④ 勤怠記録法——出欠勤，遅刻，早退を理由ごとに記録する。

⑤ 業績報告法——評価を加えた成果を記録する。

⑥ 指導記録法——業績報告法に指導事実を加える。

⑦ 重大事象法——極めて優れた職務行動と特に優れてはいない職務行動を記録する。

(2) 絶対考課法

絶対考課法とは，記録法を一定の基準で整理したもので以下の種類がある。

① 減点法——内容項目のうち職務遂行基準が標準を下回った場合に減点され，その総合計で評価する。

② 執務基準法——課業ごとに基準を定めておき，基準以上であればプラスの，以下であればマイナスの評価を行い，その総合計で評価する。

③ 成績評語法——折衝力，職務知識，判断力などの評定要素に「ややよい」，「よい」，「非常によい」，「抜群」などの評語で評価する。

④ プロブスト法——チェックリスト法，照合表法や段階択一法とも呼ばれるもので，「5＝いつもしている」，「4＝たまにしている」…「1＝まったくしてない」などの段階尺度でチェックする。

⑤ 強制択一法——一定の評語のセットの中で最も当てはまるものから強制的に1つを選択させる。

⑥ 図式尺度法——0から10段階までの評価尺度で評価する。

⑦ エッセイ評価法——部下の長所，短所，問題領域について文章で評価する。

⑧ 行動基準評定尺度法——行動アンカー方式とも呼ばれ，「顧客に丁寧に説明した」など具体的な行動例で評価する。

⑨ 混合基準尺度法——「行動基準評定尺度法」と主観が入らないように，行動の記録を行う「行動観察尺度法」を合わせたものである。

(3) 相対考課法

相対考課法は，絶対考課法とは異なり，他者との比較を通して査定を行う方法である。

① 単純序列法——評価対象者の業績全般もしくは特性全般について優秀な者から順に並べていく方法である。このうち，成績順位法は，成績だけに限定したものである。オーバーオール・レイティング法は，総合的に全体をみて，概括的に従業員の能力や成績の位置づけを行う。

② 交互順序法——相対比較法とも呼ばれ，被考課者を2人または数人ずつ組とし，その組ごとに，いずれが優れているかを比較していき，これを順次繰り返すことによって，全体の能力の順位を求める。

③ 一対比較法——対となった評価対象者の業績と特性を順序づける。

④ 人物比較法——要素ごとに，あるいは要素の段階ごとに，標準的人物を

選定しておき，この人物を基準として各人の評価を行う。

⑤　分布制限法——強制分布法とかスタックランキング・システムとも呼ばれ，上位20％をA，下位10％をC，その中間をBという具合に評価し，さらにその中でこまかくランクづけする[16]など，成績評価の分布をあらかじめ制限しておく。

3．評価エラー

こうした人事考課は人間が行うので，どうしても「評価エラー」が生じる可能性がある。代表的な「評価エラー」としては次のものが挙げられる[17]。

①　ハロー効果——ハローとは，太陽をみると，眩しさで周辺がぼんやりしてしまうことである。ハロー効果とは，考課者が部下の特定の派手な行動に目を奪われて高く評価し，他の行動を正確に評価しなくなることである。つまりこれは，部分的な印象で全体的な評価をしてしまうエラーのことをいう。

②　寛大化傾向——考課者の自信のなさや心情的な人間関係への配慮から評価が甘くなりがちな傾向である。

③　中央化傾向——極端な評価をせずに無難な評価をするために中央に評価結果が集まる傾向である。

④　厳格化傾向——業績にかかわらず，すべての従業員を低く評価する傾向である。

⑤　対比誤差——評価者自身が自分を基準にして部下をみることで，不当に高く評価したり，逆に不当に低く評価してしまう場合や評価を客観的基準ではなく，人々の比較によって行ってしまうこと。

⑥　論理的誤差——思い込みが先行して事実を正確にみることができず，誤った評価をしてしまうこと。

⑦　自己奉仕的誤差——成功は，自分に帰属し，失敗は，状況に帰属するという本人にとって都合のよい帰属傾向である。

⑧　近縁性誤差（シミラーツーミー）——人種，性別，経歴，興味，信念などで似ている人を高

く評価すること。

⑨　嫉妬の角効果——従業員の全体的にネガティブな印象のために業績のすべての側面に低い評価を与えること。

考課者は，人事考課を歪曲する要因をできる限り取り除かなければならない。そのために，さまざまな手法が用いられている。有効な方法は，評価者訓練である。アメリカでは，評価エラーの影響を減らすために，評価調整会議が行われていて，管理者が出席して従業員の業績評価を行い，そのための証拠が提出される[18]。

もう1つ有効な評価は，以下に述べるAIを用いることである。これにより，評価エラーを減少できるばかりでなく，何が間違っていて，何を改善すべきであるかというフィードバックの頻度を高め，会社ばかりでなく個人にとって，改善を促進する効果が期待される。

4．人事アセスメント

人事アセスメントは，決め手のない人事に客観性，公平性を与え，被評価者の納得を得るための技術である[19]。これは，採用，選考，配置，訓練と育成，業績評価，組織開発，人的資源計画，昇進と異動，解雇などにも用いられている[20]。

人事アセスメントには大きく分けて3つのツールがある[21]。その第1は，適性テストと呼ばれる。これには，心理テスト，パーソナリティ・テスト，適性テスト，能力テスト，知能テスト，学力テスト，性格テスト，興味テストなどがある。第2は，多面観察ツールで，被評価者を日頃よく知っている職場の上司，同僚を含む複数人が数十項目にわたって行動評定し，その平均値をもって評価する。第3は，職場から離れた一定の研修所のような環境下で専門家がさまざまなツールを複合的に用いて職務遂行能力の評価診断をするアセスメントセンターである。

アセスメントセンターでは，通常合宿研修の形をとり，複数の手法が用いられる。具体的には，グループ討議，イントレイ演習（管理職の決済箱を引き継ぎ，

一定の時間内にさまざまな書類を処理する），プレゼンテーション，意思決定演習などのシミュレーション演習に重点を置きながら，標準テストや質問紙検査も組み合わせる[22]。日本能率協会マネジメントセンターでは，ウェブ上でも対応している[23]。

　アセスメントセンターの結果については，永続性のあるものとないものがあることが明らかとなっている。ポール・ジャンセンらの調査によると，対人的有効性の次元では永続的であったが，公平性の次元ではそうでなかった[24]。彼らによれば，これは，職務成功に必要な決定要素が，変化するからであると結論づけている。したがって，評価は，定期的に行われなくてはならない。

5．職業能力評価基準

　厚生労働省は，仕事をこなすために必要な「知識」と「技術・技能」に加えて，「成果につながる職務行動例（職務遂行能力）」を，業種別，職種・職務別に整理した職業能力評価基準を公表している。職業能力評価基準では，仕事の内容を「職種」→「職務」→「能力ユニット」→「能力細目」という単位で細分化している。そのうえで，成果につながる行動例を「職務遂行のための基準」，仕事をこなすために前提として求められる知識を「必要な知識」として整理・体系化している[25]。

6．最近の査定

（1）　AIによる評価[26]

　AIツールとしてのアルゴリズム（スタッフに求められる要件や，採用候補者とのフィット感，マーケティング戦略などを最適化する計算式）が決めた目標が課されてそれに基づいて評価が行われる。

　この新しい業績管理のソフトウェアは，従業員の動作，位置情報，出社時間と退社時間，会話内容，机に向かっている時間，誰と会っているか，などを分析する。在宅勤務者には，コンピュータで行っていることを監視する「タトル（告げ口）ウェア」と呼ばれるソフトウェアが用いられる。

ピーター・キャペリは，こうしたアルゴリズムによる最適化は，従業員のやる気や互いに助け合う人間関係を損ねるので，エンパワーメントとのバランスが必要だと警鐘を鳴らしている。

(2) コンピテンシー（行動特性）に基づく評価

コンピテンシーによる人事評価とは，社内で高い評価を得ている社員のリーダーシップ行使，倫理観などの個人特性，情報収集力や課題の認識力などの仕事達成，部下の育成や対外折衝といった対人関係などの能力を分析して，それを基準に評価項目を設定し，評価を行うものである。

コンピテンシーに関する研究は，1973年にデビット・マクレランドが，職務上の業績においてだれが成功するかを決定する際には，適性テストよりもコンピテンシーや個々人の特徴のほうがずっと効果的であることを示す論文を発表したことに始まる[27]。この研究は，技能や技術などのスキルよりも率先行動や柔軟性などのコンピテンシーのほうが業績と大きく結びつき，学業成績と仕事ができるかどうかには相関がないことを示した。

企業に役立つコンピテンシーには，多種多様なものがある。注目すべきは，「感じる知性」と呼ばれているEQ（情緒指数）あるいはEI（情緒的知性）という指標である。EQ理論の提唱者のダニエル・ゴールマンらがコンピテンシー・モデルのデータを分析した結果，経理や経営計画のような純粋に専門的なスキルや分析思考のような知的能力よりも，自己認識や人間関係の管理のようなEQの能力が，優秀さを際立たせる要素として目立ったばかりでなく，利益貢献度が突出して高いことが明らかとなった[28]。

ゴールマンらは，EQリーダーシップのコンピテンシーとして，①感情の自己認識，正確な自己評価，自信という自己認識，②感情のコントロール，透明性，順応性，達成意欲，イニシアチブ，楽観という自己管理，③共感，組織感覚力，奉仕という社会認識，④鼓舞激励，影響力，育成力，変革促進，紛争処理，チームワークと協調という人間関係の管理を指摘している[29]。

ユニ・チャームなどは，コンピテンシーに基づく評価を行っている[30]。しかしながら，これにも問題があり，経験のない新しいビジネスに参入する場合，

仕事の進め方の模範例は，最初から考えてつくらなければならないとか，戦略変更に伴う事業構造の転換をする場合における望ましいコンピテンシーの変更，職種ごとに必要とされるコンピテンシーの違いなどが指摘されている。

(3) ヘイガイドチャート・プロファイル法

ヘイガイドチャート・プロファイル法は，コーンフェリーグループが用いている。この手法により，すでにあらゆる業界の数十万もの組織が効果的な職務評価制度を確立している[31]。職能と職務を従業員，直属上司及び他の会社で類似した職務を遂行している人々を含む評価審査員団により，職種別に点数をつけて年俸を決定する方法であり，わが国でも導入する企業が増えている。これによって社員の市場価値を査定し，賃金の適正化を図るばかりでなく，自己研鑽を促す手段として用いることが可能となり，さらには中途採用を容易にする。また，それは昇進にも利用されている。

しかし，このシステムには，他社にはない職務の存在やジョブ・ローテーションのために短期的な成果でしか評価できないなどの問題もある。

(4) 目標管理制度

目　標　管　理（MBO）は，ドラッカーによって提案された。MBOは，プロセス動機づけ理論の目標設定理論によって裏打ちされている。目標設定理論は，内容が決まっていて報酬が十分でない仕事に対しても，なぜ人は努力しようとするのかを説明し予測するもので，明確で困難な目標を設定することで人は動機づけられ，高い業績をあげると主張する。例えば，アルバート・バンデューラの自己動機づけ理論（現状が自分の目標より低い場合は，自尊感情や自分に対する満足感が低下するため，現状より高い目標を立てると，この現状を解消しようとする動機づけが高まって，目標に向けた努力が行われ，目標が達成されると自尊感情が回復する）や自己効力期待理論（ある課題への自己効力の高い人は，高い目標を設定するので自己動機づけも高く努力も大きいし，達成できなかった場合も努力をやめずに続けるが，自己効力の低い人は低い目標しか立てないので自己動機づけが低く，努力もあまりしない）が有名である[32]。

ドラッカーは，目標設定理論に依拠してMBOを提案しているのではない

が，結論は同じである。ドラッカーは「目標の設定による経営がもたらした大きな利益は，実に，「支配による経営」を「自己統制による経営」に変換することを可能にしてくれたことである[33)]」と述べている。すなわち，MBOにより，他人によるコントロールではなく，自分によるコントロールにより強い動機づけがもたらされることが期待できる。人は，他人から命令されるのではなく，自分で決めた目標には努力を惜しまないのである。

MBOは，従業員が上司のアドバイスを受けながら自律的に決定し，成果も自己評価で行う。そうした結果は人事考課に活用されることになる。

(5) OKR（目標（オブジェクティブ・アンド）と主要な結果（キー・リザルツ））

インテルでは，MBOを成功させるため，目標（私はどこへ行きたいか）と主要成果（そこへ到達するためには自分のペースをどう決めるか）を用いたOKRという方法が用いられている[34)]。グーグルも，経営トップのOKRを社員に周知し，ほかの全社員のOKRもみることができるようにすることで，会社の目標と各人の目標を1点に収れんさせることができるようにしている[35)]。すなわち，組織が設定した目標とカギとなる結果を実現するために，各従業員がそれぞれ自分のOKRを設定することで方向性をそろえるのである。

(6) MBB（思いのマネジメント（マネジメント・バイ・ビリーフ））

MBBとは，シャドーワークと呼ばれる自発的な目標設定である。シャドーワークとは，公式の組織で既定された権限，役割分担，業務プロセス，意思決定プロセスなどには乗ってこない，個人が自分の自主的な意志と裁量により創造的に編み出す仕事やそのための勉強，準備活動など全般を指している[36)]。シャドーワークがイノベーションをもたらすと考えられるため，MBOとは別に設定することが望まれる。

(7) 360°評価

360°評価は，多面観察ツールや多面評価と同義である。かつては，直属の上司だけが部下の考課を行っていた。しかし，コンピテンシーの概念が広まるにつれて，自己評価ばかりでなく，本人を取り巻く上下左右（360°）の複数の人たちによって採点する方が望ましいと考えられるようになった。アマゾンで

は直属の上司，同僚や部下，仕事で関係した他部署の担当者だけでなく，上司が追加で他からのフィードバックをとることもある[37]。こうした多面的な評価は，評価の客観性，公平性，納得性を向上させる。また，評価結果をフィードバックすることにより，本人に自分の長所・短所について自覚を促すとともに役割期待が明らかとなり，能力開発に役立たせることが可能になる。

　すべての査定に共通することでもあるが，発展的でポジティブなフィードバックは業績を改善するが，ネガティブなフィードバックは，否定的な反応をもたらす。人は，自分を正当化することで心の平衡を保とうとするので，ネガティブな知覚は，そのフィードバックが有効でないとか不正確であると考える傾向があるためである。査定の第1の目的は，仲間である従業員を入学試験のように落とすために行われるのではなく，変革をもたらし，業績を改善することでなくてはならない。そのためには，ポジティブなフィードバックが欠かせない。

　ジョアン・ブレットらによれば，フィードバックが人材育成目的のために用いられる場合には最も有効と知覚されるが，ネガティブなフィードバックは，ネガティブな知覚や反応を引き起こすために，それを極小化する注意が必要であると述べている[38]。

　360°フィードバックを用いる場合，コーチの利用が有効で，被査定者は，コーチのフィードバックにより正確な解釈ができると考えられる。

　AT&T，デュポン，ハネウェル，ボーイング，インテル，UPS，ゼロックス，フェデラルエクスプレスなどがアメリカでの360°評価の初期の採用企業であるが[39]，わが国でもこの制度をみずほフィナンシャルグループなどが採用している[40]。

(8)　1 on 1 ミーティング

　1 on 1 ミーティングは，コーチングにも用いられる，定期的に行われる上司と部下の1対1のミーティングである。これには，「コミュニケーションをとるきっかけになる」とか「部下の情報を得ることができる」などのほか部下が「相談や評価をタイムリーに受けることができる」効果がある[41]。

　そのため，インテルをはじめとしてヤフーやグーグルなどが使用している。かつてはインテルだけが定例的に行っていた[42]が，今日では，日清食品などでも推進している。グーグルでは1 on 1ミーティングや社員各々のキャリア^{パーソナルディベロプメント}開発プランに関してのディスカッションを踏まえ，リーダーシップチームが社員一人ひとりの育成プランを話し合い，現状より少し上のレベルの力が求められる，「ストレッチ」した仕事や環境を与えることを目的としている[43]。

　(9)　ノーレイティング（ランク付けなし）

　ノーレイティングとは，相対評価によるランク付けでなく，個人の強みや価値観，働く動機，ライフスタイル等を前提とした個人起点の業績管理で，マイクロソフト，GE，アクセンチュアなどが用いている[44]。

　例えば，カルビーは，「C&A（コミットメント＆アカウンタビリティ）」という目標管理の仕組みを通して，1 on 1でマネジャーと部下が対話して人事評価を決める[45]。

　(10)　バリュー（価値観）評価

　これは，成果だけではなく，会社のミッション，経営理念，行動規範といったバリューをどの程度達成したかで評価するものである。例えば，メルカリでは，成果に対しては「10段階の内，該当するグレードで期待されている成果を達成できたかどうか」，行動に対しては「メルカリグループが定めるバリューを発揮し，実践できたかどうか」を問い，成果が評価されればボーナスに，成果・行動ともに評価されれば昇給につながる[46]。

　(11)　評価基準の国際化

　国際化に対応し，世界中から優秀な人を日本本社に登用しようとする動きがみられる。例えば，資生堂は，人事施策の方針として評価処遇などについての，資生堂グループすべての法人が守るべき世界統一の基準であるルールとガイドラインを定めたグローバル人事ポリシーを制定している[47]。

　(12)　SDGsの評価

　国連で採択されたSDGsは，企業に対しては，SDGs達成に向けた諸課題を解決するため，創造性とイノベーションを発揮することを求めている。

　そのため，例えば，ネスレ日本は，自社の価値創造力を強化するには，顧客が抱える問題を発見し，ビジネスプランに落とし込む能力を，一人ひとりの社員が高める必要があると考え，従来の社内研修を廃止し，そのリソースで「イノベーションアワード」という制度を創設していて，この制度への参画状況や結果は，人事評価にも反映されている[48]。

　⒀　業務効率化の重視

　働き方改革の影響を受けて，業務効率化を評価する動きが広まっている。三井住友銀行は，「業務効率化委員会」の活動により，業務の効率化・生産性向上及びコスト削減に資する提言は全行施策として実現させ，特に独創性があり優秀な提言に対しては表彰を行っている[49]。今後は，センサー，スマートバンドなどの装着端末（ウェアラブルデバイス）を活用することによって，業務効率化につなげることも重要になる。

　⒁　査定結果のネットワーク公開

　産労総合研究所の「2016年評価制度の運用に関する調査」によれば，「評価制度がある」のは95.0％で，「制度としてはないが，実態としてはある」は3.9％であった。「評価制度がある」企業のうち，ある期間に確認された能力，行動，態度，成績，業績を評価する「事後評価」を実施している企業は99.4％で，ある仕事や役割に求められる特性や適性を備えているかどうかを事前に評価する「人材アセスメント」を実施している企業は23.4％であった。評価内容を「公開している」企業は85.0％で，その内容は，「評価期間」98.6％，「評価項目」95.8％，「評価段階数」93.0％，「評価基準」89.4％，「評価者」88.0％，「評価の反映先」83.1％であった[50]。

　かつては，評価結果を「原則として知らせない」のが半数を超えていたが，今では，全社員を対象に職務範囲と責任の範囲や給与水準を社内ネットワークで公開する場合がある。また，三井物産のように，1 on 1 ミーティングをはじめとし，社員全員が上司と評価に関して定期的な面談を実施し，上司が業務上の成果や具体的な行動を総合的にレビューし適切なフィードバックを行うことで効果的な人材育成につなげる仕組みを構築している会社もある[51]。

　このように，客観性，公平性，納得性を得ることで成果主義の精度は，高まっている。

7．考課者訓練

　厚生労働省の調査では，人事考課制度の運営上 2 番目に大きな問題は，「考課者訓練が不十分」であった。それを改善するためには，コンピテンシーなどの評価基準を明確にし，それを全社員に公開するとともに，評価の仕方だけでなくされ方の訓練を全員に受けさせる必要がある。フィリップ・リーベンスは，組織の規範や価値に基づく評価者訓練が，被評価者間の信頼，区別妥当性及び正確さにおいて最も役立つことを実証している[52]。

　仕事に必要なコンピテンシーは，刻々と変化するが，組織の規範や価値観は，組織文化と同様に短期的に変化することはあまりない。したがって訓練は，そうした組織の準拠枠を基準とした評価方法にすることが望ましいであろう。

第 3 節　昇進管理

　東京商工リサーチの2021年の調査では，全国の社長の平均年齢は62.49歳となった。社長の高齢化と業績悪化の関連性は高く，直近決算で減収企業の社長は60代が48.8％，70代以上も48.1％を占めた。また，赤字企業は70代以上が22.3％で最多であった。高齢社長に業績不振が多い背景には，長期的なビジョンを描けず，設備投資や経営改善の遅れが横たわる[53]。若い人が社長になれば業績がよくなるとは限らないが，年齢は昇進基準からはずさなければならない。

　また，AIやITCの普及などで管理職が少なくて済む時代が到来した。サムスンでは部長や課長といった役職を廃止し，年齢に縛られない能力主義人事を徹底している[54]。

1．役割・職務給制度

1960年代半ばに，日経連がそれまでの年功制に代えて，給与などの待遇（資格）と課長や部長といった職位を分離させる職能資格制度が普及した。この制度では，今より上の資格になるのは昇格で，上の職位につくのは昇進となる。以来この制度は，ポスト不足を解消する有力な手段となった。すなわち，職能資格制度を導入すれば，担当職務や職位・職階が異なっても同じ資格をもつ者は同じように処遇されるので，仕事への動機づけと企業忠誠心の醸成に役立った。また，配置・昇進を処遇と切り離して，経営側の論理でフレキシブルにその処遇を行うことができた[55]。

こうしたメリットがある反面，職能という幅広い内容が抽象的な能力を評価するために年功主義色が強まり，職務の重さにふさわしい処遇ができないとか，外部市場の評価に対応していないなどの問題点もあった。

近年では，職能資格制度ではなく，仕事の責任の重さで給与を決める役割・職務給を導入する企業が大半を占める。日本生産性本部の2019年調査では，役割・職務給は，管理職層で78.5％，非管理職層で57.8％となっている[56]。職務給制度では，職務の内容で等級づけが行われ，それに基づいて給与が決定されるが，役割給では，職務に必要な権限と責任のランクが反映される。

今後ジョブ型の仕事が拡大すると，職務明細書に基づき評価されることになり，これまでの態度・意欲評価は，なくなるかもしくは評価のウェイトが低くなることは明らかである。また，職務に基づく評価の場合は，「外部労働市場の評価」を無視できなくなる。なぜなら，中途採用者などが数多く採用されると，その人たちと内部労働市場との整合性が問題になるからである。また，企業はますますアウトソーシングに依存し，組織の境界線がみえなくなってきていて，社外の評価が重要になる。

2．昇進の3つのモデル

このモデルは，日本労働研究機構の研究結果から導き出されたものである[57]。

その第1は，一律年功モデルと呼ばれる。これは，勤続年数に応じて処遇，

昇進していく経歴^{キャリア}のことであり，例えば，大卒5年目，大学院卒3年目までは例外なく同じ資格で昇格するキャリアを指す。

第2は，トーナメント競争モデルと呼ばれ，ある勝負で負けた者はそれ以後，上位に向けた勝負には参加できなくなる。このモデルは，次長や部長以上の後期キャリアに適用されている。

最後は，昇進スピード競争モデルである。このモデルは，上の2つのモデルの折衷モデルであり，昇進時期は一律ではないが，敗者も後に昇進の道が開かれていて，係長や課長などの中期キャリアにあてはまる。

同研究はまた，大卒の場合は年齢構造が寸胴型でも課長まで年功昇進が保証されていて，高卒の場合には下位の地位から選抜が行われることを明らかにしている。

わが国では，これまで係長への昇進は早い人で25歳，遅い人で40歳くらいに行われ，平均して入社10年前後に行われてきた。アメリカでは，入社2，3年で急速に昇進する特急組^{ファーストトラック}とそうではない非特急組^{レイトトラック}に分けられる。すなわち，わが国では「遅い選抜システム」を採用しており，課長になる入社15年ほどは明確な差をつけていなかった[58]。

厚生労働省の「令和2年賃金構造基本統計調査」によれば，係長44.8歳，課長48.5歳，部長52.9歳となっていて，「遅い選抜」が継続していることが分かる。ただ，高度成長期でも部長になる確率は，25％程度であったが，その確率は，組織のフラット化や拡大化の停滞などのため確実に低下している。

部長から役員までの年数は，6.2年，役員から社長までの年数は，7.4年であり，部長から役員までの担当は，事業部門80％，本社部門37％，国内子会社13％，海外子会社15％であり，事業部門からの昇進は1990年代から変化がないものの子会社からの昇進が目立つようになってきている[59]。

会長や社長などの代表取締役，平取締役及び監査役等の役員についての研究は次のことを示している[60]。まず第1に，業績をあげることが決定的に大切であり，次に地道に努力し，最後に上司に恵まれることや，運にも左右される。しかも，生活者意識として同期に遅れまいと励み，かつ会社人間であることも

必要である。第2に，大企業では内部経験，中小企業では外部経験が重要とされるが，後者に関しては大企業から中小企業への派遣役員の影響がある。第3に，名門校出身者が非名門校出身者より有利である。第4に，役員昇進に関して文科系と理科系の優位性には大差はないが，どちらかというと文科系がやや有利である。

　わが国の企業は，抜擢人事とか降格人事などを約3分の1が導入しており，予定を検討しているものを含めると約半数にものぼり，早い選抜に移行しつつある。

　異動についても，3種類のコースが確認されている。第1は，特定の職能分野の経験が相当長い単一職能型である。第2は，他の職能分野の経験もあるものの特定職能分野の経験が比較的長い準単一職能型であり，第3は，複数の職能分野を経験し，経験が長い特定の職能分野がない複数職能型であって，ほぼ三等分されている。これは，「仕事に専門知識が必要である」，「仕事に人間関係の蓄積が必要である」，「仕事のサイクルが長い」といった理由から「動く者」，「あまり動かない者」，「動かない者」をつくることによって単一職能，準単一職能，複数職能に分かれると考えられる[61]。

　昇進（昇格）試験は，アセスメントセンター試験，一般常識，生産管理やマーケティングなどの職能試験，論文，課題レポート，プレゼンテーション，面接などが一般的であるが，以下，最近の昇進に関する動向についてみておきたい。

3．最近の動向

(1) イングリッシュ・デバイド

　イングリッシュ・デバイドは，外資との競争に勝つためにグローバル化が不可欠となったため，昇進の条件として英語能力で格差をつけるものである。具体的には，TOEICで日常会話は問題ないといわれる500点や，どんな状況でも適切なコミュニケーションができるレベルである730点以上をとることが昇進の条件となる。例えば，採用時に600点以上を求める会社として，ダイワハ

ウスやニトリホールディングス，昇進昇格では，伊藤忠やファーストリテイリングが700点以上，海外赴任では，三井物産や三菱商事が730点以上を求めている[62]。また，サムスンのように，会話力を重視したOPIc（オーピック）を使用しているところもある[63]し，住友商事のようにBLATS（ブラッツ）（実際のビジネスシーンで必要となる英語能力を測るためのオンラインテスト）を使用する会社もある[64]。

(2) ITデバイド

ITデバイドは，ITに関する人や国の利用格差を意味することが多いが，雇用や昇進においても用いられる場合がある。厚生労働省の調査研究では，IT化がHRMに影響しているという企業の割合は4割弱で，その内容としては「新卒採用戦略」(65.8%)，「教育訓練戦略」(41.5%) が多く，「賃金報酬制度」や「昇進・昇格」に影響したという企業は少ない[65]。

NECは，プロフェッショナル認定制度として，経済産業省の「ITスキル標準」と「組み込みスキル標準」を活用している[66]。

(3) 昇進ルートの多様化

かつては，一般社員から管理職へと昇進していくのが普通であった。近年では，一般社員から専門分野に特化して業務の向上を狙う専門職あるいはスペシャリスト職や，蓄積した実務知識とか技能により高級実務担当職となる専任職など，自己申告制度等を通して管理職とは違う進路を選択できる制度も採用されている。専任職については，竹中工務店のように，地域及び職務を限定とした職務を「専任職」と呼んでいる場合もある[67]。

(4) 能力主義の徹底

近年の能力主義人事の第1の特徴は，仕事を遂行する知識や技術など能力ではなく，具体的な業績主義に移ったことである。それには，成果主義，すなわち，ミッションと呼ばれる役割期待をどういう行動をとって，どの程度遂行したかを基準とするものと，結果主義，すなわち，仕事のプロセスから結果に至るまでの具体的な行動や中間時点での成果は一切無視して，売上高や利益などの最終的な結果のみを評価する方法がある。それぞれデメリットがあり，成果主義では，過去の実績や勤務年数などがどうしても考課に影響を及ぼす。結果

主義では，職務上努力しても結果が伴わないケースもあり，そうした努力の側面を別の型で評価する必要がある。

　能力主義を徹底するため，年功的な要素を撤廃するところが出てきた。住友商事は，ポストごとに定められた職務レベルに応じて報酬と評価が決まる職務等級制度を導入し，平員から管理職になるまでの期間を最速5年程度にしている[68]。

　第2に，能力主義を徹底させるために，業績評価を積上げ方式からリセット方式に変えるところもある。東亞合成では，成績給は業績評価を重視した人事考課と連動し毎年リセットされる[69]。

　第3は，「得点主義」の出現である。かつては，「休まず，遅れず，働かず」でも課長までの昇進はかなり保証されていた。失敗さえしなければ，課長にはなれた。できる限りチャレンジせず，無理しないことが昇進の近道であった。この「減点主義」は，やる気も能力もない中間管理者を生んでしまった。その反省から，チャレンジして得点を重ねない限り評価されず，また，失敗しても減点にはならない「得点主義」が普及したのである。

　今日，能力主義人事が確実に浸透してきているが，この原因の1つは，ITC革命にある。ITC技術の導入は，消費者に幅広い選択肢とよいものへの容易なアクセスを可能とした反面，売り手を不安定なものにし，競争を激化させるばかりでなく，賃金の削減をもたらしたことにあると考えられる[70]。この流れは止めようがなく，能力に応じた処遇は，必然となった。ただ賃金の削減に関しては，労働基準法は「賠償予定」を禁止しているので，能力主義下でもノルマの未達成に対する損害賠償などはできない。

　アメリカでは，随意雇用により，例外はあるものの理由なく解雇できるため，業績好調でも毎年一定人数を解雇する企業がある。しかし，わが国の場合は，降格までは認められても，「解雇理由は限定的でなければならず，毎年常に下位評価の人を解雇するのは容認できない」とする判例もあり，きちんと仕事をしている人を解雇するのは難しい。ただし，管理職の営業職への再配置や管理職を半減する管理層の削減（ディレイヤリング）には問題がない。

エドワード・ローラーの能力主義についての研究は，次のことを示している。すなわち，①かなりの報酬を提供できる，②業績に応じて報酬を変えることができる，③公正で，包括的な業績の測定が可能，④報酬がどのようにして与えられるかを明らかにする情報の提供ができる，⑤高い信頼，⑥業績ベースの給与体系を受け容れる従業員の存在がその条件であり，こうした条件が存在しないなら，業績の促進要因として給与を利用しないほうがよいと警告している[71]。

(5) 役職定年制と役職任期制の普及

役職定年制（管理職定年制）は，能力主義の徹底と新規採用抑制に伴う管理職の過剰感，管理職給与増大による高コスト体制の是正などから設けられた。この制度は，一定年齢で管理職を外れて専門職などに異動するもので，一律管理職定年制，役職別定年制，資格等級別定年制などさまざまなタイプがある。

役職定年制を見直す会社もあり，富士通は，幹部社員の区分ごとに設けていた年齢による役職離任（ポストオフ）は廃止し，同時に，年齢に関係なくポストオフする制度も導入した[72]。すなわち，ポストオフにより，他の人が昇進できるという仕組みに変えた。また，年齢・性別・国籍などを問わず，組織の各ポジションに常にベストな人材を登用するため，56歳到達時としている管理職の役職定年を廃止した[73]。

役職任期制度は，例えば，2年とか5年といった役職の任期を定めて，その期間の業績を評価し，その結果に基づいて再任，昇進，降職，他のポストへのローテーションを行うものである。

(6) 管理職の社内公募

セブン＆アイ・ホールディングスは，グループ各社で社内公募制度を導入しており，例えばイトーヨーカドーでは，入社満1年以上の従業員であれば，業務経験や年功を問わずすべての管理職ポストと職種に立候補できる[74]。また，セブン自動車火災保険は，管理職ポストを公募制にして早ければ新卒3年目で課長に昇進させる[75]。

第二次世界大戦後には従業員が重役選びに参加する企業もあった。住友生命

保険や三菱電機は労働組合との団交で社長を決定したし，安田生命では従業員による選挙で社長を選んだ[76]。セブン＆アイ・ホールディングスの制度は，革命的な制度であるといってもよいであろう。ただし，社長の社内公募同様，管理職の公募は，HRMの整合性を保つ必要があり，実施にはかなりの努力が要請される。

(7) ポジティブアクション

男女共同参画局は，ポジティブアクションを「一般的には，社会的・構造的な差別によって不利益を被っている者に対して，一定の範囲で特別の機会を提供することなどにより，実質的な機会均等を実現することを目的として講じる暫定的な措置のこと[77]」と定義している。また，厚生労働省は，ポジティブアクションを簡略化して「女性社員の活躍推進」としている。

女性活躍推進法は，従業員100名以上の企業に対して，①女性活躍の現状把握と課題分析，②行動計画の策定，社内外への通知，③労働局への届け出，④点検評価を求めている。現状把握には，採用者の女性割合や女性管理者比率が含まれる。すなわち，同法は，ポジティブアクションを企業に促している。この手法には，①性別を基準に一定の人数や比率を割り当てるクォーター制などの指導的地位に就く女性等の数値に関する枠などを設定する方式，②指導的地位に就く女性等の数値に関して，達成すべき目標と達成までの期間の目安を示してその実現に努力する手法であるゴール・アンド・タイムテーブル方式，③研修の機会の充実，仕事と生活の調和など女性の参画の拡大を図るための基盤整備を推進する方式などがあるので，組織特性に応じて最も効果的なものを選ぶのがよい[78]。

第4節 キャリア形成

アメリカギャラップ社の2017年「従業員の仕事への熱意度調査」によれば，わが国の熱意ある社員の割合は，近年5％前後を推移していて，6％であった。アメリカの32％と比べると大幅に低く，調査国中132位となった。

　日本経済新聞のギャラップ社CEOに対するインタビューでは，日本は「不満をまき散らしている無気力な社員」の割合が24％と高く，これが事故や製品の欠陥，顧客の喪失などにつながると警告したうえで，「無気力な社員の半数は自分に合っていない仕事に就いている。合った仕事に変えるだけで無気力な社員を半分に減らせる」とアドバイスした[79]。

　組織と従業員が満足するためには，キャリア計画を明らかにして，キャリアに必要な異動を明示し，それに対する従業員の見解を聞いて，その意見をキャリア計画に反映させることが望ましい。

　エドガー・シャインは，キャリア形成のためには，会社が従業員の潜在能力について把握し，従業員の求めるさまざまな専門性に対応できる，管理職と専門職のような複合的なキャリアパスを用意することが望ましいと指摘している[80]。

１．キャリア形成とは何か

　キャリアの語源は，「まっすぐ伸びる馬車道」あるいは「馬車の轍（わだち）」のことであり，人生における仕事の側面を意味する。キャリアには客観的側面（職務経歴）と主観的側面（自己の仕事上のアイデンティティ）がある。会社ばかりでなく，従業員にとって，「できること」，「やりたいこと」，「やるべきこと」が一致したキャリア（キャリア・ディベロップメント）を形成して，職業生活，家庭生活，社会生活を充実させることが重要である。

　このように，キャリア形成は，キャリアを築いていく活動，あるいはキャリア形成のための能力開発を意味する。

２．キャリア・ディベロップメントの諸理論

（1）マッチング理論

　職業指導の父と呼ばれるフランク・パーソンズは，自分自身の適性，能力，興味，資源，限界などを正確に知ることと，さまざまな職業についての賃金や環境等の情報を得ることによって「どの職業に就くべきか」というキャリアに

関する意志決定を行うマッチング・アプローチを提案した[81]。この理論が,キャリア形成の始まりといわれている。

(2) キャリア構築理論

この理論は,個々の能力や特性でなく,個人的意味や知覚に焦点を当てる理論で,個人のパーソナリティ,人間性,アイデンティティを重視する[82]。すなわち,職業心理学の立場から,自己にとっての職業の意味と自己の特定の見解がキャリアへの介在にどのように影響するかを明らかにする。

(3) キャリア・アンカー理論[83]

シャインは,キャリアを2つに分類している。1つは,「内面的なキャリア」であり,仕事生活が時とともにどのように発達してきたのか,また本人がそれをどの程度自覚しているのかを意味する。他は,「外見上のキャリア」であり,ある人が,ある職種につき昇進していく過程で,その職種または組織から要請される具体的な段階を指す。

シャインのキャリア形成は,自己概念から生じる個人のニーズと組織のニーズである職務と役割の戦略的プランニング（戦略上の目標を実現するのに組織に何が必要かを明らかにする）をともに満たそうとするマッチング理論である。

自分の才能,技能,強み,弱み,動機,欲求,動因,人生の目標などの自己概念は,キャリア選択を方向づけるキャリア・アンカー（長期的な仕事生活のよりどころ）として機能する。キャリア・アンカーは,キャリア初期の何年かの間にやっと発見することができる。シャインは,組織の価値観,信念,仮定を組織文化と呼び,個人のそれをキャリア・アンカーと名づけた。キャリア・アンカーは,個人の職業上のテーマである。

シャインはまた,クライアントが自分自身の内部や外部環境において生じている出来事のプロセスに気づき,理解し,それに沿った行動ができるようにするためのプロセス・コンサルテーションを提唱している。これは,マッチングの促進のために活用される。

(4) キャリア・カオス理論[84]

キャリア・カオス理論は,いかにチャンスがキャリア形成に影響を及ぼし,

いかに我々が想定外の出来事を建設的に扱うことができるかを理解するのに役立つ。

この理論は，他のアプローチが，人生，とりわけ自分の仕事をコントロールする個人の能力や環境を過大評価しているとして批判する。例えば，シャインのプロセス・コンサルテーション・モデルは，最初の特定の目標によって動かされる変化のステージ・モデルであり，カオス（無秩序）と複雑性を無視していると指摘する。

キャリア・カオス理論は，小さな変化が将来の大きな変化をもたらすことを予言しており，毎日，切磋琢磨する重要性を説いている。

3．キャリア形成の展望

マッチング理論は，適材適所やモチベーション向上のため，今後ともHRM上有効であると考えられる。しかし，個人的側面については，エンプロイアビリティや退職後のキャリア・デザインなどを考慮するならば，キャリア・カオス理論などの非マッチング理論も有効であろう。その理由は，アングロサクソン型資本主義経済圏における国々とライン型経済圏における国とではキャリアの捉え方が大きく異なり[85]，わが国は，ライン型からアングロサクソン型へと向かうと推測されるからである。

アングロサクソン型は，短期収益，株主，個人の成功が優先されることにより，市場金融依存，株主価値の最重視，雇用流動的，所得格差大という特徴を有し，オーストラリア，カナダ，ニュージーランド，イギリス，アメリカが含まれる。ライン型は，長期的な配慮と資本と労働を結びつける社会共同体としての企業が優先されるため，間接金融，ステークホルダー全員の重視，終身雇用，小さい所得格差を特徴とし，ドイツ，フランス，オランダ，日本が含まれる。

アングロサクソン型では，雇用創出につながる高度成長型企業活動が盛んである。例えば，アメリカの若者の大多数が，キャリアの中でいつか起業家になりたいと報告しているのに対し，フランス人の過半数は，最も好ましいキャリ

アは公務員と答えている。

　この対比から明らかなように，ライン型の場合には，一組織の中でのキャリア形成を重視する体制であり，マッチング理論が有効である。日本は内部昇進が中心であり，ボストン・コンサルティング・グループの調査によると，日米の大企業で比較すると，日本の82％，アメリカの27％が生え抜きの社長となっている[86]。しかし日本も徐々にではあるが，アングロサクソン型に向かう兆しがみえるし，国際化が進んで，海外にまでキャリアの幅を広げることが可能になってきた。

　HRM上は，キャリア形成に従業員個人に大いに関与してもらうことにより，組織の発展と個人の自己実現，自己管理及び動機づけをもたらすとともに，従業員がこれまでのようにすべて組織に任せるだけでなく，自立してもらうための指導も必要になった。例えば，ソニーグループのように，新しい挑戦をしたいという個人の意志により自ら手をあげ，希望する部署やポストに応募できる社内募集制度を採用することが望ましいであろう[87]。ソニーグループの場合，所属部署に2年以上在籍している社員であれば，上司の許可なく自由に応募することが可能であり，社内で転職するようなイメージで自分のやりたいことにチャレンジができる。

【注】
1）Chris Argyris, *Integrating the Individual and the Organization*, John Wiley& Sous, Inc., 1964.（三隅二不二・黒川正流共訳『新しい管理社会の探求』産業能率短期大学出版部，1969年，37-38頁）。
2）James H. Dulebohn and Gerald R. Ferris, "The Role of Influence Tactics in Perceptions of Performance Evaluation's Fairness", *Academy of Management Journal*, 1999, Vol.42, No.1, pp.100-108.
3）Kathryn M. Bartol, Cathy C. Durham, and June M. L. Poon, "Influence of Performance Evaluation Rating Segmentation on Motivation and Fairness Perceptions", *Journal of Applied Psychology*, 2001, Vol. 86, No. 6, pp.1106-1119.
4）Daniel P. Skarlicki and Robert Folger, and Paul Tesluk, "Personality as a Moderator in the Relationship between Fairness and Retaliation", *Academy of Management Journal*, 1999, Vol.42, No.1, pp.100-108.
5）James H. Dulebohn and Gerald R. Ferris, *op. cit.*
6）Kevin R. Murphy, Jeanette N. Cleveland, and Madison E. Hanson, *Performance Appraisal and*

Management, SAGE Publications, Inc., 2019, p.23.

7) *Ibid.*, pp.34-36.

8) *Ibid.*, p.47.

9) 遠藤公嗣『日本の人事査定』ミネルヴァ書房，1999年，123-126頁。

10) 津田眞澂『新・人事労務管理』有斐閣，1995年，153頁。

11) 楠田　丘『人事考課の手引』日本経済新聞社，1981年，10頁，及びEdward L. Gubman, *The Talent Solution: Aligning Strategy and People to Achieve Extraordinary Results*, McGraw-Hill Companies, Inc., 1998, p.250.（ヒューレット・アソシエイツ監訳『人材戦略』東洋経済新報社，1999年，304頁）。

12) Antoine Niyungeko, *Analyse des Pratiques de Gestion des Ressources Humaines*, Éditions Universitaires Européennes, 2018, pp.82-83.

13) Edward L. Gubman, *op. cit.*, p.255.（前掲訳書，275頁）。

14) 今野浩一郎『人事管理入門』日本経済新聞社，1996年，87頁。

15) 楠田　丘，前掲書，86-96頁，高橋　潔『人事評価の総合科学：努力と能力と行動の評価』白桃書房，2010年，61-82頁，及びRaymond Noe, John Hollenbeck, Barry Gerhart, Patrick Wright, *op. cit.*, pp.331-350.

16) Jeffrey Pfeffer, *op. cit.*, 2018, p.3.（前掲訳書，8-9頁）。

17) 竹内一夫『基本コース・人事労務管理』新世社，2001年，122頁，岩出　博『これからの人事労務管理』泉文堂，1998年，160頁，小林　裕稿「人事評価制度」外島　裕・田中堅一郎編『産業・組織エッセンシャルズ』ナカニシヤ出版，2000年，42頁，及びRaymond Noe and John Hollenbeck and Barry Gerhart and Patrick Wright, *op. cit.*, p.359.

18) Raymond Noe and John Hollenbeck and Barry Gerhart and Patrick Wright, *op. cit.*, p.359.

19) 二村英幸『人事アセスメントの科学』産能大学出版部，1998年，9頁。

20) George C. Thornton Ⅲ and Deborah E. Rupp, *Assessment Centers in Human Resource Management: Strategies for Prediction, Diagnosis, and Development*, Psychology Press, 2006, pp.10-12.

21) 二村英幸，前掲書，11-26頁。

22) Neville Bain and Bill Mabey, *The People Advantage: Improving Results through Better Selection and Performance*, Macmillan Press Ltd., 1999, p.33 and p.239.（堀　博美訳『人材価値評価』東洋経済新報社，2001年，59頁及び303頁）。

23) https://www.jmam.co.jp/hrm/course/assess/item_ass_cnt.html

24) Paul G. W. Jansen and Bert A. M. Stoop, "The Dynamics of Assessment Center Validity Results of a 7 -Year Study", *Journal of Applied Psychology*, 2001, Vol.86, No. 4 , pp.741-753.

25) https://www.mhlw.go.jp/stf/newpage_07949.html

26) Peter Capelli, "Stop Overengineering People Management", *Harvard Business Review*, Vol.98, Issue 6, September-October, 2020, pp.56-63.（東方雅美訳「科学的管理法の功罪：従業員はアルゴリズムで管理できるのか」Diamond Harvard Business Review, March 2021, pp.36-46）。

27) David C. McClelland, "Testing for Competence Rather Than for "Intelligence"", *American Psychologist*, January 1973, pp.1-14.

28) Daniel Goleman, Richard Boyatzis, and Annie Mckee, *Primal Leadership: Realizing the Power of Emotional Intelligence*, Harvard Business School Press, 2002, pp.249-251.（土屋京子訳『EQリーダーシップ：成功する人の「こころの知能指数」の活かし方』日本経済新聞社，2002年，309-311頁）。

29) *Ibid.*, pp.253-256.（同上訳書，312-316頁）。
30) http://www.unicharm.co.jp/csr-eco/report/uccsr2017_p50_56.pdf
31) https://www.kornferry.com/ja/solutions/rewards-and-benefits/work-measurement
32) Albert Bandura, *Self-Efficacy in Changing Societies*, Cambridge University Press, 1997.（本明寛・野口京子監訳，本明　寛・野口京子・春木　豊・山本多喜司訳『激動社会の中の自己効力』金子書房，1997年）。
33) Peter F. Drucker, *The Practice of Management*, Harper & Brothers Publishers, 1954, p.113.（野田一夫監修・現代経営研究会訳『現代の経営・上』ダイヤモンド社，1965年，192頁）。
34) Andrew S. Grove, *op. cit.*, 1983, pp.110-111.（前掲訳書，177頁）。
35) Laszlo Bock, *op. cit.*, pp.154-156.（前掲訳書，251-252頁）。
36) 一條和生・徳岡晃一郎『シャドーワーク：知識創造を促す組織戦略』東洋経済新報社，2007年，4頁。
37) 星　健一『amazonの絶対志向：常に「普通という基準」を作り変える』扶桑社，2019年，185頁。
38) Joan F. Brett and Leanne E. Atwater, "360° Feedback Accuracy, Reactions, and Perceptions of Usefulness," *Journal of Applied Psychology*, 2001, Vol.86, No.5, pp.930-942.
39) Angelo S. DeNisi and Ricky W. Griffin, *Human Resource Management*, Houghton Mifflin Company, 2001, p.231.
40) https://www.mizuho-fg.co.jp/csr/employee/success/hr/index.html
41) 本間浩輔『ヤフーの 1 on 1：部下を成長させるコミュニケーションの技法』ダイヤモンド社，2017年，63-70頁。
42) Andrew S. Grove, *High Output Management*, Vintage Books, 1983, p.73.（小林　薫訳『ハイアウトプットマネジメント：人を育て，成果を最大にするマネジメント』日経BP社，2017年，128頁）。
43) 岩村水樹，前掲書，273頁。
44) 松丘啓司『人事評価はもういらない：成果主義人事の限界』ファーストプレス，2016年，20頁及び44-45頁。
45) https://media.unipos.me/personnel-evaluation-system-case-study
46) https://mercan.mercari.com/articles/27642/
47) https://corp.shiseido.com/jp/sustainability/labor/marks.html
48) https://www.doyukai.or.jp/policyproposals/uploads/docs/190731a.pdf?190731
49) https://www.smbc.co.jp/aboutus/sustainability/employee/diversity/work-style/
50) https://www.e-sanro.net/research/research_jinji/jijiromu/hyokaseido/pr1702-2.html
51) https://www.mitsui.com/jp/ja/sustainability/sustainabilityreport/2020/pdf/ja_sustainability_2020-28.pdf
52) Filip Lievens, "Assessor Training Strategies and Their Effects on Accuracy Interrater Reliability, and Discriminant Validity", *Journal of Applied Psychology*, 2001, Vol. 86, No. 2, pp.255-264.
53) https://www.tsr-net.co.jp/news/analysis/20210804_02.html
54) https://www.nikkei.com/article/DGKKASDX10H0W_Q7A210C1FFE000/
55) 黒田兼一「職能資格と人事考課」原田　實・安井恒則・黒田兼一編『新・日本的経営と労務管理』ミネルヴァ書房，2000年，37頁。
56) https://www.jpc-net.jp/research/assets/pdf/R15attached.pdf
57) 奥田健二監修『ホワイトカラーの昇進構造』日本労働研究機構，1995年。

58）小池和男『仕事の経済学・第2版』東洋経済新報社，1999年，72-75頁。

59）同上書。

60）橘木俊詔・連合総合生活開発研究所編『「昇進」の経済学：なにが「出世」を決めるのか』東洋経済新報社，1995年。

61）八代充史『大企業ホワイトカラーのキャリア：移動と昇進の実証分析』1995年，156頁。

62）https://english-innovations.com/1910/

63）https://www.neclearning.jp/cvent/report_201301016.html

64）https://www.sumitomocorp.com/jp/-/media/Files/hq/about/talent/training/training.pdf?la=ja

65）https://www.mhlw.go.jp/houdou/0104/h0426-2.html

66）http://www.nec-careers.com/personnel/

67）https://www.takenaka.co.jp/recruit/career/bosyu/

68）日本経済新聞「住商，20代で「管理職」選抜」2021年4月27日，朝刊。

69）https://www.toagosei.co.jp/company/

70）Robert B. Reich, *The Future of Success: Working and Living in the New Economy*, Alfred A Knopf, 2000, p.27.（清家　篤訳『勝者の代償：ニューエコノミーの深淵と未来』東洋経済新報社，2002年，41頁）。

71）Edward E. Lawler, Ⅲ, *Pay and Organizational Development*, Addison-Wesley Publishing Company. Inc., 1981, p.100.（田中政光訳『検証　成果主義』白桃書房，2004年，143頁）。

72）https://www.dbic.jp/activities/2021/02/6.html

73）https://jpn.nec.com/press/202010/20201019_02.html

74）https://www.7andi.com/csr/theme/theme4/employee.html

75）日本経済新聞「管理職を公募制に」2021年3月31日，朝刊。

76）日本経済新聞社編『ゼミナール現代企業入門』日本経済新聞社，1990年，87頁。

77）https://www.gender.go.jp/policy/positive_act/index.html

78）内閣府男女共同参画局「ポジティブ・アクション」http://www.gender.go.jp

79）日本経済新聞「「熱意ある社員」6％のみ　日本132位，米ギャラップ調査」2017年5月26日，朝刊。

80）エドガー H. シャイン，尾川丈一，石川大雅『シャイン博士が語る組織開発と人的資源管理の進め方：プロセス・コンサルテーション技法の用い方』白桃書房，2017年，46頁。

81）Frank Parsons, *Choosing a Vocation*, Biblio Life, 1909.

82）Mark L. Savickas, "The Self in Vocational Psychology: Object, Project, and Project", in Paul J. Hartung and Linda M. Subich, eds., *Developing Self in Work and Career: Concepts, Cases, and Contexts, American Psychological Associations*, 2011, pp.17-33.

83）Edgar H. Schein, *Career Anchors: Discovering Your Real Values*, John Wiley & Sons, Inc., 1990.（金井壽宏訳『キャリア・アンカー：自分のほんとうの価値を発見しよう』白桃書房，2003年），Edgar H. Schein, *Career Dynamics: Matching Individual and Organizational Needs*, Addison-Wesley Publishing Company, Inc., 1978.（二村敏子・三善勝代訳『キャリア・ダイナミクス：キャリアとは生涯を通しての人間の生き方・表現である』白桃書房，1994年），Edgar H. Schein, *The Corporate Culture: Survival Guide*, Jossey-Bass Inc., 1999.（金井壽宏訳『企業文化：生き残りの指針』白桃書房，2004年），Edgar H. Schein, *Career Survival: Strategic Job and Role Planning*, John Wiley & Sons, Inc., 1995.（金井壽宏訳『キャリア・サバイバル：職務と役割の戦略的プランニング』白桃書房，2003年）及び Edgar H. Schein, *Process Consultation Revisited: Building the Helping*

Relationship, Addison-Wesley Publishing Company, Inc., 1995.（金井壽宏訳『プロセス・コンサルテーション：援助関係を築くこと』白桃書房，2002年）。

84）Robert Pryor and Jim Bright, *The Chaos Theory of Careers*, Routledge, 2011.

85）Michel Albert, *Capitalism Contre Capitalism*, Seuil, 1998.（久水宏之監修，小池はるひ訳『資本主義対資本主義　改訂新版』竹内書店新社，2011年）及び Alvin W.Gouldner, "Cosmopolitans and Locals: Toward an Analysis of Latent Social Roles", *Administrative Science Quarterly*, Vol.2, No.3, 1957.

86）ボストンコンサルティンググループ「女性の活躍推進を日本企業で達成するには」（https://www.bcg.com/ja-jp/press/japan-press-release-20december2017-womandeepanalysis）。

87）https://www.sony.co.jp/SonyInfo/Jobs/newgrads/system/career/internalrecruitment.html

---

第6章

労働時間管理

第1節　序　　論

　労働時間は，賃金の決定要素でもある。賃金が高くても労働時間が長ければ時間当たりの賃金は低いことになる。これまで賃金は，労働時間で決定することが求められてきたが，現在では，働いた時間の長さではなく，業績や成績に対して支払われることも可能にする法律が整備された。しかし，労働時間は，家庭生活とのバランス，作業不可と呼ばれるストレスや労働災害と関連するため，HR上最重要項目の1つとなっている。

　長時間労働は，生産性や健康に悪影響を及ぼすばかりでなく，「一億総活躍プラン」に示されるように，長時間労働の撲滅は，社会的にも大きな課題である。令和2年内閣府「年次経済財政報告」によれば，新型コロナウイルスの影響で時差出勤やテレワークが拡大した結果，労働時間が減少して余暇時間が増大したが，企業の①柔軟な働き方の実施，②ワークライフバランスの促進などの長時間労働の是正も貢献したと考えられる。

第2節　労働時間管理

1．労働時間管理の目的と対象
　労働時間管理の目的は，経営目標を達成するために，①労働時間と休日数を定め，②作業能率，モラールの向上，疾病率や労働災害の撲滅，並びに，労働

者が安心して快適に働くことができる環境整備という視点から，労働時間と生活時間のバランスをとり，③労働時間を賃金決定の1つの指標とすることにある。

労働時間とは，使用者の指揮命令下に置かれている時間である[1]。労働時間管理の対象は，労働時間の長さの管理と労働時間の配置の管理である。長さの管理は，所定内労働時間と所定外労働時間の長さの決定が中心となる。配置の管理は，休日，休暇，休憩時間，深夜業，交替勤務の割当などが対象になる。

こうした労働時間の管理には，いくつかの制約が課せられている。

第1は，法的規制である。1911年（明治44年）の工場法では，原則1日12時間労働と定められていた。最初の8時間労働は，1919年に川崎造船や森永製菓で導入された[2]。しかし，その普及は，1947年の労働基準法で「1日の労働時間は8時間，週48時間を超えてはならない」と定められてからである。1987年の同法改正により，現在では1日8時間，週40時間労働となっている。

第2に，経済的制約が挙げられる。これには，労働時間を短縮することに伴うコストの上昇や生産量の減少などがある。しかし，これはすべての仕事に当てはまるわけではない。日本マイクロソフトが給与水準を維持したまま週休3日制を試験導入したところ，39.9％も売上高が上昇したのである[3]。

第3は，生理的及び心理的制約である。長時間労働は，必ずしも労働生産性を高めるとは限らず，ストレスや労働災害率の増加にもなる。最悪の場合，自殺（警視庁によれば2020年に勤務問題で1,918人が亡くなっている）にまで追いやってしまう。

近年，過重で違法な労働環境にある「ブラック企業」が問題となっている。三菱UFJリサーチ＆コンサルティングが実施した2019年の新入社員の意識調査は，会社を選んだ理由として「ブラック企業」ではないかを「気にした」(53.7％)，または「少しは気にした」(30.8％) と回答している[4]。「ホワイト企業」とは，男女にかかわらず，1人ひとりの社員を大切にしてくれる会社であり，働き続けやすく，いろいろな人が活躍しやすい会社である[5]。

第4に，社会的制約がある。このうち重要なことは，家庭生活と職場生活の

138 |

バランスである。長時間労働は，晩婚化や少子化に拍車をかけていると指摘されている。政府はその問題を解決するために，過重な長時間労働及びサービス残業の防止を図ることを目的として「労働時間の適正な把握のために使用者が講ずべき措置に関する基準」を策定し，その順守について使用者に指導を行い，労働時間等設定改善委員会等の労使協議組織を活用し，労働時間管理の現状の問題点や解消策等について検討することを求めている。その他，地域社会や子育てにかかわる行事も社会的制約に含まれる。

第5に，環境上の制約がある。終電が早いなどの交通問題がある。また，企業は，九州など南の方に工場や事務所を建設する傾向があるが，これは北に行けば行くほど，早く日没を迎え，従業員が早く帰宅したくなるからである。

第6に，宗教上の制約が考えられる。ダイバーシティが進めば，例えばイスラム教の従業員も増えていくことになり，断食月などの影響を受けることになる。楽天では，社食にハラル料理を提供し，祈祷室や，お祈り前に身を清めるために使う足洗い場も設置している[6]。

2．労働時間の構成

図表6－1に示すように，労働時間は，拘束時間から休憩時間を除いた時間である。

総実労働時間数は，所定内労働時間数（始業時間から終業時間までの間の実労働時

図表6－1　労働時間の構成

間数）と所定外労働時間数（早出，残業，臨時の呼出，休日出勤等の実労働時間数）の合計である。実労働時間とは，労働者が実際に労働した時間数で，休憩時間と宿日直は除かれるが，鉱業の坑内夫の休憩時間や手待ち時間（具体的な労働と労働の間に置かれ，次の労働のために待機していることを求められる時間で，自由に利用できない点で労働時間になる）は含める。

　所定外労働をさせるためには，労働基準法第36条に基づき，使用者は，労働者代表（労働者の過半数を組織する労働組合がある場合は，その労働組合）と書面による協定（36協定）を締結し，これを所轄労働基準監督署長に届け出なければならない。この申請は，電子申請でもよく，双方の押印・署名は必要ないが，内容を労使で確認の上チェックしなければならない。

　36協定により，月45時間，年間360時間まで残業させることができる。36協定に「特別条項」を結ぶと，①年720時間まで，②2〜6カ月平均で80時間以内を上限とする，③繁忙期は月100時間を基準値とする，④月45時間を上回る特例の適用は年6カ月までという条件の下で残業させることができる。

　所定外労働のうち，時間外労働には25％以上，休日労働には35％以上，午後10時から午前5時までの深夜労働には25％以上の割増賃金を支払わなければならない。時間外労働が1カ月60時間を超える場合，割増賃金率は50％以上になる。この割増賃金率の引上げ分については，労使協定により，割増賃金の支払に代えて有給の休暇を付与することができる。また，早朝勤務分に対しては，残業手当を支給するケースもある。最初から残業を予定した「固定残業手当」を含めた賃金の提示は構わないが，現実の時間外労働により発生する残業手当が固定残業手当を超えた場合は，差額賃金を支給しなければならない。

　なお，事業主は，育児や家族の介護を行う労働者が請求した場合には，1カ月24時間，1年150時間を超える時間外労働や深夜労働をさせてはならない。

　非常災害の場合は，時間外や休日で必要限度まで労働させることができるが，事後でもよいので所轄労働基準監督署長の許可を受けなければならない。労働基準法は，休憩時間を除き1日8時間を超えて労働させてはならないと定めているが，所定労働時間が8時間以下である場合には8時間までは（その間は法定

内残業時間という），36協定も割増賃金を支払う必要もない。

　残業代を支払わないと，労働基準監督署から労働基準法第36条違反として勧告や指導を受ける。厚生労働省の調べでは，平成31年度・令和元年度の賃金不払い残業の是正企業数は1,611企業が確認された。法定労働時間を超えて労働させた場合，6カ月以下の懲役もしくは30万円以下の罰金に処せられる。国家公務員については，残業規制に伴う罰則がないため，20代以下の2割が月80時間，1割が月100時間残業となっていて，長時間労働を理由に退職する人は4割にも上る[7]。

　休憩時間は，労働時間が1日6時間を超える場合は少なくとも45分，8時間を超える場合は1時間，労働時間の途中で与えなければならない。これらは，昼休み時間と中休み時間の合計であり，労働時間が8時間以上の場合でも1時間でよい。休憩は，運輸交通業，保健衛生業，接客娯楽業等の事業及び労使協定の締結をした事業所以外は，全労働者に一斉に与える必要があり，これを一斉休憩の原則という。また休憩時間は，職場の規律保持上必要な制限を除き自由に利用できることが原則である。

　休日とは，有働契約上労働義務を負わない日である。これに対し，休暇とは，本来労働義務があるが，労働者からの申請などによりそれが免除された日である。休日は，原則として午前0時から24時間与えなくてはならないので，前日の労働が休日の0時以降に及んではならない。休日については，週休制の原則により，毎週少なくとも1回は与えなくてはならない。ただし，週休制の実施が困難な場合は，4週間に4日以上の休日を与えればよい。所定休日と他の勤務日とを振り替えることも可能で，その場合には，就業規則等で振替規定を設けておくとともに実施の前日までに振替日を指定の上予告し，振替実施日にできるだけ近接した日（1週間または4週間中）に振替日を指定しなければならない。この振替日は，休日労働としての割増賃金の対象にはならない。休日出勤後に他の勤務日を休日として認める「代休」日に労働させる場合には，割増賃金を支払わなくてはならない。

　休暇は，年次有給休暇など，法律で義務づけられているもののほか，結婚休

図表6－2　年次有給休暇の付与日数

通常の労働者の付与日数

継続勤務年数	0.5	1.5	2.5	3.5	4.5	5.5	6.5以上
付与日数	10	11	12	14	16	18	20

週所定労働日数が4日以下かつ週所定労働時間が30時間未満の労働者の付与日数

週所定労働日数	1年間の所定労働日数（※）	継続勤務年数						
		0.5	1.5	2.5	3.5	4.5	5.5	6.5以上
4日	169〜216日	7日	8日	9日	10日	12日	13日	15日
3日	121〜168日	5日	6日	6日	8日	9日	10日	11日
2日	73〜120日	3日	4日	4日	5日	6日	6日	7日
1日	48〜72日	1日	2日	2日	2日	3日	3日	3日

※週以外の期間によって労働日数が定められている場合
資料出所：厚生労働省「年次有給休暇とは」（mhlw.go.jp）

暇や忌引休暇など，会社が自主的に制定する特別休暇がある。

　年次有給休暇については，6カ月以上継続勤務し，所定労働日の8割以上出勤することが発生要件となる。日数については，6カ月が10日，1年6カ月で11日というように，1年に1日ずつ増えていき，最長20日の休暇を与えるよう定められている。パートタイム労働者についても，所定労働日数が週5日以上の者，所定労働日数が年間217日以上の者，週の所定労働日数にかかわらず，週所定労働時間が30時間以上の者のいずれかに該当する場合は，一般の労働者と同じ日数の有給休暇を与えなくてはならない。それ以外の者に対しては図表6－2に示されるように，所定労働日数に比例して付与することが定められている。

　年次有給休暇は，「年5日の年次有給休暇の確実な取得」が義務づけられていて，これに違反すると30万円以下の罰金が科される。これは時季を指定して取得させるが，計画的に取得日を定めて年次有給休暇を与える計画年休を活用してもよい。パートタイム労働者については，週所定労働日数と継続勤務年数によっては年5日の消化対象になる。また，年次有給休暇を管理する帳簿を

作成し3年間保存しなければならない。年次有給休暇の有効活用として，労使協定により1年に5日分を限度として，1時間単位で取得できる「時間単位年休制度」や「半日単位年休制度」も認められている。

有給休暇は，時効の2年までは繰り越しができる。そうした時効消滅した有給休暇を積み立ててボランティア，留学，介護，病気療養に活用している企業も増えている。例えば，キリンでは，失効した年次有給休暇を最大60日まで積立可能で，家族の介護・看護・世話，不妊治療，子の学校行事，家族のアニバーサリーなどに使えるようにしている[8]。

法定労働時間・法定休日の規制には，その適用が除外される者もいる。

第1は，管理監督者である。

第2は，秘書等，その職務が経営者または管理・監督の地位にある者の活動と一体不可分であり，厳格な労働時間の管理になじまない者である。

第3は，守衛や寮賄婦などの監視や継続的労働に従事する者で，適用除外のためには所轄労働基準監督署長の許可を必要とする。

第4は，農業または畜産，養蚕，水産の事業に従事する者である。

第5は，所轄の労働基準監督署から許可を得た宿日直勤務に従事する者である。この労働は，本来は時間外労働であるが，所轄労働基準監督署長の許可があれば割増賃金等の支払いなく勤務を命ずることができる。ただし，常態として，ほとんど労働をする必要のない勤務であること，1日平均額の3分の1以上の手当を支給すること，日直は週1回，宿直は月1回を限度とすること，宿直には睡眠設備を設けるなどの条件がある。

第6は，高度プロフェッショナル制度の対象者である。これは，年収1,075万円以上の金融ディーラーやアナリストなどの特定の職種の労働者を対象として，年間104日以上の休日確保措置や健康・福祉確保措置等を講じることにより，成果で従業員を評価して残業代が免除される制度である。この制度を導入するためには，労働者代表委員が半数を占める労使委員会を設置し，委員の5分の4以上の多数による決議を労働基準監督署長に届け出たうえで，対象労働者の同意を書面で得る必要がある。

3．労働時間の短縮

　労働時間の短縮は，経済大国にふさわしい国民生活の質の向上を目指す国の重要課題の1つとなっている。総務省の2020年「労働力調査」によれば，平均年間就業時間は，1,811時間となっていて，3年間で116時間減少した。これは，働き方改革や新型コロナで企業活動が停滞したためと分析されている[9]。OECDの2020年の報告では，アメリカ1,779時間，イギリス1,538時間，フランス1,505時間，ドイツ1,386時間，最低がデンマークの1,380時間と報告されている。海外でも新型コロナウイルスの影響は避けられなかった。労働時間は，米英とほぼ同じ水準になったが，欧州大陸国とはまだ差がある。

　OECDによれば，2019年の日本の時間当たり労働生産性は，47.9ドルで，順位はOECD加盟37カ国中21位である[10]。労働生産性が低いことが労働時間の長さに影響していると考えられる。

　わが国の労働時間の特徴として，次の点が挙げられる。

　第1は，生産変動を残業時間によって調整するために，所定外労働時間が他国と比べて長くなることである。これは，終身雇用を前提としていて，過剰雇用を回避し，仕事が増えても，雇用ではなく残業で対処するためである。賃金が支払われないサービス残業や家にもち帰って仕事をする風呂敷き残業も現実には存在している。

　第2は，職務明細書がないことが一般的なために，行うべき仕事があいまいで，いつまでも帰りにくいことがある。自分の仕事が終わっても他人の仕事を手伝うことが奨励されるので，帰れないこともある。

　第3に，効率や生産性よりも労働時間の長さで評価される傾向がある。最近では，これが逆転し始め，労働時間の削減と高業績が求められるようになった。

　第4は，年次有給休暇の取得率が低いことである。厚生労働省の2020年「就労条件総合調査」では，年次有給休暇の消化率は，56.3％であり，半分しか消化されていない。エクスペディア社の2020年調査によれば，それに対して，台湾は100％，ドイツ，フランスは83％などとなっている[11]。また，他

国と比べ，わが国は国民の祭日は多いが有給休暇日数が少ないという特徴もある。例えば，フランスでは，有給休暇は通常30日であり，労働者は5月1日～10月31日の間にメイン休暇として2週間から4週間を一度に連続して取得しなければならない[12]。

第5に，労働損失日数（死傷災害とストライキの2種類がある）が少ないことである。ストライキ（同盟罷業）については，半日以上のストライキと作業所閉鎖による労働損失日数は，わが国が2019年には11,002日であったが，2018年のデータではあるが，アメリカが282万日，ドイツ57万日，韓国55万日，イギリス27万日，オーストラリア11万日であった[13]。これからみても日本の労働損失日数はかなり低い水準にある。また，わが国は，金曜日の夕方5時から月曜日の朝8時までストライキを決行する例もみられ，常習的欠勤（アブセンティズム）も少ないという特徴がある。

時短は，省力化投資や効率化の促進などの効果をもたらすばかりでなく，余暇の増加による消費の拡大や新たな仕事の創造を生むというメリットがある。しかしながら，労働時間の短縮が止まる傾向もある。例えば，アメリカでは，能力主義の普及により，稼げるときに稼いでおく必要が高まったという背景もある。アメリカでは，残業を禁止する州法はなく，週40時間以上の労働に対する残業支払いのみが義務化されている[14]。

長時間労働の増加は，HRM上3つの問題を生じさせる。

第1は，長時間就業が必ずしも生産性向上につながらないことである。OECDの上述の調査でも，日本の労働生産性は，加盟37カ国中下位に位置している。

第2は，長時間労働が転職希望や就職希望者の減少に結びつくことである。内閣府の2017年「就労等に関する若者の意識調査」では，初職の離職理由として「労働時間，休日，休暇の条件がよくなかったため」が3位に入っている。

第3は，精神障害や過労死などの疾病をもたらし，結果的にコーポレート・ブランドや生産性などに影響を及ぼすことである。社員の過労死により労基法

違反容疑で有罪判決が出ており，過労死は会社の責任という判断が定着している[15]。

　過労自殺（業務上の事由により精神障害を発病して自殺すること）も社会問題となっている。労働安全衛生法は，事業主に月100時間超もしくは2～6カ月平均で80時間の時間外・休日労働をしている従業員に対して医師による面接指導の実施を義務づけている。

　厚生労働省は，過重労働特別対策班を設置して監督体制を強化する一方で，時短などを実施している企業に対して表彰活動などをしている。例えば，少子化の問題もあるが，前述の仕事と家庭とのバランスに配慮する「家庭に優しい企業」を表彰するほか，生き方（ライフ）を考える契機となるような長期の休暇を提案している。住友電工は，社員が配偶者の海外赴任等を理由に退職することを防ぎ，休職扱いにすることで，仕事と生活の両立を支援し，継続的な勤務を可能とすることを目的とした配偶者海外赴任等休職制度を制定している[16]。

　経済産業省でも東京証券取引所と共同で，従業員の健康管理を経営的な視点で考え，戦略的に取り組んでいる企業を「健康経営銘柄」として選定している。この結果を公表することで勤務時間や有給休暇数で企業を格付けし，新卒者や転職希望者が勤め先企業を選びやすくしている。

　経済産業省は「プレミアムフライデー（プレ金）」を提唱しており，ソフトバンクやダスキンなどが導入している[17]。これは，月末の金曜日に早期帰宅を推奨するキャンペーンであり，プレミアムフライデー推進協議会ホームページで企業の取り組みが紹介されている。

　観光庁は，内閣府などと共同して「ポジティブオフ」運動を展開している。これは，休暇を取得して外出や旅行などを楽しむことを積極的に促進し，休暇（オフ）を前向き（ポジティブ）に捉えて楽しもうという運動である。観光庁によれば，「ポジティブオフ」運動に賛同している会社は，1,207社になっている[18]。

　総務省は，若手社員などが長期休暇を利用して地方で働いてもらう「ふるさとワーキングホリデー」を創設した。各地方公共団体が実施していて，オンライン相談会も開かれており，社員寮などが用意されている場合もある。

　企業の社会的評価や社会的責任としての時短は，イメージ向上の面から大切であるが，社員の労働意欲を高め，人材を確保するという目的から時短や充実した休暇制度を設けることが重要である。そのため，以下のような時短を後押しする制度がある。

　第1は，労働時間自体の短縮や残業を禁止する試みである。ブリヂストンは，所定労働時間を7時間半にし，休憩時間は1時間としている[19]。伊藤忠商事は，10時以降の残業禁止と朝方シフトを行った。午前5時〜午前9時は深夜勤務と同じ割増手当の付与，午前8時までに出社した社員には軽食を無料で提供するなどにより，午後8時以降に残業をする社員は5％で，午前8時前に出勤している社員は全体の半数近くになった[20]。残業は，業務命令で行わなければならないが，残業禁止にする場合は，残業代の請求はできなくなる。

　第2は，「勤務間インターバル制度」である。これは，1日当たり最低連続11時間以上の休息期間付与の義務化を柱とするEUの「休息時間制度」と同じ発想のもので，残業終了から翌日勤務間の休息を確保するものである。労働時間等設定改善法は，勤務間インターバル制度の導入に努めることを求めている。厚生労働省の2020年「就労条件総合調査」は，1,000人以上企業では11.2％が導入済みである。KDDIは，全社員に退社から出社まで11時間以上開けさせていて，11日以上11時間のインターバル時間が確保できていない人は，健康管理の対象となる[21]。

　第3は，海外で用いられているワークライフバランスを図る施策の活用がある。例えば「労働時間貯蓄制度」や「つながらない権利」があり，こうした仕事と余暇時間の境目のマネジメントは，バウンダリー・マネジメントと呼ばれる。「労働時間貯蓄制度」は，繁忙期の超過労働時間分を一定の期間を上限に「貯蓄」し，仕事が一段落した際に蓄えを休日として使用することを認める制度である。

　「つながらない権利」は，フランスやイタリアで法制化されているもので，休日など就業時間外では電話やメールに応じない権利を保護する。わが国でも「テレワークの適切な導入及び実施の推進のためのガイドライン」で長時間労

働等を防ぐ手法として「つながらない権利」を推進している。これには，上司だけでなく部下からもメールや電話等での方法によるものも含め，時間外等における業務の指示や報告が含まれる。

　休暇を後押しする制度として以下のものがある。

　第1は，法に基づく労働者の福祉のための制度で，育児休業，子の看護休暇，介護休暇あるいは看護休暇，配偶者同行休業が含まれる。子の看護休暇は，小学校就学前の子を養育する労働者の申し出により，1年に5日（2人以上の場合は10日）分，1時間単位で病気・けがをした子の看護のために，休暇を取得することができる。配偶者同行休業は，国家公務員が外国で勤務等をする配偶者と外国において生活を共にするために休業できる制度であるが，旭化成などの私企業においても採用されている[22]。

　男性については，そうした福祉に係る休暇の取得率は，全般的に低く，原因として所得の減少やキャリア形式上の支障あるいは世間の偏見が考えられる。日本生命保険は，「男子育休取得率100％」を達成していて，業務の見える化の達成，部下への権限移譲，コミュニケーションの活性化などの効果がもたらされた[23]。

　第2は，法定休暇以外の休暇である「特別休暇」の充実である。これには，夏季休暇，病気休暇，リフレッシュ休暇，教育訓練休暇，ボランティア休暇などがある。

　リフレッシュ休暇は，欧米ではサバティカルと呼ばれていて，永年勤続表彰制の一部となっており，旅行券や慰労金が拠出される場合もある。全日空は，理由を問わずに最大2年間休職できる「サバティカル休暇制度」を導入し，無給であるが，1年以上の場合は留学などの補助金として20万円を支給する。

　自己啓発休暇については，国家公務員は，自己啓発等休業を法で認められている。パナソニックは，自律的な学びを活性化・日常化し個人の成長や組織目標の達成に繋げるという考え方のもと，社内ウェブサイトにて研修コンテンツを無償で公開提供している[24]。また，ビジネスソフトサービス社では「資格取得休暇」を認めている[25]。

　ボランティア休暇制度については，厚生労働省の2020年「『仕事と生活の調和』の実現及び特別な休暇制度の普及促進に関する意識調査」によれば，同制度を導入している企業は，7.2％と少ないが，経団連の2020年390社の調査では，回答企業の92％が「支援している」と回答し，そのうちの93％が「社員による地域社会への貢献」を理由に支援しており，71％が「社員の課題発見力，社会的課題に対する感度の向上」を理由として挙げている[26]。

　第3は，有給休暇制度の充実である。有給休暇については，労使協定に基づいて計画的な取得を可能にする「計画年休」がある。これは，本人が取れる有給休暇日（自由年休）を最低5日は残し，会社全体で一斉休暇を取るとか班別の交代休暇などによって計画的に有給を取得できるようにする制度である。

　有給休暇取得率を高めるために，例えば，武田薬品は，「年休取得で社会貢献！」として，全社の年次有給休暇取得率に応じて会社が選定したNPO法人へ寄付を行っている[27]。

　会社が独自に設ける有給休暇には使途を限定するものとしないものがある。前者には退職準備休暇，自己啓発休暇，配偶者出産休暇や慶弔休暇などがある。後者には子供の授業参観とか雑事などのための「多目的休暇」（アメリカでは「パーソナルデー」という）や勤続10年など職業生活の節目にとれる「リフレッシュ休暇」などがある。

　ノリタケカンパニーリミテドは，年2日，記念日等を申告し，年次有給休暇を取得する「アニバーサリー休暇」や，年2日，希望の日を申告し，年次有給休暇を取得する「マイホリディ」制度を設けている[28]。そのほか，厚生労働省の2020年「『仕事と生活の調和』の実現及び特別な休暇制度の普及促進に関する意識調査」では，「骨髄ドナー休暇」を設けている企業が，3.6％，犯罪被害者を支援する「犯罪被害者休暇」を2.1％が導入している。いずれも有給の割合は約8割となっている。

4．労働時間の柔軟化

　労働時間の柔軟化については，企業や従業員のニーズに対応してさまざまな

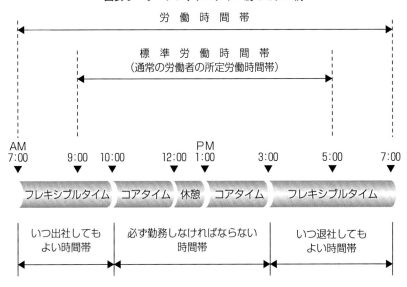

図表6－3　フレックスタイム制のモデル例

資料出所：厚生労働省「フレックスタイム制とは」(mhlw.go.jp)

制度が利用されている。

　第1は，変形労働時間制である。2種のものがあり，その1つは，フレック
スタイム制であり，1カ月以内の清算期間の総労働時間を定め，その範囲内で
1日の始業と終業の時間を従業員の決定に任せる制度である。これを導入する
ためには，就業規則で規定するとともに労使協定を締結する必要がある。図表
6－3に示すように，通常は，全員が会社内にいるコアタイムを設定し，その
前後の時間は従業員が自由に決めることができる[29]。つまり，早く来た人は
早く帰れる。コアタイムのないフレックスタイム制は，完全フレックスタイム
制と呼ばれる。清算期間に不足時間が生じた場合は，不足分を翌月に繰り越し
て清算する方法と，不足分に相当する賃金をカットして支払う方法がある。

　この制度は，通勤地獄の解消になるとして上場企業では約50％近くまで普
及したが，打ち合わせが難しいなどの理由で減少し，厚生労働省の2020年就
労条件総合調査では調査産業計で6.1％となっている。別の調査では，フレッ

クスタイムは，職務限定正社員と並んで時間当たりの労働生産性にプラスの効果があることを示している[30)]ので今後再普及するかもしれない。

　もう1つは，変形労働時間制である。これは，業務に繁閑の差がある場合に労使協定または就業規則で定めることによって法定労働時間枠を超えて労働させることができる制度である。締結した労使協定や就業規則は，所轄の労働基準監督署に届け出る必要がある。この変形労働時間は3つの制度が認められており，いずれの場合も妊産婦が請求した場合は，1日8時間，週40時間を超えて働かせることはできない。

　その1つめは1週間単位の非定型的変形労働時間制と呼ばれている。30人未満の小売業，旅館，料理店及び飲食店の事業所では，労使協定によって1週40時間の範囲で1日10時間まで労働させることが可能になる。

　2つめは1カ月単位の変形労働時間制であり，1カ月以内の期間を平均し1週当たりの労働時間が40時間を超えなければ，特定された週または日に法定労働時間を超えて労働させることができる。

　3つめは1年単位の変形労働時間制で，季節によって業務に繁閑の差がある事業場に適用されるが，1カ月を越え1年以内の一定の期間を平均し，1週間当たりの労働時間が40時間以下の範囲内において，特定の日または週に1日8時間または1週40時間を超え，一定の限度で労働させることができる制度である。労働日数の限度は，1年280日，1日の労働時間の限度は10時間，1週間の労働時間の限度は52時間，連続して働かせることができる日数は6日となっている。

　第2は，みなし労働制である。これには，事業場外労働のみなし労働時間制と裁量労働制がある。事業場外労働のみなし労働時間制とは，セールスマンなどのように事業場外で労働時間の全部または一部を費やし，その労働時間を算定することが難しいときには所定労働時間働いたものとみなすという制度である。

　在宅勤務についてもこの制度が適用される。その場合，就業規則等で定められた所定労働時間勤務したものとみなされる。在宅勤務の場合であっても法定

労働時間を超える場合には，残業手続きと割増賃金の支払いが必要となり，また，深夜に労働した場合には，深夜労働に係る割増賃金の支払いが必要となる。

　在宅勤務を推進するためには，ブロードバンドの普及やパソコンなどの機材の整備，自宅に仕事をするためのスペースの確保などの問題がある。しかし，2020年春の緊急事態宣言を受け，多くの企業が在宅勤務を導入し，勤務時間に関係なく個人の業績をもとにした賃金制への移行が進んでいる。

　裁量労働制は，労使であらかじめ定めた時間働いたものとみなす制度であり，2種類のものがある。1つは，「専門業務型裁量労働制」であり，業務遂行の手段や方法，時間配分等を大幅に労働者の裁量にゆだねる必要がある，情報処理システム，コピーライター，弁護士，建築士，大学教授など19の業務に限定される。もう1つは，事業運営上の重要な決定が行われる企業の本社などにおいて企画，立案，調査及び分析を行う労働者を対象とした「企画業務型裁量労働制」である。この制度を導入するためには，労働者側と使用者側から同数出る「労使関係委員会」を設置しなければならない。その適用にあたっては，労使関係委員会の合意と本人の同意を必要とする。裁量労働制で働く場合も労働時間の状況を客観的に把握しておかなければならない。

　厚生労働省の調査では，裁量労働制の適用者は，1日の平均労働時間が非適用者と比べて20分長くなるという調査結果[31]もあり，制度の運用に注意を払わなければならない。

　第3は，テレワークである。前述のように，テレワークとは，ICTを活用した，時間と場所を有効に活用できる柔軟な働き方のことである。それには，在宅勤務，モバイルワーク，ワーケーション（仕事とバケーションを合わせた造語でリゾート地において仕事と休暇をとる）などが含まれる。

　欧州では，在宅勤務の権利が一般化してきた。例えば，フィンランドやオランダでは，それぞれ条件は異なるものの，自宅を含む好きな場所で働く権利を認める法律が施行されている[32]。そして，新型コロナウイルス対策として，世界中で在宅勤務が広まった。ただ，感染が終息する傾向があり，アメリカで

は，アマゾン，グーグル，アップルは，オフィスを再開し，週3日原則出社が広がる見込みである[33]。

　今日，柔軟な働き方が求められているばかりでなく，東日本大震災や新型コロナなどの災害時やオリンピックなどの社会情勢に合わせてテレワークは広まると予想される。例えば，あおぞら銀行や東京海上日動火災保険では，全行員に在宅勤務を認めているし，GMOは新型肺炎の国内確認を受け，9割の社員を在宅勤務とした[34]。また，総務省は，ITを活用した地方での在宅勤務「ふるさとテレワーク」を推進し，補助金などで支援しており，これがワーケーションにつながっている。長野県佐久市では，リモートワーク実践支援金として，リモートワーク支度金（5万円），新佐久市民応援金（移住した場合に10万円），新幹線乗車券等購入費支援金（2万5千円），シェアオフィス等利用支援金（5千円）を補助している[35]。

　パーソル総研調査によれば，テレワークによって，残業なしは27.4％と増加しているものの，テレワーク残業（15.3時間）は，出社残業（13.1時間）よりも長いとする結果も出ているので注意が必要である[36]。

　1980年代初頭以降から，オルターナティブ・ワークプレイス戦略（AWS）というコンセプトが登場した[37]。この戦略は，従来のオフィス以外の場所でも社員が働くことを想定したものであった。例えば，ホームオフィスと呼ばれる在宅勤務，ホテリングと呼ばれるレンタルオフィスの利用，自動車や飛行機を改造したモバイルオフィス，出張先でも仕事ができるようにネットワーク環境や機器を整備したスポットオフィス，図書館などの公共設備活用型のパブリックオフィスなどがそれに相当する。すなわち，AWSは，さまざまな新しい形態の仕事場をどのように組み合わせていくかを決定するものである。フィンランドでは，働く場所と時間が個人の裁量に任されつつあり，図書館で仕事をする人が増加していて，ラップトップの貸し出しも行われている[38]。

　今日これらの仕事場はいずれもICTを利用するものになっていて，クラウドを利用したバーチャルオフィスも人気である。バーチャルオフィスは，住所や電話番号を提供するサービスで，登記も可能である。

　テレワークのメリットとして，通勤時間の削減，高い生産性，家族や友人との時間の増加がある半面，デメリットとして，長時間労働や賃労働と個人生活との衝突などが挙げられ，例えば，必ずしもワークライフバランスに寄与するわけではないことが示されている[39]。

　パーソル総合研究所の2020年調査では，職場に出勤したときの仕事の生産性を100％とした場合，テレワークでの生産性は全体平均で84.1％となり，職場への出勤時と比べてテレワークでは生産性低下を実感している結果となった[40]。そして，集団・対面志向が強く，年功的な秩序の組織は，生産性の低下傾向が強かった。欧米に比べてテレワークの経験が少ないことも考慮に入れながら，生産性をあげる一層の工夫が必要になるであろう。

　なお，テレワーク導入にあたり，就業規則にテレワーク勤務規定を設け，派遣労働者については，労働者派遣契約を変更しなければならない。

【注】
1 ）https://www.mhlw.go.jp/file/06-Seisakujouhou-11200000-Roudoukijunkyoku/0000187488.pdf
2 ）https://www.morinaga.co.jp/company/about/history.html
3 ）日本経済新聞「週休 3 日で生産性向上」2020年 1 月27日，朝刊。
4 ）https://www.murc.jp/wp-content/uploads/2019/05/report_190517.pdf
5 ）経済産業省監修『ホワイト企業：女性が安心して働ける会社』文藝春秋，2013年， 7 頁。
6 ）https://commerce-engineer.rakuten.careers/entry/culture/0001
7 ）日本経済新聞「厚労省　 3 年で見切り」2021年 5 月24日，朝刊。
8 ）https://www.kirinholdings.co.jp/csv/human_resources/promote.html
9 ）日本経済新聞「労働， 3 年間で100時間減」2021年 8 月14日，朝刊。
10）https://www.jpc-net.jp/research/detail/002731.html
11）https://welove.expedia.co.jp/press/50614/
12）https://www.mhlw.go.jp/wp/hakusyo/kaigai/19/dl/t3-01.pdf
13）https://www.jil.go.jp/kokunai/statistics/databook/2019/07/d2019_G7-2.pdf
14）鈴木雅一，前掲書，174頁。
15）https://www.asahi.com/articles/ASKB565F2KB5UTIL053.html
16）https://sei.co.jp/career/fresh/info/welfare/
17）https://www.meti.go.jp/shingikai/shokeishin/tokutei_shotorihiki/pdf/h29_001_04_00.pdf
18）https://www.mlit.go.jp/kankocho/positive-off/
19）https://www.bridgestone.co.jp/saiyou/career/guideline/
20）https://career.itochu.co.jp/student/culture/environment.html

21）https://www.mhlw.go.jp/seisakunitsuite/bunya/koyou_roudou/roudoukijun/jikan/interval/ima
　ges/data/case_kddi.pdf
22）https://www.asahi-kasei.com/jp/sustainability/social/human_resources/
23）https://www.nissay.co.jp/topics/2014/pdf/20140402.pdf
24）https://www.panasonic.com/jp/corporate/sustainability/pdf/sdb2020j-06.pdf
25）https://www.we-bss.com/
26）https://www.keidanren.or.jp/policy/2020/078.html
27）https://www.takeda.com/ja-jp/announcements/2018/2/
28）https://jsite.mhlw.go.jp/aichi-roudoukyoku/var/rev0/0119/4151/aichi-jirei21.pdf
29）https://www.mhlw.go.jp/www2/topics/seido/kijunkyoku/flextime/980908time01.htm
30）鶴光太郎「働き方改革と生産性の向上：従業員の理解，業績に直結」日本経済新聞，2019年7月
　5日，朝刊。
31）日本経済新聞「働く時間1日20分長く」2021年6月26日，朝刊。
32）日本経済新聞「欧州，在宅勤務が標準に」2020年6月13日，朝刊。
33）日本経済新聞「オフィス再開，社員と綱引き」2021年6月19日，朝刊。
34）日本経済新聞「社員4000人在宅勤務」2020年1月27日，朝刊。
35）https://www.city.saku.nagano.jp/kanko/ijyuteijyu/shien/remote-shienkin.html
36）https://rc.persol-group.co.jp/news/202104191000.html
37）Marilyn Zelinsky, *New Workplaces for New Workstyles*, The McGraw-Hill Companies, Inc., 1998,
　p.4.（鈴木真治訳『変革するワークプレイス：新しい働き方とオフィスづくりの実践』日刊工業新聞
　社，1998年，4頁）。
38）吉田右子・小泉公乃・坂田ヘントネン亜希『フィンランド公共図書館：躍進の秘密』新評論，
　2019年，55-56頁。
39）Jon C. Messenger, "Conclusion and Recommendations for Policy and Practice", in Jon C.
　Messenger, ed., *Telework in the 21st Century: An Revolutionary Perspective*, Edward Elger
　Publishing Limited, 2019, pp.286-315.
40）https://rc.persol-group.co.jp/research/activity/data/telework-survey4.html

第7章

賃 金 管 理

第1節　序　　論

　賃金管理の目的は，従業員に気持ちよく働いてもらうことである。気持ちよく働いてもらわなければ，企業の存続は危うい。企業の人的側面を測るのに最も適した指標は，顧客満足度と従業員満足度である[1]。優秀な従業員の確保，従業員の労働意欲の高揚，安定した労使関係など，従業員満足に影響を及ぼすものは多くが賃金管理のあり方にかかっている。

　賃金だけが報酬ではない。報酬には，心に訴える非金銭的なものがあり，働く人間にとって重要であることは，新人間関係論の論者たちによって指摘されてきた。非金銭的な報酬には，①個人にとっての機会とキャリア開発，②在宅勤務やフレックスタイムのようなフレキシブルな働き方，③好ましい労働環境とよく考えられた職務デザイン，④望ましい業績管理慣行と評価，⑤従業員月間賞のような従業員の貢献を認める慣行など[2]のほか，休暇，トップとの会食，トップからの賞賛の手紙やメール，特別のオフィス，机，駐車場やロッカー，表彰状，メダル，バッチ等がある。

第2節　賃金とは何か

　賃金とは，従業員に対する労働報酬の一括用語である。賃金は，狭義の賃金と給与（あるいは，社会全体の呼び名である給料）に分けられる。かつて前者は，一

般に時間給や日給契約のブルーカラーに支払われる報酬を指し，後者は，月給や年俸契約のホワイトカラーに対する労働の代償を意味したが，今日では，ほぼ給与に統一されている。給与は，サラリーの和訳であり，古代ローマ時代において給与は塩(サル)で支払われていたことに由来する。

　賃金と関連する用語に収入と所得がある。収入は賃金ばかりではなく，利子，賃貸料，配当金などを含むすべての報酬の総額を意味し，勤労者に使用する場合は勤労者収入と呼ばれる。所得は，収入が社会全体の呼び名であるのに対して国民経済を考える場合であり，経済学で用いられている用語である。税法上，所得は，収入から必要経費を除いた課税対象利益を意味する。

　賃金水準とは，国，産業，職業，企業など一定の範囲内の労働者の賃金の平均的な高さを意味しており，次式で示される。

　　賃金水準＝賃金総額÷対象者数

　毎年改定される最低賃金には，都道府県ごとに決められる地域別最低賃金と特定の産業について設定される特定最低賃金があり，賃金水準の目安になる。最低賃金以下の賃金と賃金未払いは犯罪である。ただし，試用期間中や軽易な業務などでは，労働基準監督署の許可により最低賃金が減額特例される場合がある。

　労働配分率とは，企業活動による企業の所得と賃金との比較であり，次式によって示される。

　　労働配分率＝人件費（役員給与＋役員賞与＋従業員給与＋従業員賞与
　　　　　　　＋福利厚生費与）÷付加価値額（人件費＋支払利息等＋
　　　　　　　動産・不動産賃借料＋租税公課＋営業純益）

　2020年経済産業省企業活動基本調査によれば，労働分配率は，50.1％であり，世界的にも低下傾向にある。この原因は，株主を重視するエージェンシー理論の影響もあるが，巨大企業が実物投資はあまりせずM&Aを優先することで，富が買収先企業に移り，賃金にまで及ばないことが原因として指摘されて

いる³⁾。

売上高から仕入原価，消耗品費，諸費用などの費用を差し引いたものを粗付加価値といい，そこから減価償却費を引いたものを純付加価値と呼ぶ。

わが国の賃金水準がどの程度であるかは，事業所の規模，産業などによって異なるので一概にはいえない。労働政策研究・研修機構のデータでは，製造業に限定してみると，2017年の時間当たり賃金（購買力平価換算）は，日本を100とすると，アメリカが133，イギリスが114，ドイツが178，フランスが145となっており，日本は各国の水準を下回っている⁴⁾。

第3節　賃金管理の2分野

1．賃金総額管理

賃金総額は，賃金管理上最大の関心事である。これまでは，賃金水準の社会的相場や労働組合との賃金交渉などにより，個別賃金の決定後に賃金総額が決まることが多かった。しかし最近では，賃金総額を決定しておいて，その中から配分を決定する方式を用いるところも増えている。予算であらかじめ賃金総額が決められている公務員の賃金ほどではないが，付加価値である企業業績で総額を管理する傾向が強まると同時に，年功制を廃止して能力に応じて支払うことによる賃金総額の上昇をコントロールする管理が主流となりつつある。

賃金総額がこれまで毎年上昇してきたのは，定期昇給（定昇）とベースアップ（ベア）があったためである。定期昇給とは，賃金制度に基づき制度的に保証されている昇給のことで，年齢で自動的に決まる部分と査定で決まる部分とからなる。ベースアップとは，賃金制度の改定に基づく昇給のことで，賃金総額を従業員数で除した1人当たりの平均月額基準内賃金（ベース賃金）の上昇を指す。厚生労働省「令和2年賃金引上げ等の実態に関する調査の概況」によると，「定昇制度あり」の企業割合は82.5％，「定昇とベア等の区別あり」の企業割合は60.6％となっている。

近年，かなりの会社が定昇の廃止やベアを停止してきた。そのうえ，賃金の

減給もある成果主義賃金を採用する企業も増えている。トヨタは，2021年より一律の定昇を廃止し，個人の評価を重視する[5]。初任給でさえ，卒業大学名で初任給が決まっていた明治時代のように，最初から賃金格差を設ける会社もある。三菱UFJ銀行は，新卒の専門人材に1,000万円以上支払う可能性がある。すなわち，外部の報酬調査会社や人材仲介業者のデータをもとに能力を評価し，それに応じた報酬を決定，支給する[6]。

かつては賃金ではなく，地位を与えることによって労働に報いようとしてきたため，背の高い組織になってしまった。企業はその逆機能を埋めるために新しい組織構造の全体的形態（コンフィギュレーション）を模索している。

２．個別賃金管理

個別賃金決定の第一歩は，賃金の構成要素を合理的に組み合わせることである。すなわち，基本給と諸手当をどのような割合で構成し，バランスをとるかが問題となる。

基本給とは，毎月の賃金の中で最も根本的な部分を占め，年齢，学歴，勤続年数，経験，能力，資格，地位，職務，業績など労働者本人の属性または労働者の従事する職務に伴う要素によって算定される賃金で，原則として同じ賃金体系が適用される労働者に全員支給されるものをいう。職務に伴う要素として支払われる給与は，それぞれの仕事ごとにその重要度や責任度などによって決められる職務給，職務遂行能力によって決められる職能給，職種ごとで決められる職種給がある。これら，職務給，職能給，職種給は仕事給とも呼ばれる。なお，フロアサービスなどの職種給におけるチップは賃金ではない。

日本生産性本部の調査では，ほとんどの会社が職能給で，年齢・勤続給，役割・職務給がそれに続いているが，役割・職務給は右肩上がりになっている。

次に，個々の構成要素ごとに適正な個人配分ルールを設定する。その際，内部公平性の原則，外部競争性の原則及び納得性の原則という３つの個人賃金決定の原則を考慮しなければならない。内部公平性の原則は，高い業績や成果を収めた人には高い報酬を支払うことで，従業員間の公平性を確保することであ

る。通常，短期の評価は業績給やボーナスで対応し，長期の評価は基本給で対応する。外部競争性の原則は，競争他社の賃金と対応できる水準に自社の賃金を設定して，優秀なHRを確保することである。納得性の原則は，賃金は各人が納得する金額でなければならないことである。

　労働基準法は，賃金支払いの4原則として，①小切手などではなく通貨で支払う「通貨払いの原則」，②代理人や親権者ではなく本人に支払う「直接払いの原則」，③一部でなく全額を支払う「全額払いの原則」，④毎月一回以上，一定の期日を定めて支払う「毎月一回以上定期払いの原則」を定めている。

　通貨・直接払いの原則については，例外的に銀行振り込みと安全基準を満たした資金移動業者による給与デジタル払いも認められる。資金移動業者は，銀行等以外のもので「資金決済に関する法律」に基づき，事前に内閣総理大臣の登録を受けたものでなければならない。給与のデジタル払いは，現金払いとの併用もできる。

　全額払いの原則については，所得税や社会保険料など，法令で定められているものの控除と労働者の過半数で組織する労働組合，または労働者の過半数を代表する者と労使協定を結んでいる場合は給与天引き（特別徴収）が認められている。資格取得費や単身赴任などの帰宅旅費など7種類の特定支出については税控除があるが，個人で確定申告しなければならない。

　労働基準法は，労働者が，職場の秩序を乱したり，規律違反をしたことを理由に，減給する場合，減給金額は平均賃金の1日分の半額を超えてはならず，また，複数回規律違反をしたとしても，減給額は，賃金の10分の1以下でなくてはならないとしている。そのほか，使用者の責任で労働者を休業させた場合には，労働者の最低限の生活の保障を図るため，平均賃金の6割以上の休業手当を支払う必要がある。

　なお，所得税法は，従業員に給与支払明細書を交付しなくてはならないと定めている。

　個別賃金管理に関しては，エドワード・デシの「内発的動機づけ理論」の理解も必要である[7]。「内発的に動機づけられた行動」とは，「人がそれに従事す

ることにより，自己を有能で自己決定的であると感知することのできるような行動」であり，「当の活動以外には明白な報酬がまったくないような活動」である。これに対し，「外発的に動機づけられた行動」とは，「なんらかの外発的報酬を得るために従事している行動」をいう。外発的報酬とは，賃金に代表されるような金銭や物としての報酬である。

　男性に対する正のフィードバックは，内発的動機づけを高めるが，賃金などの外的報酬は，多くの場合，内発的動機づけを低下させる。特に，成果主義などの報酬は内発的動機づけを一層低下させる。興味ある課題は，結果がよければ，内発的動機づけは高まるが，結果が悪いと低くなる。

　この理論によれば，業績を条件として与えられる報酬は，確かに個人を外発的に動機づけるが，内発的動機づけを犠牲にする可能性がある。そこで，内発的動機づけを高めるために，人びとが仕事に意欲的に挑戦し，対人的に友好的であり，しかもかなりの程度の自己決定を許容する仕事環境を整備することが望ましいことになる。達成感，職務満足そして個人的成長をもたらすことが必要である。

　個別賃金管理には，下記のような考慮すべき要件がある。

　(1) 同一労働同一賃金

　パートタイム・有期雇用労働法は，非正規雇用労働者について①不合理な待遇差の禁止，②労働者に対する待遇に関する説明義務の強化，③行政による事業主への助言・指導等や裁判外紛争解決手続（オルタナティブ・ディスピュート・レゾリューション）（行政ADR）について定めている。

　具体的には，パートタイム労働者の基本給については，「職業経験や能力」，「業績・成果」及び「勤続年数」の3基準をもとに正社員とその他の縁辺労働者との格差は認めるものの，通勤手当などの諸手当は，同一支給，賞与については原則支給を求めている。

　アメリカでは，1963年に同じ仕事をしている男女に対して同一賃金法が制定された。

(2) 刺激給 ^{インセンティブペイ}

刺激給には，個人と集団を対象にしたものがある[8]。個人は，①出来高給制，②基準時間内に仕事が終わったらボーナスを支払う時間基準プラン，③歩合基準プラン，④個人ボーナス，⑤提案制度，⑥ストックオプションが含まれる。例えば，SOMPOひまわり生命は，生産性加算給を新設したばかりでなく，労働時間を減らした従業員に加算する制度を導入している[9]。

集団については，①会社の生産性目的を達成することで生じる利益を従業員間で分配するプロフィットシェアリングプラン，②節約額を基礎として従業員にボーナスを支払うスキャンロンプラン，③従業員持株制度などがある。

(3) 海外駐在員の賃金

海外駐在員の賃金には，当事国の賃金水準，財とサービスの値段，税率，移動コスト，医療コスト，住宅とその関連コスト，安全を確保するためのコストなどいろいろな要因が影響を及ぼす。

代表的賃金決定方法として3つのものがある。1つは，自国バランスシートアプローチで，自国コストに追加の生活費，家賃，税金，インセンティブ，業績賞与などを加えて支払う。2つめは，進出先国バランスシートアプローチで，自国より賃金水準が低い場合には，家賃と赴任特別手当が支払われる。3つめは，グローバル・バランスシートアプローチで，多国籍企業が用いるもので，国際基準に従って支払われ，それに手当が加えられる[10]。

賃金を決定する評価については，グローバル統一基準を用いている場合もある。例えば，日立は，管理職のポジションを国や地域を超えたグローバルグレードと呼ばれる共通基準で評価している。

(4) 特許報酬

特許報酬は，従業員の現在または過去の職務に属する発明である職務発明としての特許を業績貢献度に応じて評価し，それに対して支払われる報酬である。特許は，職務発明規定等に基づき会社に帰属するが，特許法のガイドラインに沿った報酬（相当の利益）を発明者に支払わなければならない。ガイドラインは，基準の協議，基準の開示，意見の聴取などを求めている。相当の利益には，ス

トックオプションなどの金銭以外の利益も含まれる。

　通常，特許の評価は売上高や利益などの業績指数を基準とするが，最近ではこの報酬額の上限を撤廃する動きが広がっている。

　特許報酬については社員や元社員が巨額の対価を求める訴訟まで発展する可能性がある反面，適正な金額に設定すれば研究者の意欲を刺激し，人材流出も防げる。報酬の形態は，一般的には発明報償金の支払いであるが，年俸の上積みや昇進などで処遇する場合もある。

(5) ストックオプション

新株予約権^{（ストックオプション）}は，あらかじめ決められた価格（行使価格）で自社の株式を取得する権利を与えるものである。株価が行使価格を上回る場合に限り差益を得ることができる。

　かつてはストックオプションの付与は自社の取締役と社員に限定されていたが，対象制限が撤廃された。その結果，取引先，社外のデザイナーや研究者，パートやアルバイトなどにも幅広く用いられるようになり，ルネサスのように全従業員に与える場合もある。ルネサスの場合は，希望する従業員が月額給与の一部を予約券に代える[11]。

　日本総研の調査では，2019年のTOPIX500社において株式報酬を計上したのは276社（55.2％）であった。

　ストックオプションは，創業間もない新興企業にとっては優秀な人材を確保する手段として欠かせないし，また，従業員のやる気を喚起するばかりでなく，社員でなくても一体感を醸成し，帰属意識を高める効果をもつ。しかしながら，ストックオプションは，損益計算書に時価相当額を人件費として費用計上することが義務づけられているので，企業利益が下落するという点や，努力する，しないにかかわらず株価さえ上がれば誰でも利益を得られるという点で，必ずしも社員のやる気を引き出す手段にはならないなどの問題がある。

　そのため，アメリカやドイツではストックオプションを廃止し，その代わりに株式の時価総額分だけを費用計上する「株式付与制度」を用いるところもある。わが国でも，企業が信託銀行に自社株の購入を委託し，その株式を業績連

動報酬として役員や従業員に交付する例も増えてきた。この場合，ストックオプションより手続きの負担が軽くなる。なお，ストックオプションの権利行使利益は，原則として給与所得として課税されることは周知しておかなければならない。

　企業が1年間に発行済み株式の何％を従業員に与えたかを示す割合は「バーンレート（資金燃焼率）」と呼ばれ，2019年のアップルの場合，1人600万円であるのに対して，ソニーは，6万円という試算もある[12]。優秀な人材を集めるためには，こうした賃金以外の報酬を準備しなければならない。

　従業員持株制（ESOPs）は，ストックオプション同様，一種の利潤分配制とみなされる。2021年に公表された東京証券取引所の調査では，上場企業3,708社のうち3,236社がESOPsを採用していて，従業員持株会の加入者1人当たりの平均保有金額は，170.4万円となっている。奨励金（買付手数料や事務委託手数料に対する補助を除き，拠出金1,000円につき従業員持株会の制度実施会社から加入者に対し支給される金額）については，調査対象会社全体の96.8％に相当する3,133社において支給されている[13]。

第4節　賃金形態と賃金体系

1．賃金形態

　賃金形態は賃金支払形態とも呼ばれ，基本給の計算単位を示す区分のことである。この算定区分は時間単位か業績（生産量）単位かで分けられる。

　第1に，時間単位の賃金には，時給，日給，週給，日給月給，月給，年俸がある。時給や日給は知られているが，週給はなじみが薄い。週給は，アメリカではよくみられるもので，最近では，日本でもアルバイトやパートタイマーの週給の求人が出るようになった。

　一般的に，会社は正規従業員に対して月給制を採用しているが，多くの場合それは日給月給を意味している。月給制の下では年俸制と同様に欠勤の有無にかかわらず賃金の変動はない。しかしながら，ノーワーク・ノーペイの原則

（働かない場合には，賃金を支払わなくてもよいとする原則）や割増賃金の計算上などから，欠勤した場合にその分の賃金を差し引き，毎月決まった日にちに賃金を支払うという日給月給制が採用されている。この制度はパートタイマーやアルバイトに対しても用いられているのが一般的である。賃金の支払日が日曜などの場合は，次の日でもよいが，振込手数料を差し引いてはならない。

　年俸制は，給与を業績に応じて年度ごとに決める制度である。通常年俸は，職能給と業績給を合わせたもので，賃金の「毎月一回払いの原則」に従い，毎月支給分と賞与支給分という支給方法が一般的である。

　年俸制導入のメリットは，目標の明確化による活性化や成果に対する積極性などが挙げられるが，逆に評価の方法・基準の策定が難しいなどの問題もはらんでいる。

　近年では新入社員を含め，全社員に年俸制を導入する動きもある。レントラックジャパンは入社1年目から年俸制を導入しており，上期半年は同額でも，下期は上期の業績をもとに給与が決定される。富士急行[14] など多くの企業が年俸制を導入している。

　ただ，現行法では残業手当の規制などがあり問題を残しているため，管理職以上を年俸制の対象とするのが一般的である。年俸制は，管理者にとって成果・貢献を重視するために適切であると考えられるが，非管理職については，能力開発を重視した職能給の方がよいケースもある。また，中途採用の社員が主力でまだ生え抜きの社員が育っていない新興企業では，勤続年数が無意味なので，能力と仕事に見合った年俸制を導入するのが望ましい[15]。

　第2に，業績単位賃金の場合は，通常，出来高に応じて賃金を決定する出来高給（能率給や歩合給）制の形をとるが，その基準を生産量に置くか，生産に要する時間に置くかで単価請負制と時間請負制に分けられる。請負・委任契約による労働の場合，労働基準法上，企業に使用され，賃金を支払っている場合は，「労働者」となり，歩合制や出来高払い制であっても超過労働に関しては，割増賃金を支払わなければならない。

　最近は，時間重視型か成果重視型かを自分で選択する会社も出現している。

2．賃金体系

賃金体系とは，賃金項目の組み合わせを示すものである。この用語は，個別賃金を決定する理念を意味する場合にも同じく用いられる。厚生労働省では，後者の分類を用いていて，賃金体系を仕事給体系，属人給体系及び総合給体系に3分している。

仕事給体系は，基本給が仕事給のみで構成される賃金体系である。属人給は，学歴や年齢といった属人的要素のみで決定され，総合給体系は，仕事給と属人給が混在している賃金体系である。

なお，賃金体系が以上の3種類のいずれか1つだけで構成されているものを単一型体系といい，2つ以上の組み合わせから構成されているものを併存型体系という。

賃金体系が支払項目を示す場合には，通常基準内賃金（所定内賃金）と基準外賃金（所定外賃金）の2つに大別される。

基準内賃金は，所定労働時間と標準的作業条件の下で支払われる賃金であり，一般的には，基本給の他，基本給では対応できない生活ニーズに応えるための手当である，家族手当，通勤手当，住宅手当，別居手当，子女教育手当などの生活関連手当がこれに含まれる。なお，生活関連手当を支給する企業は，減少傾向にある。

これに対し，基準外賃金は主として超過勤務手当，休日手当，深夜手当といった労働基準法に基づき支払われる割増賃金の他，役付手当，技能手当，精皆勤手当や緊急呼び出し業務などの特殊勤務手当など，基本給では対応できない労働に応える職務関連手当が含まれる。

厚生労働省の定義では，基準内と基準外の考え方が上述のものとやや異なる。同省は，「現金給与額」を所得税，社会保険料，組合費，購買代金等を差し引く前の金額であるとして，その中には次のものを含めている。

(1) きまって支給する給与

「きまって支給する給与」とは，労働契約，労働協約（労働組合と使用者や使用者団体と結ばれる契約）等によってあらかじめ定められた支給給与（所定内給与）

と超過労働給与（所定外給与）を含む。

　(2) 特別に支払われた給与

　「特別に支払われた給与」とは，突発的事由等に基づいて支払われた給与や，賞与のように，あらかじめ支給条件，算定法が定められていても，その給与の算定が3カ月を超える期間ごとに支払われるものをいう。また，結婚手当等のように支給条件，支給額が労働契約等によってあらかじめ確定していても非常にまれに支給されたり支給事由の発生が不確定なものも含める。

　なお，「現金給与総額」とは，「きまって支給する給与」と「特別に支払われた給与」との合計額である。

第5節　賞与と臨時給付管理

　賞与はボーナス（語源はラテン語でgoodを意味するブルー[16]）とも呼ばれ，欧米では臨時給付，すなわち固定的賃金給付ではなく，特別利益が生じた場合や特別の功労に対して支払われる賃金である。欧米においては，ボーナスが支払われるのは通常，上級管理職に限定される。

　わが国のボーナスは，1876年に三菱商事創業者の岩崎彌太郎が社員の資格ごとに支給したことから始まった[17]。日本の場合，金額の変動はあるものの，ほとんどの企業において決まった時期に全員に支給するのが一般的である。ボーナスは，年間賃金の約30％であり，夏季と年末に支払われる年間臨給「夏冬型」がほとんどを占める。

　年2回支給されるのは盆暮の考え方が残っているためで，韓国のようにキムチを漬けるためのキムチボーナスを含めて年4回支給している国もある。また，中国のように，春節前に年1回のボーナスという国もある。

　ボーナスは，賃金の変動費化を促すばかりでなく，基本給の上昇に伴う所定外賃金，退職金等の上昇を抑える効果が残っている。近年，能力主義が影響し，さまざまなボーナスを提供する会社が増加してきている。多くの企業は，算定基礎額（通常は基本給）×平均支給額×成績係数×資格係数×部門別係数×勤

怠係数で示されるように，個人の功労報奨に報いている。しかし，この個人ボーナスに企業の業績やセクションごとの業績に連動したボーナスを加えるところも出てきた。これにはEVA（経済付加価値）連動ボーナスが含まれる。

EVAは，税引後事業利益から他人資本や自己資本を利用することにより最低限達成しなければならない収益率である資本コストを引いて求められる会社業績のことであるが，これをボーナスの算定に加える[18]。これによって個人が受け取るボーナスは，基本ボーナス，個人業績ボーナス，EVAボーナスを足したものになる。EVAボーナスのよい点は，①EVAがマイナスでも改善に対して報いる，②企業の成果と各部門の成果の両方に基づいている，③上限がないなどがあり，花王などが導入ずみである[19]。

また，基本給を無視し，成績に応じて大幅に差をつけたり，部下の評価で上司のボーナスを査定したり，部門別の業績連動ボーナスを設けるなどいろいろな試みがなされている。なお，臨時の賃金には，精勤手当，勤続手当，奨励加給または能率手当が含まれる。

経団連の2021年夏季賞与調査では，大企業平均841,150円で，中小企業平均4,444円であり，企業規模により大きな偏りがみられる[20]。

第6節　退職金と企業年金管理

1．退職金管理

退職金はその源を江戸時代の「のれん分け」に求めることができる。その後，少しでも多くの賃金を稼ぐために転職する労働者が増加したため，明治初期からは退職金が労働移動防止策の1つとして用いられてきた。

退職金は一般的には，算定基礎給金（退職時の基本給）× 支給率（勤続年数にリンクする）× 退職事由による係数（自己都合の退職者に比べ会社都合の退職者に有利なように設定されている）で算出される。70歳定年時代を迎え，退職金の増大が予想される。そのため，65歳法定定年時に一度支払うとかさまざまな工夫が必要となっている。

　近年では貢献度によって退職金を決定する企業も増加している。内閣官房内閣人事局の調査では，「採用しており，廃止の予定は無い」のは833社（29.4％）で，導入理由は，「能力・業績要素の反映」が66.3％で最も多く，ポイントの考慮要素は，「職能・資格」（72.5％）と「勤続年数」（68.6％）であった[21]。退職所得税は，正社員として20年以上勤めた場合に優遇されるので，転職を難しくしている[22]。

　「退職給付金会計」は，企業が将来，従業員の年金や退職一時金を支払うために，どれだけ手元に資産を用意しておく必要があるかを開示することを求めている。そのため，退職金制度自体を廃止して退職金前払制度を導入する動きも高まっている。例えば，北国銀行は2022年から退職金の前払い制度を導入し，行員の退職金総額を分割して月例給与に上乗せして支払う[23]。

　退職金制度を確立することが困難な中小企業は，国の「中小企業退職金共済制度」を活用できる。これを希望する会社は，独立行政法人勤労者退職金共済機構・中小企業退職金共済事業本部（中退共）と退職金共済契約を結び，毎月の掛金を金融機関に納付し，従業員が退職したときは，その従業員に中退共から退職金が直接支払われる[24]。

　厚生労働省調査では，2007年1年間における勤続20年以上かつ45歳以上の定年退職者のうち，勤続35年以上の定年退職者について，退職給付額をみると，「大学卒（管理・事務・技術職）」では「退職一時金制度のみ」が2,144万円，「退職年金制度のみ」が2,522万円，「両制度併用」が2,517万円となっている。「高校卒（管理・事務・技術職）」では，「退職一時金制度のみ」が2,122万円，「退職年金制度のみ」が1,697万円，「両制度併用」が2,362万円となっている。「高校卒（現業職）」では，「退職一時金制度のみ」が2,350万円，「退職年金制度のみ」が1,433万円，「両制度併用」が1,891万円となっている。「中学卒（現業職）」では，「退職一時金制度のみ」が1,032万円，「退職年金制度のみ」が1,234万円，「両制度併用」では2,061万円となっている[25]。

　なお，会社が倒産した場合でも退職金と未払賃金の支払義務は，他の債務に優先される。資金がない場合は，「独立行政法人・労働者健康福祉機構」の未

払賃金の立替払事業が利用できる。

2．企業年金管理

　年金は，ドイツのビスマルク宰相が若年失業者を救済するために老齢労働者に退職を促す目的で実施した政策である。これを企業として補助する施策が企業年金であり，退職金制度に含まれる。企業によっては退職一時金だけのところもあれば，厚生年金や税制適格制度などの年金制度だけのところもあるが，一般的には両方を併せもつことが多い。

　企業年金は主に企業が毎月掛け金を拠出し，加入者の社員は退職後にサラリーマンの公的年金である厚生年金に上乗せした金額を受け取る。

　企業年金のうち，支払われる年金の金額が決まっている年金は，確定給付型年金（DB）と呼ばれている。DBには，基金型確定給付企業年金と規約型確定給付企業年金の2タイプがある。「基金型」は「企業年金基金」という法人を母体企業とは別に設立して，年金資産を管理・運用し，給付を行う企業年金である。それに対して「規約型」は，事業主と従業員が合意した年金規約に基づき，事業主が主体となり実施する企業年金制度である。「規約型」では企業は必ず，信託会社や生命保険会社等と資産管理運用契約を締結し，母体企業の外で年金資産を管理・運用し，年金給付を行う。

　DBは，近年，運用利回りが当初予想を下回る状況が続いた。それを受けて，確定拠出型年金（DC）制度に移行する動きが顕著である。DCは，年金のために拠出する企業の金額は決まっていることを意味し，その掛け金の運用は従業員個人に任せられ，その運用結果で年金額が変動する。それに対し，DBでは年金運用リスクは企業が負う。

　アメリカでは，税法の国内歳入法401条（k）項でDCについて定めている。アメリカの401kでは，加入者の従業員が給与の一部を拠出するのに応じて，企業側も一定比率を追加する場合が多い。

　わが国でも日本版401kと呼ばれるDCの制度が設けられ，2021年現在，DCは，DBを上回った[26]。この特徴として，従業員は自分の資産管理口座を設け

るが，それを転職時にもち運べるばかりでなく，会社が倒産しても退職金のうち年金部分は保全できる。資産の運用については加入者自らが3種類以上の選択肢の中から選択でき，年に数回運用商品の入れ替えが可能である。このDCには大きく分けて次のような2つの型がある[27]。いずれも受給開始の上限年齢は75歳で，60歳（加入者資格喪失後）から75歳までの間で受給開始時期を選択することができる。

　第1は，企業型であり，企業が任意で導入し，従業員が自動的に加入する。掛け金は企業が拠出し，内容は企業の労使の合意で決定する。掛け金については，月給の一定割合とするが，社員の業績評価の変化に応じて掛け金を増減させる「成果主義型401k」を導入している会社もある。また，会社の掛け金に従業員が任意で掛け金を上乗せする「マッチング拠出」も認められている。その他，掛け金の一部を「退職金の前取り」として給与に上乗せすることも可能である。

　DCには企業の負担軽減や人材流動化時代に対応したもち運び可能等のメリットがある反面，従業員に対する金融知識教育の必要性や加入者登録料などの運営費がかかり，中小企業には使いにくい制度となっている。厚生労働省は，DBとDCの併用を認めている。

　第2は，個人型確定拠出型年金（iDeCo）であり，公的年金に加算できる私的年金である。企業年金がある企業の従業員，専業主婦，公務員など，国民年金被保険者が加入できる。掛金の全額所得控除や運用益の非課税などの利点がある。運用商品は，口座を設ける金融機関の「元本確保商品」と「投資信託」の2つから選択する。企業型DCにおいて加入者掛金を拠出（マッチング拠出）している場合などを除き，iDeCoにも加入できる。

　企業年金の実施が困難な中小企業がiDeCoに加入する従業員の掛金に追加で事業主掛金を拠出するのは「中小事業主掛金納付制度（iDeCoプラス）」と呼ばれ，実施可能な従業員規模は300人以下である。

第7節　役員報酬（経営者報酬）

　役員報酬は，①月々の基本報酬，②役員賞与，③役員退職慰労金から構成されるが，このほかストックオプションや業績連動報酬なども支給する場合がある。報酬には，金銭によるもののほか，債務の免除による利益その他の経済的な利益も含まれる。

　指名委員会等設置会社は，報酬委員会で取締役の報酬を決定し，それ以外の上場会社等においては，取締役の個人別の報酬等の内容に関する方針を取締役会で決定することを義務づけられている。その内容は，取締役の報酬等の種類ごとの総額報酬，業績連動報酬の額または算定方法等，非金銭報酬等がある場合の内容などである。

　ウイリス・タワーズワトソンの2021年調査では，監査役会設置会社と監査党委員会設置会社においては，取締役の個別報酬額は経営トップ（会長・社長）が決定権限をもつところが55％であった[28]。報酬の客観性や透明性を確保するためには，必ずしも指名委員会等設置会社にする必要はないが，任意の報酬委員会を設置したほうがよいと思われる。

　デロイトトーマツの2020年度の役員報酬調査によれば，売上高1兆円以上の企業（52社）における社長の報酬総額水準は，中央値で9,887万円，株式関連報酬（長期インセンティブ報酬）を導入している企業の割合は63.0％であった[29]。それに対し，コンサル会社ウイリス・タワーズワトソンの調査では，2020年度のCEOの平均年俸は，アメリカでは14億5,000万円でドイツでは6億円であった[30]。わが国と欧米との差額は大きい。ただアメリカでも，アップルの故スティーブ・ジョブズやグーグルのラリー・ペイジのように，年俸1ドルの人もいる。

　米マーサーの調査では，2016年度の日本の低位の取締役の給与は，2,713万円であるのに対し，中国（上海）4,089万円，韓国3,043万円，ベトナム2,803万円となっていて，アジアでも低いことが鮮明となった[31]。ペイレシオ（管理

職と平社員の賃金差）が小さく，協調的労使関係が成立してきたことがわが国の特徴であった。しかし，国際化が進展する中で，優秀な人材を確保することを考えると，アジアと同程度にしなければ競争力を失うかもしれない。

　上場企業では，業績拡大の動機づけのために5割超（約2,000社）が株式で役員報酬を支払っていて，その株式報酬の種類は，①一定期間売却を制限した譲渡制限つき株式，②目標達成に応じた株を与えるパフォーマンス・シェア・ユニット，③信託銀行が株式付与を代行する株式交付信託，④ストックオプションとなっている[32]。そのほか，成果を反映させるためにEVAやESG（環境・社会・統治）への取り組みを役員報酬に連動させるようになってきた。イギリスは，主要企業100社の66％の企業が短期の業績連動にESG要素を反映し，アメリカでは52％が反映しているが，わが国では24％にとどまっている[33]。

　成果に基づく報酬は，世界的傾向で，デロイトトーマツの2019年調査では，アメリカの役員報酬は，CEOの場合，基本給が平均9％，1年ごとの業績と連動する短期インセンティブが平均約21％，そして2年以上の中長期での業績と連動する中長期インセンティブが，平均70％，ドイツでは，基本給29％，短期インセンティブ30％，中長期インセンティブ41％であったのに対して，日本は，基本給57％，短期インセンティブ28％，中長期インセンティブ15％であった[34]。

　アメリカやイギリスでは一般的な巨額損失や重大な不正会計があった場合は，支給済みの役員報酬を会社に返還させる「クローバック条項」を導入する企業が大半であるが，日本では，TOPIX100（東証1部代表100社）の時価総額上位30社のうち7社となっている[35]。

　税法では，毎月おおむね同額の①定期同額給与，②業績連動給与，または定期同額給与と業績連動給与に当てはまらない株式や新株予約権などを税務署に届けた③事前確定届出給与のいずれにも該当しないものの額は損金の額に算入できず，報酬と退職金のうち不当に高額な部分は損金に算入しない，賞与は損金に算入しない，仮装・隠蔽した報酬は損金に算入できないなどの規制がある。

　また，会社法は，役員等にインセンティブを付与するとともに，役員等の職務の執行の適正さを確保するため，役員等がその職務の執行に関して責任追及を受けるなどして生じた費用等を株式会社が補償することを約する補償契約や，役員等のために締結される　D ＆ O　<ruby>D ＆ O<rt>ディレクターズ ＆ オフィサーズ</rt></ruby>　保険契約に関する規定を設けることを求めている。

第8節　年功賃金

　年功賃金とは，賃金が年齢や勤続に応じて上昇する制度である。その源は，毎年のベースアップ，特に生活給を重視した江戸時代から続く慣行，勤続年数の増加に伴う技能や知識の向上などに求められる。

　年功賃金の理論は，ベッカーの人的資本理論と，ラジアーのインセンティブ理論が代表的である[36]。

　ベッカーは訓練費用と収益回収という理論的枠組によって，若い頃は訓練が必要なので安い給料，年をとって熟練が形成されて高い給与となることを明らかにした。

　それに対しラジアーは，若い頃は生産性より低い賃金を受け取り，高年齢にその差額である生産性より高い賃金を受け取るようにすれば長期間まじめに働く<ruby>誘因<rt>インセンティブ</rt></ruby>になると考えた。同時に，ラジアーは，この方法が非効率な労働供給行動を引き起こすと警告している。すなわち，中高年労働者は生産性より高い賃金を受け取るので企業にとどまり続けるため，定年退職制度などの工夫が必要であるとしている。

　年功賃金制度は，従業員にとっては，職種変更が賃金に影響しないので安心して働けるとか，生活費対応型賃金なのでライフサイクルに合っている，会社にとっては，転職が賃金低下をもたらすので安心して教育投資ができる，などのメリットがある。そのため，かつては年功賃金を支持する割合は，高かった。しかし，働きに報われない，高齢化に伴う人件費の増大などのデメリットが指摘されてきたため，成果や仕事といった市場的側面が強調され，年功制を見直

174 |

図表 7 ― 1　学歴，性，年齢階級別賃金

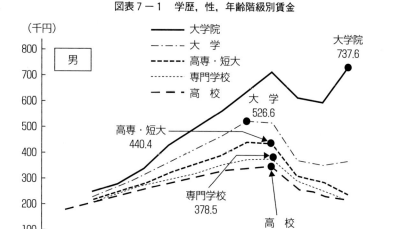

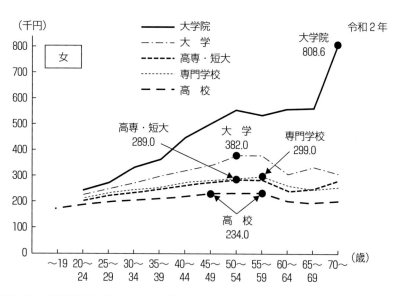

資料出所：厚生労働省「令和 2 年賃金構造基本統計調査」(https://www.mhlw.go.jp/
toukei/itiran/roudou/chingin/kouzou/z2020/dl/13.pdf)

す傾向が強まっている。

　経済産業省の2017年の「IT関連産業の給与等に関する実態調査結果」では，完全な年功賃金は，7.2％であったが，年功ベースで能力・成果によってある程度違いがあるが45.6％，完全な能力・成果給が22.3％であった[37]。アメリカでは30歳代に突出した賃金を受け取るのに対して，わが国では年功の見直しが進んでいないことが明らかになった。

　図表7－1で明らかなように，女性の高専・短大卒と高卒を除き，年齢とともに賃金が上昇している。したがって，傾きは緩やかであるが年功的傾向は続いているといえよう。

　上述の人的資本理論やインセンティブ理論によれば，生涯賃金はゼロサム，つまり最初は低い賃金で後から高い賃金を支払うことで収支合計は損得なしという計算になる。最近の傾向は，労働生産性イコール賃金という方針になっている。これは，ドラッカーが，「賃金については客観的な基準は一つしかない。生産性である[38]」と指摘するように正しい。これにより新卒者には損得がなくなるが，若いときに低い賃金であった人が途中で能力給に移行した場合，生涯賃金が低下する場合がある。したがって，そうした中高年の人々に対してはゼロサムになる時点まで労働生産性を上回る賃金を支払うことが公平上好ましいであろう。

第9節　福利厚生費

　福利厚生費は，賃金給与以外の費用で，企業が従業員の福祉向上のために支出する諸制度にかかわる費用である。

　わが国のHRMの特徴の１つは，福利厚生が手厚いことである。これは，明治期の大工場には繊維工場が多く，地方から多数の未婚の女子を雇用しなければならなかったため，寄宿舎制度が設けられ，労働の場だけでなく非労働生活の場の管理も行わなければならなかったという特殊事情があったからである[39]。すなわち，農村などから裸一貫で出てきても何不自由なく仕事に専念できる環

境づくりが必要で，その考え方が続いていると思われる。

　福利厚生費には，法律に基づき支出が義務づけられている法定福利費と企業が任意で設ける法定外福利費とがある。

　法定福利費には，健康保険，厚生年金保険及び介護保険からなる社会保険，労働者災害補償保険（労災保険）と雇用保険からなる労働保険がある。健康保険は，主に大企業が設置する健康保険組合もしくは中小企業等の従業員が加入する全国健康保険協会（協会けんぽ）が従業員やその扶養する家族が業務外の原因で病気や負傷したとき，傷病による休業があったとき，または出産や死亡によって臨時の出費があるときに必要な給付を行っている。

　厚生年金保険は，年をとって働けなくなったり，何らかの原因で障害者になったり，死亡したときに年金や一時金を支給する制度であり，会社に勤務するすべての人が対象になる。公務員や私立学校教職員には，共済年金保険が適用される。国民年金は，日本国内に住所を有する20歳以上60歳未満のすべての人が加入するもので，老齢・障害・死亡により「基礎年金」を受けることができる。これに厚生年金もしくは共済年金が上乗せされる。

　健康保険・厚生年金保険では，基本給のほか，役付手当，勤務地手当，家族手当，通勤手当，住宅手当，残業手当等，労働の対償として事業所から現金または現物で支給される標準報酬月額と呼ばれるものを基準に保険料の額や保険給付の額が計算される。また，国や地方自治体の子育て支援に用いられる「子ども・子育て拠出金」が厚生年金保険料とともに徴収される。

　介護保険は，65歳以上の者は原因を問わず要支援・要介護状態となったときに，40〜64歳の者は末期がんや関節リウマチ等の老化による病気が原因で要支援・要介護状態になった場合に支援を受けられる保険である。40歳以上に加入義務があり，64歳までは健康保険と　緒に徴収するが，65歳以上は，市町村が徴収し，原則年金からの天引きになる。

　業務上及び通勤による負傷，疾病，障害，死亡等の場合は，労働者災害補償保険法に基づき労災保険が適用される。労働者が労働災害により負傷した場合などには，休業補償給付などの労災保険給付の請求を労働基準監督署長宛に行

う。ただし，休業4日未満の労働災害については，労災保険によってではなく，使用者が労働者に対し，休業補償を行わなければならない。なお，労働災害等により労働者が死亡または休業した場合には，遅滞なく，労働者死傷病報告等を労働基準監督署長に提出しなければならない。

　労災保険については，業務上は業務災害，通勤上は通勤災害になる。業務災害の例として，仕事中に地震や津波に遭い，怪我や死亡した場合には，労災保険給付を受けることができる。新型コロナウイルスの感染経路が業務によることが明らかな場合も労災に当たる。医師・看護師や介護の業務に従事する人は，業務外で感染したことが明らかな場合を除き，原則として対象となる。

　通勤災害は，合理的な通勤経路から逸脱・中断の間は，労災対象から外れるが，日常生活上必要な場合，すなわち，①日用品の購入や，これに準ずる行為，②職業訓練や学校教育，その他これらに準ずる教育訓練であって職業能力の開発向上に資するものを受ける行為，③選挙権の行使や，これに準ずる行為，④病院や診療所において，診察または治療を受ける行為や，これに準ずる行為，⑤要介護状態にある配偶者，子，父母，配偶者の父母並びに同居し，かつ，扶養している孫，祖父母及び兄弟姉妹の介護（継続的に，または反復して行われるものに限定）は，対象となる[40]。労災保険給付には，療養給付，休業給付，障害給付，遺族給付，葬祭料葬祭給付がある。労働保険は政府がこれを管掌していて一定額を支給する。

　雇用保険は，労働者が失業した場合，自ら職業に関する教育訓練を受けた場合及び子を養育するための休業をした場合に失業等給付及び育児休業給付を支給するばかりでなく，雇用安定事業及び能力開発事業を行う総合的な機能をもった制度となっている。会社は，従業員が離職した場合は，離職票（離職証明書）を渡さなければならない。離職票を出さない場合，雇用保険法で，懲役もしくは罰金刑となる。

　自己都合退職と懲戒解雇の場合は，5年間の内2回は2カ月間，それ以上の場合は3カ月間，失業給付が受け取れないという給付制限期間があり，会社都合退職の場合は，給付制限はないものの，求職活動が原則2回必要になる。失

業手当は，年齢と被保険者であった日数に応じて90〜360日間の給付が出る。また，失業等給付を受けるためには，離職日以前2年間に被保険者期間が12カ月必要である。特定受給資格者（事業主都合により離職した人）または特定理由離職者（体力の不足，心身の障害，疾病，負傷，視力の減退，聴力の減退，触覚の減退等により離職した者などの正当な理由があり離職した人）の場合は，離職の日以前の1年間に，被保険者期間が通算して6カ月以上必要である。

　法定外福利費には，①住宅にかかわるもの（住宅手当，家賃補助，社員寮，借り上げ社宅や持家援助など），②健康・医療にかかわるもの（健康相談，メンタルヘルスケア，カウンセリング，人間ドック受診の補助，会社が所有する企業立病院，団体保険など），③育児・介護にかかわるもの（ベビーシッター補助，社内保育園などの託児，妊活休暇，子供に対する育英補助金，法定外の育児・介護休暇など），④慶弔・災害にかかわるもの（結婚祝い金，出産祝い金，入学祝金，傷病見舞金，弔慰金，災害見舞金，遺族年金，貸付金など），⑤生活援助にかかわるもの（家族手当，弁当販売，社員食堂，提携酒場，会社提供自動車，会社製品の割引，通勤バス，駐車場の提供，購買，制服，理髪，税務支援，単身赴任手当，給与前払い制度など），⑥財産形成にかかわるもの（一般財形貯蓄，財形住宅貯蓄，財形年金貯蓄，社内預金，従業員持株制，個人年金への補助など），⑦文化・体育・リクリエーションにかかわるもの（茶道や華道クラブなどの文化クラブの支援，野球部やテニス部などの運動クラブの支援，レクリエーション施設，リゾート施設，社員旅行，運動会，盆踊りなど），自己啓発にかかわるもの（資格取得支援，セミナーの開催，サバティカル，訓練プログラムなど），⑧休暇にかかわるもの（多目的休暇，リフレッシュ休暇，バケーションなど），⑨その他（更衣室や休憩室の設置），などさまざまなものがある。

　国税庁によれば，役員や使用人に通常の給与に加算して支給する通勤手当は，一定の限度額まで非課税となっており，マイカーなどで通勤している人の非課税限度額は，片道の通勤距離に応じて，2キロメートル未満では全額課税，2キロメートル以上10キロメートル未満は4,200円などとなっている。また，同庁は，新型コロナウイルスに関する一定の見舞金やマスク配布などは，従業員給与とはみなさないので確認しなければならない[41]。

　厚生労働省の平成31年の就労条件総合調査によれば，貯蓄制度がある企業は，42％で，財形貯蓄が38.1％で最も多い。財形とは，会社員が勤務先を通して貯蓄する勤労者財産形成貯蓄のことで，一般財形貯蓄（使途自由），財形住宅貯蓄（住宅資金）及び財形年金貯蓄（老後資金）がある。このうち，住宅と年金財形は，550万円まで非課税である。財形は，DCや職場積立NISAとともに給与天引きが可能である。

　NISA（小額投資非課税制度）とは，個人投資家のための税制優遇制度で，「一般NISA」は年間120万円まで，未成年者を対象にした「ジュニアNISA」は年間80万円まで，「つみたてNISA」は年間40万円までの投資で得る運用益が非課税になる。「つみたてNISA」は，会社が金融機関と利用契約を結び，「つみたてNISA」の口座を開設し，給与や賞与からの天引きや口座振替により資産運用を行う。

　社内預金制度を創設するためには，労使協定を締結して所轄の労働基準監督署に届け出る必要がある。利息は，下限利率の0.5％を下回ってはならず，預貯金の返還が請求されたときは遅滞なく返還しなければならない。

　従業員持株会は，上場会社の9割が設けており，実施企業の約97％が購入時に会社が一定金額を上乗せする「奨励金」を出している[42]。この制度は，従業員が起業家精神をもつことにつながり，主体的に仕事に向き合う機会をもたらす。

　福利厚生の中には，海外赴任者に同行するための配偶者同行休業制度，海外赴任者の子女が外国の学校を卒業するまで認める逆単身赴任手当や資格取得手当なども含まれる。廃止傾向にあるのは，社内預金，社員旅行，家族手当などである。厚生労働省の「女性の活躍促進に向けた配偶者手当の在り方に関する検討会報告書」は，配偶者の収入要件のある「配偶者手当」は女性パートタイム労働者の「就業調整」の要因となるとともに，企業にとっても，「配偶者手当」を含む「家族手当」あるいは「扶養手当」が普及・定着した当時と比べ従業員構成・家族構成や企業を取り巻く環境が変化している現状があるとして，配偶者手当の見直しを求めている。同報告書によると，すでにいくつかの企業

では見直しが実施されている。

　LGBTに対する平等な福利厚生の扱いも増えており，ソニー，第一生命，パナソニック，積水ハウスなどは，同性のパートナーを配偶者と同等に扱っている[43]。

　経団連の2019年度の「福利厚生費調査結果報告」では，従業員1人当たりの福利厚生費は，108,517円で，法定福利費は，84,392円（対現金給与総額比率15.4％）で，法定外福利費は，24,125円であった[44]。企業は，現金給与に加えて，これらの法定福利費と法定外福利費のほかに現物給与の費用，退職給付等の費用，教育訓練費及び募集費，転勤費，社内報・作業服の費用，表彰費といった費用（その他の労働費用）を合計した「労働費用」を支払うことになる。

　福利厚生費は，健康保険料等の法定福利費の引き上げなどで増加傾向にあり，法定外福利費削減圧力が強まっている。こうしたことから福利厚生選択制度（カフェテリアプラン）が取り入れられている。カフェテリアプランとは，企業が提示するさまざまな福利厚生メニューの中から従業員が一定の範囲内で必要なものを選べる仕組みである。

　福利厚生に「社内通貨」を用いる会社もある[45]。社内通貨は，通常の給与とは別に業務の難易度や禁煙などの健康増進などにより支払われるものもあり，レストランやリフレッシュ休暇などに交換できる。トヨタシステムズは，独自のデジタル通貨を用いて，福利厚生ポイントに交換できるようにしている[46]。

　福利厚生代行サービス業や公益財団法人などのサービスを利用する企業も増加している。例えば，CLUBCCIは，商工会議所が提供する福利厚生代行サービスである。そのサービスでは，全国のリゾート・宿泊施設やスポーツクラブ，ゴルフ場，テーマパーク，レストラン，レンタカーなど50,000を超える提携メニューのすべてを，従業員1,000人以上の場合は月額682円からの価格で，社員だけでなく，家族も利用できる[47]。費用は，全額損金算入も可能である。また，健康保険組合が，互いに保有する直営保養所を「共同利用保養所」として相互に利用することでサービスを維持してコストを減らそうとする連携も進

んできた。

　団体保険への加入も福利厚生の一環として行われている。医療・がん・傷害などの団体保険に全従業員が一括加入する保険も登場した。

【注】

1 ）John H. Fleming and Jim Asplund, *Human Sigma: Managing the Employee-Customer Encounter*, Gallup Press, 2007, p.59.（林　康史監訳，鍋井理沙訳『ヒューマン・シグマ：複雑な存在［従業員と顧客］をマネジメントする』東洋経済新報社，2010年，41頁）。

2 ）Nick Wilton, *An Introduction to Human Resource Management*, SAGE Publications, Ltd, 2013, p.213.

3 ）日本経済新聞「賃金迷路②，労働分配率世界で低下」2017年11月 1 日，朝刊。

4 ）https://www.jil.go.jp/kokunai/statistics/databook/2019/05/d2019_T5-01.pdf

5 ）日本経済新聞「トヨタ，一律の定昇廃止」2020年10月 1 日，朝刊。

6 ）日本経済新聞「新卒年収1000万円も」2021年 3 月13日，朝刊。

7 ）Edward L. Deci, *Intrinsic Motivation*, Plenum Press, 1975, p.23, p.61, p.158, p.225 and p.227.（安藤延男・石田梅男訳『内発的動機づけ：実験社会心理学的アプローチ』誠信書房，1980年，25頁，68頁，178頁，256頁及び259頁）。

8 ）Chris Rowley and Keith Jackson, ed., *op. cit.*, pp.275-284.

9 ）日本経済新聞「労働時間減で給与増」2020年 6 月 5 日，朝刊。

10）Celia Zárraga-Oberty and Jaime Bonache, "Compensating Global Careerists" in Michael Dickmann, Vesa Suutari and Olivier Wuritz, eds., *The Management of Global Careers: Exploring the Rise of International Work*, Palgrave, 2018, pp.319-340.

11）日本経済新聞「全従業員に新株予約権」2020年 8 月15日，朝刊。

12）日本経済新聞「GAFAを作った「01年」」2021年 8 月31日，朝刊。

13）https://www.jpx.co.jp/markets/statistics-equities/examination/tvdivq0000001xhe-att/employee_2019.pdf

14）https://www.fujikyu.co.jp/jinji/saiyo/sinsotsu/recruit/index.html

15）高橋伸夫「年俸制の狙い」日本経済新聞，2002年 5 月24日朝刊。

16）https://crd.ndl.go.jp/reference/modules/d3ndlcrdentry/index.php?page=ref_view&id=1000054357

17）https://www.mitsubishicorp.com/jp/ja/mclibrary/roots/vol03/

18）Joel M. Stern and John S. Shiely with Irwin Ross, *The EVA Challenge: Implementing Value-Added Change in an Organization*, John Wiley & Sons, Inc., 2002, p.104 and p.149.（伊藤邦雄訳『EVA価値創造への企業変革』日本経済新聞社，2002年，ⅱ頁，131頁，132頁及び189頁）。

19）https://www.kao.com/jp/corporate/investor-relations/management-information/economic-value-add/

20）https://www.keidanren.or.jp/policy/2021/053.pdf

21）ttps://www.cas.go.jp/jp/gaiyou/jimu/jinjikyoku/files/minkan_taisyokukyufu26_00.pdf

22）日本経済新聞「転職阻む「勤続20年の壁」」2020年 7 月21日，朝刊。

23）日本経済新聞「北国銀行，退職金を前払い　22年 4 月から全行員対象」2020年12月26日，朝刊。

24）https://chutaikyo.taisyokukin.go.jp/seido/seido01.html

25）https://www.mhlw.go.jp/toukei/itiran/roudou/jikan/syurou/08/3d.html

26）日本経済新聞「私的年金，確定拠出主流に」2021年6月27日，朝刊。

27）https://www.mhlw.go.jp/stf/seisakunitsuite/bunya/nenkin/nenkin/kyoshutsu/2020kaisei.html

28）日本経済新聞「「トップ一任」55％」2021年8月26日，朝刊。

29）https://www2.deloitte.com/jp/ja/pages/about-deloitte/articles/news-releases/nr20201124.html

30）https://www.willistowerswatson.com/ja-JP/Insights/2020/09/hcb-nl-september-ogawa

31）日本経済新聞「役員給与，アジア勢が上」2017年8月27日，朝刊。

32）日本経済新聞「「株で役員報酬」5割超」2021年6月6日，朝刊。

33）日本経済新聞「役員報酬EGS反映2割」2021年10月21日，朝刊。

34）https://www2.deloitte.com/jp/ja/pages/about-deloitte/articles/news-releases/nr20200720.html

35）日本経済新聞「役員の補償・報酬に厳しい目」2021年5月3日，朝刊。

36）G. S. Becker, *op. cit.*, and Edward P. Lazear, *Personnel Economics for Managers*, John Wiley & Sons, Inc., 1998, pp.281-299.（樋口美雄・清家　篤訳『人事と組織の経済学』日本経済新聞社，1998年，293-316頁）及び島田晴雄・清家　篤『仕事と暮らしの経済学』岩波書店，1992年。

37）https://www.meti.go.jp/press/2017/08/20170821001/20170821001-1.pdf

38）Peter F. Drucker, *Concept of the Corporation*, Transaction Publishers, 1946, p.200.（上田惇生訳『企業とは何か』ダイヤモンド社，2008年，186頁）。

39）間　　宏『日本における労使協調の底流』早稲田大学出版部，1978年，273頁。

40）https://www.mhlw.go.jp/file/06-Seisakujouhou-11200000-Roudoukijunkyoku/0000147162.pdf

41）https://www.nta.go.jp/taxes/shiraberu/kansensho/faq/04.htm

42）日本経済新聞「従業員持ち株会　奨励金で積立額上乗せ」2021年5月15日，朝刊。

43）https://www.mercer.co.jp/our-thinking/consultant-column/722.html及びhttps://www.sekisuihouse.co.jp/library/company/topics/datail/__icsFiles/afieldfile/2019/09/10/201909101_1.pdf

44）https://www.keidanren.or.jp/policy/2020/116.pdf

45）読売新聞「社内通貨　対話に効果的に」2019年9月4日，朝刊。

46）https://www.toyotasystems.com/news/upload/2020/10/23d3a4d59616c11d578285606d04b83eb8b30588.pdf

47）https://www.tokyo-cci.or.jp/clubcci/about/

───── 第 8 章 ─────

女性と中高齢者の管理

第1節　序　　論

　最近まで女性と中高齢者は，企業にとって貴重な人的資源としてみなされて
こなかった。しかし，労働力需給推計によると，15－34歳の若年人口は1993
年をピークに減少に転じていて，2030年までに1968年ピーク時の61％まで減
少し，労働人口の中心は50代後半になると見込まれている。したがって，埋
もれていた女性の活躍と中高齢者を重視したHRMに変更しなくてはならなく
なっている。朗報として，1992年には，共働き世帯が専業主婦世帯を上回っ
た。

　政府は，すべての女性が輝く社会づくりを推進するため，「女性活躍推進法」
を定めた。これに応じて，企業は「子育て支援」や「介護休業・休暇を取得し
やすい職場環境」，「雇用延長」の実現に向けて対応を急いでいる。

第2節　女性管理

1．女性の労働力率

　わが国の工業化は，繊維産業から始まったこともあり，最初の民間賃金労働
者の多くは女性であった。まもなくペティ・クラークの法則に従い，経済の進
歩に伴って第一次産業から第二次産業，そして第三次産業へと産業の比重が移
った[1]。まず，第二次産業の拡大に伴い重工業化が進展し，それに必要な男子

図表 8 − 1　女性の年齢階級別労働力率の推移

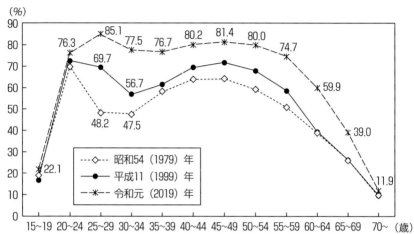

備考：1．総務省「労働力調査（基本集計）」より作成。
　　　2．労働力率は，「労働力人口（就業者＋完全失業者）」／「15歳以上人口」×100。

労働者の数が増加した。しかし，男子と女子の職工数の比率が逆転するのは，昭和9年であった。その後，経営家族主義が企業の主な経営理念になるにつれて夫が雇用者として働き，それを妻が支えるという家族関係が一般化した。経営家族主義は，明治時代にみられるような主従関係的なものではなく，家族温情的な労使関係であり，終身雇用，年功制及び企業福祉を骨子とする経営イデオロギーである。その結果，専業主婦の割合は，1955年に74.9％のピークを迎え，それ以降低下していった。

　図表8−1に示されるように，女性の労働力率は，昭和54年（1979年）ではM字型を形成していたが，令和元年（2019年）にはほぼ台形になっている[2]。労働力率とは，厚生労働省の労働力調査における調査週間中の就業者に完全失業者を加えた労働力人口の15歳以上人口に対する比率である。その型は，近年になるほどM字型の底が浅くなってきており，2002年には初めて左側の頂点が20代前半から20代後半に移った。M字のピークと底の差の落度は，青森県を筆頭に東北などが低い。青森は，子育てしやすい環境や男性の出稼ぎの間

に働くことが一般的になったためであり，女性管理職比率でも全国5位となっている[3]。近い将来，わが国も男性労働力率あるいは北欧の女性労働力率のような高原型へと移行すると予測されている。

　アメリカにおいても1960年代半ばまではM字型を形成していたが，女性の就労を促進する法律が整備された結果，1970年代末には高原型へと移行した。女性の就業率が高まれば経済成長率に影響を及ぼす。わが国が失われた20年を経験している間もアメリカは成長したが，これは女性の社会進出によると分析されている。

　日本の女性の大学進学率は1954年には2.4％であったが，文部科学省の「令和2年度学校基本調査」によると大学の学生全体に占める女性の割合は45.5％と過去最高になったほか，短期大学の女子比率は88.0％であった。さまざまな調査は，女性の大学進学率の増加が有職者率を高めているばかりでなく，継続就業志向も伸びていて，平均勤続年数は，増加傾向にあることを示している。

　こうした環境変化は，女性をこれまでの「会社の花」的存在としてではなく，人的資源として捉え直すことを企業に要請する。そのためにも，「ホワイト企業」としてのブランドを獲得しなければならない。女性ならではの，気づき，コミュニケーション能力，感性，リーダーシップのような「女子力」を企業の成長力につなげることが望ましい。

　「ホワイト企業」の特徴は，①ワークライフバランスを真剣に考えて残業は原則禁止，②激務が原因で恋愛が破局に至らない，③夫が転勤になっても家族が一緒に暮らせるよう勤務地を配慮する，④遠慮なく出産できて査定も下がらない，⑤テレワークなどによって育児と仕事が両立できる，⑥若い女性でも仕事の主導権を握ることができるような活躍しやすさの確保，⑦女性のみならず，男性にも育休をとるよう奨励することで家庭内の協働を促すなどが指摘されている[4]。

2．女性管理職

　女性活躍推進法は，常時雇用する労働者が101人以上の事業主に①自社の女性の活躍に関する状況把握・課題分析，②行動計画の策定，社内周知，外部公表，③行動計画を策定して都道府県労働局へ届出，④女性の活躍に関する情報公表を義務づけている。

　そのため，三菱UFJ銀行，三菱UFJ信託銀行，三菱UFJモルガン・スタンレー証券の3社では，2021年3月末までに日本国内の女性の役付者比率を24％とする合同の数値目標を設定しているほか，各社で女性執行役員や女性マネジメント比率の数値目標を設定して女性の登用を積極的に推進している。3社の合同数値目標は，2020年3月末時点で目標を達成（25％）したものの，さらなる向上をめざし，次期中計では2030年度に向けたマネジメント比率の新目標を掲げている[5]。三井住友海上火災保険は，課長の職務体験「マネジャー・チャレンジ」を4日間導入したところ，管理職になりたくないと考えていた23人のうち，22人が「なってみたい」と変化した[6]。こうした経験を通して不安を解消するのもよいであろう。

　行動計画の届出を行い，次の基準を満たした企業が，都道府県労働局へ申請し，厚生労働大臣に認定されると，「えるぼし認定」マークを商品などに表示できる。その基準は，①採用（男女別の採用における競争倍率が同程度），②継続就労（女性労働者の平均継続勤務年数÷男性労働者の平均継続勤務年数が0.7以上など），③働き方（法定時間外労働及び法定休日労働時間の平均が45時間未満），④管理職比率（管理職に占める女性労働者の割合が産業ごとの平均値以上など），⑤多様なキャリアコース（女性の非正社員から正社員への転換や過去に在籍した女性の正社員としての再雇用など）であり，認定の段階に応じて1つから3つの星が与えられる。

　「プラチナえるぼし認定」は，①上記5つの評価項目をすべて満たしている，②策定した一般事業主行動計画に基づく取り組みを実施し，当該行動計画に定めた目標を達成している，③男女雇用機会均等推進者，職業家庭両立推進者を選任している，④女性活躍推進法に基づく情報公表項目（社内制度の概要を除く）のうち，8項目以上を「女性の活躍推進企業データベース」で公表している場

合に与えられる。2020 年 9 月末時点で，えるぼし認定は1,134 社，プラチナえるぼし認定は 3 社が認定を受けている[7]。

　金融庁は，大手企業や上場企業に女性役員の人数開示を義務づけている。厚生労働省「令和元年度雇用均等基本調査」によれば，係長相当職以上の役員を含む女性管理職を有する企業の割合は51.9％で，部長相当職は11.0％，課長相当職は18.4％，係長相当職は19.5％となっている。しかし，国際的にみると，管理職に占める女性の割合は，アメリカ40.7％，フランス34.5％，フィリピン52.7％などと比べると著しく低くなっている[8]。

　政府は，コーポレートガバナンス報告書に女性登用の実態を開示するように求めており，2020 年代の可能な限り早期に官民の指導的地位にある女性の割合を30％にする目標を掲げている。そうした要請を受けて，2021 年，東証上場企業の主要320 社の調査では，女性の社外取締役に比べて少なかった社内役員が平均 7 ％にまで増加した。

　しかしながら，帝国データバンクの2021 年調査では，女性管理職比率30％を達成しているのは，小規模企業の14.1％で，大企業は，最低の2.9％であった[9]。同調査では，製造，建設，運輸・倉庫の業界では女性自体の人数が少ないという問題が達成を阻んでいると分析されている。

　女性の登用に追い風となるのが，リモートワーク，ジョブ型，世界的登用状況などであろう。

3．ポジティブアクション

　ILOは，一般労働力同様，上級管理職におけるジェンダー・バランスを，男女の割合が 4：6 または 6：4 の範囲内に収まることを意味するとしている[10]。ジェンダー・バランスのための積極的格差是正策は，ポジティブアクションと呼ばれる。これは，男女雇用機会均等法（雇用の分野における男女の均等な機会及び待遇の確保などに関する法律）により強制ではないが，奨励されている。

　厚生労働省は，ポジティブアクション普及促進のためのシンボルマーク「きらら」を制定し，現状公開をするための「女性の活躍推進企業データベース」

を開設している。2021年，登録企業は13,445社と増加している。ポジティブアクションを推進するために，宮城県では「女性のチカラを活かす企業認証制度」を設けている[11]。

　ポジティブアクションには，①クォーター制（性別を基準に一定の人数や比率を割当てる手法），②ゴール・アンド・タイムテーブル方式（指導的地位に就く女性等の数値に関して，達成すべき目標と達成までの期間の目安を示してその実現に努力する手法），③基盤整備を推進する方式（研修の機会の充実，仕事と生活の調和など女性の参画の拡大を図るための基盤整備を推進する手法）がある。

　ポジティブアクションを株式や資金面から支援するものとして，SRI（社会責任投資）やESG（環境，社会，企業統治）を重視する投資がある。SRIは，欧州から始まり，現在では，ESGとも呼ばれる企業の社会的責任（CSR）を重視した投資ファンドが拡大している。

　ポジティブアクションは導入手法を誤ると男性社員の「逆差別ではないか」という反発やモラールの低下をもたらす危険がある。重要なことは，女性を優遇することではなく，男女を平等に扱うことである。ただ，女性にはキャリアの手本となる人物が少ないなど特有の悩みがあるために，「ウイメンズコミッティ」や「ウイメンズカウンシル」などと呼ばれる女性同士の交流を通じて問題を解決するための組織を設ける必要がある。

4．スポンサーシップ

　スポンサーシップ制度を取り入れている会社もある。スポンサーシップは，先輩が後輩を指導して「恩送り」する関係であるメンターシップとは異なり，長期の徹底した関係である。スポンサーは，部下の才能をみつけだし，育成し，進歩を精査し，部下を擁護することで部下の昇進を助ける[12]。アメリカ人材革新センターの調査では，過去2年間に昇進した女性の内，スポンサーがいた場合は27％で，いない場合は18％であった[13]。アクサ生命保険は，シニアリーダーがスポンサーとなり，管理職としてのポテンシャルのある女性を育成して管理職登用を支援するスポンサーシッププログラムを設けている。『日経

WOMAN』の2019年調査によれば，スポンサーシッププログラムにより，日本アイ・ビー・エムが女性管理職登用首位になった。

5．ガラスの天井

　アメリカでは女性の管理職の割合は約半数にまで及んでいる。ただアメリカでも女性の上級管理職の数は多くはなく，ガラスの天井（グラスシーリング）といって，上はみえていても突き破れない壁があったり，なかなか上級職にはなれないとか，底辺の仕事にとどめてそこから抜け出せない「ねばつく床（スティッキー・フロアー）」[14] という現実は残っている。また，女性管理者の割合は，ヨーロッパを筆頭に，すべての国において男性と比べて相対的に少なく，最近では27.1％程度まで上昇したが[15]，1980年代初頭には2～3％であった[16]。

　エコノミスト社の2021年の「ガラスの天井指数」によれば，残念ながら日本は最下位から2番目となっている[17]。

6．ダイバーシティ

　人的資源政策の核心は，どのようにして社員のモチベーションを維持増進することができるかという問題であるが[18]，とりわけ，女性が管理職になりたいような制度，環境づくりが必要である。女性管理者数の増加は，企業のイメージ・アップにつながり，優秀な人材を採用する手段ともなる。また，女性管理者の増加は，女性ばかりでなく，すべての優れた人材の採用に結びつく。それはさらに，すべての従業員を公平に処遇しているというシグナルになる。多様なニーズに応えるためには多様な人材の活用が欠かせない。こうした女性の活用は，性差の多様性（ジェンダーダイバーシティ）と呼ばれる。ジェンダーダイバーシティを順守しているP&G社は，「ダイバーシティが理解できない企業とは取引しない」としている[19]。また，積水ハウスのようにESG経営を推進するために「ダイバーシティ推進部[20]」を設置したりする例も少なくない。

　ダイバーシティには，女性の活用ばかりでなく，LGBTQ（性的マイノリティ：女性同性愛者のレズビアン，男性同性愛者のゲイ，両性愛者のバイセクシャル，体の性と心

の性が一致しないトランスジェンダー，性自認や性的指向を定めないクエスチョニング），障害，国籍，宗教，部門などさまざまあり，それぞれ有効に活用するばかりでなく，尊重しなければならない。博報堂DYホールディングスの9万人の調査では，LGBTは，8％であった。LGBTについての採用差別は，法律では規制していないので改善されなければならない。

　経済産業省は，ダイバーシティ推進を経営成果に結びつけている企業の先進的な，取り組みを広く紹介し，「新・ダイバーシティ経営企業100選」として，経済産業大臣表彰を実施しているばかりでなく，東京証券取引所と共同で，女性活躍推進に優れた上場企業「なでしこ銘柄」を選定している。また，同省は「ダイバーシティ2.0」を「多様な属性の違いを活かし，個々の人材の能力を最大限引き出すことにより，付加価値を生み出し続ける企業を目指して，全社的かつ継続的に進めていく経営上の取り組み」と定義し，その普及を進めている。

　ダイバーシティのマネジメント手法には，3つのものがある[21]。第1のパラダイム（支配的な考え方）は，差別・公正パラダイムと呼ばれ，平等と公正性の名において女性や有色人種を採用するように奨励，期待する方法である。

　第2のパラダイムは，アクセス・正当性パラダイムであり，相違を認め，それを誉め讃えるものである。

　第3のパラダイムは，学習・効果パラダイムである。これは，多様性を仕事の視点につなげるもので，多様な労働力が，仕事に対する異なる視点やアプローチを体現すると考えるものである。

　最近では「間接差別」にも注目が集まっている。間接差別とは，世帯主だけに住宅手当を支給するなどの意図なき差別であり，外形的には性別に中立であっても実質的に女性に不利に働く規則や慣行のことである。男女雇用機会均等法は，①労働者の募集または採用にあたって，労働者の身長，体重または体力を要件とするもの，②労働者の募集もしくは採用，昇進または職種の変更にあたって，転居を伴う転勤に応じることができること，③労働者の昇進にあたって，転勤の経験があることを要件とする間接差別を禁止している。

　ダイバーシティと関連した概念にジェンダー（社会的に規定される性）・ギャップがある。世界経済フォーラム（WEF）の2021年調査では，日本は，男女平等の指数であるジェンダー・ギャップ指数で，世界120位という残念な結果となっている[22]。

　ジェンダー・ギャップとキャリアの研究によれば，メンターがいる組織では，そのギャップが埋められていることが報告されている。これは，メンタリング制度が男女格差を是正する可能性を示している[23]。ジェンダー・ギャップには，ジェンダーに対する偏見であるジェンダー・バイアスとそれに対する個人の意識との差であるバイアス・ギャップ及び組織や管理職に適したジェンダー・パーソナリティと本人のそれとの差からなるパーソナリティ・ギャップとから構成される。ジェンダー・バイアスには，無意識のうちに男性の方が仕事ができると考える「アンコンシャス・バイアス」が含まれる。

7．女性の賃金

　厚生労働省による令和2年賃金構造基本統計調査（図表8−2）によれば，女性社員の賃金は，25万1,000円で，男性の74.3％の水準であり，格差は大きい。また，総務省の2020年労働力調査によれば，パート社員や派遣社員，アルバイトなど正社員以外の非正規の職員・従業員は，正規社員3,543万人の約36.5％に当たる2,036万人になった。

　女性の非正規の賃金は，100万円未満が44.0％，100〜199万円が38.6％などであった。非正規従業員は，その3分の2が女性であり，正規従業員との賃金格差が問題視されてきた。この格差を是正するため，政・労・使で現在検討が加えられている。EUは，男女の賃金格差を是正するため，①賃金の透明性向上策，②賃金で差別された労働者の支援措置を含む新法をつくる方針である。

　ニッセイ基礎研の2017年調査では，女性が大学卒業後，同一企業で働き続けた場合の生涯賃金は2億3,660万円，退職金（2,156万円）を合わせると，生涯所得は2億5,816万円となるが，パートタイマーで再就職した場合の生涯賃

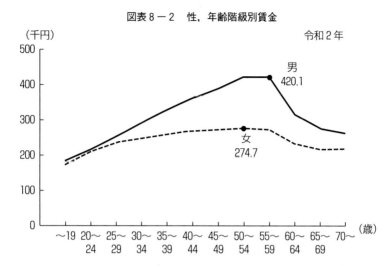

図表 8 − 2　性，年齢階級別賃金

（千円）　　　　　　　　　　　　　　　　　　　令和 2 年

資料出所：厚生労働省「令和 2 年賃金構造基本統計調査」(https://www.mhlw.go.jp/
toukei/itiran/roudou/chingin/kouzou/z2020/dl/13.pdf)

金は5,809万円で，退職金（338万円）を合わせた生涯所得は6,147万円となり
出産退職は 2 億円のマイナスとなる[24]。

　民間の現状は，非正規従業員の働きぶりは評価していないとする調査結果が
ある反面，先進的企業では正社員との区別をつけなかったり，パートタイマー
にも賞与を支給したりして格差を是正しているところもある。イオンリテール
ではパートタイムから正社員に昇格できる制度を設けている[25]。

8．コース別人事

　コース別人事は，複線型雇用管理とも呼ばれ，昇進，昇給，処遇に複数のコ
ースを設けるもので，一般職，総合職，専門職などさまざまな職制を制定する
ものである。

　均等法は，憲法第14条の「法の下の平等」の精神に基づき，教育訓練，福
利厚生，定年，解雇，退職，募集，採用，配置，昇進などについて男女間の差
別を禁止している。そこで企業は，性別に対して中立的制度としてコース別人

事を導入した。導入されたコースは「一般職」と「総合職」が広く用いられてきたが，「制服組」と「私服組」などの呼び名も用いられている。

「総合職」は，基幹的業務に携わり，国内外への転勤を伴うが，「一般職」は，補助的業務に携わり，通常，転勤がない職種をいう。

三井住友信託銀行のように，一般職から総合職に移れる「コース転換制度」が設置されている場合もあるし[26)]，コース別人事を廃止する動きもある。明治安田生命は，志望分野にあった全国型と地域型コースを設け，地域型でも昇進の道を開いている[27)]。

9．ワークライフバランス

厚生労働省は，仕事と育児・介護とが両立できるさまざまな制度をもち，多様でかつ柔軟な働き方ができるような取り組みを行う企業の普及を促進するため「ファミリー・フレンドリー企業」表彰を実施するとともに，仕事と家庭の両立支援策がどの程度充実しているかを自己評価できる「両立指標」を策定している。

日本経済新聞社は「働きがい」と「働きやすさ」という２つの観点から，企業における女性社員活用の実態を①管理職登用度，②女性活躍推進度，③ワークライフバランス度，④ダイバーシティ推進度という４つの指標で「女性が活躍する会社」を選定し，2021年度は，女性管理職比率の上昇や子育て経験者による「ワーキングペアレンツサポーター」などを評価されたアクセンチュアが首位であった[28)]。

次世代育成支援対策推進法に基づき，一定の基準を満たした企業は，子育てサポート企業として，「くるみん認定」を受けることができる。「くるみん認定」は，育児休業期間の延長やノー残業デーの導入などの行動計画を策定し，計画に定めた目標を達成するとともに，男性の育休取得率が10％，月平均残業時間が60時間未満などの要件を満たした場合に認定される。

「プラチナくるみん」は，「くるみん認定」を受けている企業が，より高い水準の取り組みを行った場合に認定される。この認定のためには，計画期間にお

いて，男性従業員のうち，育児休業または企業独自の育児休暇制度を利用した者の割合が，30％以上であり，かつ，育児休業等を取得した者が1人以上いることや，子を出産した女性従業員のうち，子の1歳誕生日まで継続して在職（育児休業中を含む）している者の割合が90％以上であること等の条件を満たさなければならない。

ワークライフバランスを後押しするものとして，ICTを活用した勤務先以外で働くテレワークが注目されている。総務省は，テレワークがワークライフバランスばかりでなく，環境負荷軽減，コスト削減，非常時の事業継続などに役立つと分析している。同省の「令和元年通信利用動向調査」によると「非常に効果があった」と「ある程度効果があった」を合わせて8割以上の企業が「効果があった」と回答している。

テレワークは，海外赴任の家族に同行した女性がキャリア継続を可能にする「越境ワーク」を可能にする。しかし，越境ワークには，海外の労働法や納税手続きなどの課題ばかりでなく，時差によるコミュニケーションの問題がある[29]。今後は，海外での就業継続は当然のこととなるかもしれない。

そのほか，NPO法人Fineの注目すべきデータとして，不妊治療と仕事やその他の予定の両立は，96.5％の人が困難と回答していて，50.1％が退職しているという事実がある[30]。企業は，ワークライフバランスの観点から，「不妊治療のための休暇（休職）制度」，「治療費の補助」，「治療費の無利子や低利融資」，「カウンセリング」などを実施しているところもあるが，この退職率は，効果が少ないことを示している。

10. ハラスメント

嫌がらせ（ハラスメント）には，セクハラ，ジェンハラ，SOGIハラ，マタハラ，パタハラ，ケアハラ，パワハラ，モラハラ，アルハラ，スメハラ，オワハラ，リモハラなどさまざまなものがある。これらの嫌がらせは，女性の被害者が多いのでここでまとめておきたい。

(1) セクハラ（セクシャルハラスメント）

　セクハラ，すなわち，性的嫌がらせは，必ずしも女性だけではなく，性別に関して中立的な概念である。しかし，その被害者の多くが女性であり，特に職場で発生している。セクハラは，世界的な問題になっていて，EU（欧州連合）ではセクハラを「いかなる形態であれ言語的，非言語的または身体的な性的な性質の行為が，相手の尊厳を侵害するとともに，脅迫的な，敵対的な，品位を傷つける，屈辱的な，もしくは不快な環境を生じさせる目的または効果をもつ場合[31]」と定義し，セクハラを禁止した共通の法律が制定されているし，アメリカでは雇用差別法で禁止されている。

　男女雇用機会均等法第11条は，事業主によるセクハラへの対策を義務づけている。セクハラは，男女，同性間あるいはLGBTを問わず，労働者の意に反する性的な言動である。その内容の例は「事業主が職場における性的な言動に起因する問題に関して雇用管理上配慮すべき事項についての指針」に示されている。

　法律上，セクハラ対策の対象には，正規労働者のみならず，パートや契約社員など，事業主が雇用するすべての労働者があてはまる。性的な言動とは，性的な事実関係を尋ねたり，屈辱的，敵対的な言葉，性的な文書を読んだり読ませたりする，食事やデートへの執拗な誘いといった性的な内容の発言と性的な関係の強要，性的画像の配布や掲示，必要なく身体に触れるなどの性的な行動が含まれる。

　セクハラには，「対価型」と「環境型」がある。

　「対価型」は，労働者の意に反する性的な言動に対する労働者の拒否や抵抗により，その労働者が解雇，降格，減給などの不利益を被ることである。権限をもつ上司からの性的な要求を拒否したために解雇や昇進差別を受ける場合などが代表例になる。

　「環境型」は，労働者の意に反する性的な言動により就業環境が不快なものとなる結果，その労働者が就業する上で看過できない程度の支障が生じることである。上司が必要なく身体に触れるため，就業意欲が低下するなどが例であ

る。

　厚生労働省は，事業主にセクハラに関する方針を明確化し，その方針の周知・啓発をするとともに相談・苦情への対応を義務づけている。事業主は，セクハラが生じた場合には事後の迅速かつ適切な対応を求められている。なお，同省は，セクハラ・マタハラ・パワハラに対応するため，「ハラスメント悩み相談室」を設置し電話とメールで対応している。

　(2)　ジェンハラ（ジェンダーハラスメント）

　ジェンハラは，法務省によれば，「男らしい」，「男のくせに」，「女らしい」，「女のくせに」など，ジェンダー（固定的な性差概念）に基づいた差別や嫌がらせのことであり，セクハラの一種とされている。「女性にこの仕事は無理だ」といったり，男性にのみ特定の仕事を押し付けたりするなどの行為がそれにあたる。

　(3)　SOGIハラ（SOGIハラスメント）

　SOGIハラとは，LGBTと関連した用語であり，性的指向と性自認の頭文字をとったもので，「オカマみたい」などの嘲笑や揶揄するなどの行為である。ソジハラと性的指向暴露は，「労働施策総合推進法（パワハラ防止法）」で防止対策が求められている。

　(4)　マタハラ（マタニティハラスメント）

　マタハラとは，「妊娠，出産，育児を理由に退職を促したり，不利益な扱いをしたり，精神的・肉体的嫌がらせをする」ことである。マタハラは，男女雇用機会均等法で規制されており，政府は，次の防止策を企業に義務づけている。

　①　妊娠・出産・育児休業・介護休業等に関するハラスメントの内容などを就業規則等に記載して周知啓発する。

　②　相談（苦情を含む）に応じ，適切に対応するために必要な体制の整備をする。

　③　ハラスメントの相談があったとき，すみやかに事実確認し，被害者への配慮，行為者への処分等の措置を行い，改めて職場全体に対して再発防止のための措置を行う。

④　マタハラの原因や背景となる要因を解消するため，業務体制の整備など，必要な措置を講じる。

厚生労働省の2021年調査では，妊娠に至る前に，妊娠・出産等に関する否定的な言動（いわゆるプレマタハラ）を経験したと回答した者の割合は17.1％であった[32]。日本労働組合総連合会（以下連合）の調査では，職場でのマタハラの原因として，①男性社員の妊娠出産への理解不足・協力不足，②会社の支援制度設計や運用の徹底不足，③女子社員の妊娠出産への理解不足などが指摘されている[33]。

「子供が生まれたから残業しないのか」などのパタハラ（男性の育児に対するいやがらせ）もマタハラ同様HRM上重要な問題として扱わなければならない。

(5)　ケアハラ（ケアハラスメント）

ケアハラは，介護や介護休業等を理由とする嫌がらせである。男女雇用機会均等法及び育児・介護休業法は，職場の妊娠・出産・育児休業・介護休業等に関するハラスメント対策は事業主の義務としている。事業主は，これらに対して，研修・講習を行い周知・啓発を行うことや，相談窓口を設置することなどが求められている。

ケアハラは，介護に関連して，「もう帰るのか」や「いつから働ける」などの嫌がらせが含まれる。

(6)　パワハラ（パワーハラスメント）

パワハラ防止法によれば，パワハラとは，①優越的な関係を背景とした，②業務上必要かつ相当な範囲を超えた言動により，③就業環境を害すること（身体的もしくは精神的な苦痛を与えること）をいう。同法は，事業主に，パワハラ防止のため，相談体制の整備等の雇用管理上の措置を講じることを義務づけている。

厚生労働省は，パワハラを6類型に分類していて，①殴る蹴るなどの身体的攻撃，②同僚の前で無能扱いする言葉を受けるなどの精神的攻撃，③先輩や上司に挨拶しても無視されるなどの人間関係からの切り離し，④達成不可能な営業ノルマをつねに与えられるなどの過大な要求，⑤草むしりだけさせられるな

どの過小な要求，⑥休みの理由をしつこく聞かれるなどの個の侵害が含まれる。シカハラ（資格ハラスメント）は，資格を取得できない場合には，昇格停止，降格やリストラの対象となるもので，④の過大要求に当てはまる可能性が大きい。臭いで周囲を不快にさせるスメハラ（スメルハラスメント）もパワハラと関係があると認識すべきである。性的指向暴露（アウティング）は，⑥のこの侵害に当たる可能性がある[34]。人は，顔が見えないと残酷になりやすいため，ネットによるハラスメントも増加している[35]。

　厚生労働省によれば，2019年では，ハラスメントの相談件数が87,570件になったことが報告されている[36]。連合の2021年調査では，ハラスメントを受けたことがあるが32.4％で，「パワハラ」27.6％，「セクハラ」8.5％，「マタハラ」1.7％，「ケアハラ」2.1％，「SOGIハラ」2.2％，「ジェンハラ」4.2％，「コロナ・ハラスメント」3.1％となっていて，パワハラが多いことやコロナウイルスの影響が分かる[37]。

　パワハラは，一種のモラハラ（モラルハラスメント）に当たる。モラハラは，言葉や態度によって人の心を傷つける嫌がらせであるが，これには，パワーを使用するものと，陰湿なやり方で相手の心を傷つけるものがある[38]。そうした行動の1つとして，無理やり酒を飲ませるアルハラ（アルコールハラスメント）がある。これには罰ゲームとしてビールを一気飲みするような拒否が困難な要求も含まれる。

（7）就活ハラスメント

　就活中のハラスメント被害が報告されている。厚生労働省は，男女を問わず，就職活動やインターンシップをした学生の4人に1人が，活動中に何らかのセクハラを受けた経験があるとの調査結果を公表している[39]。その中には，セクハラもあるが，オワハラと呼ばれる内定を出すので就活を終わりにしなさいというハラスメントも含まれる。同省は，被害にあった場合は，労働局や大学に相談するよう呼びかけている。企業は，ハラスメント防止規定に就活生に関する項目を盛り込むなどすることが求められる。

(8) リモハラ（リモートハラスメント）

これは，ズムハラ，テレハラとも呼ばれ，上司の在宅勤務における行き過ぎた監視を意味する[40]。場合によっては，セクハラやパワハラにつながることがある。

いずれのハラスメントも経営環境の悪化，帰属意識の低下，生産性の低下，人材の流出につながる。調査によれば，いじめは，上司から部下に対して行われるものが多く，いじめによって配置転換が必要となり，士気が低下し，欠勤率が上昇し，生産性が低下し，株価が低下し，やめる社員が出るばかりでなくそれを目撃した社員もやめていることが明らかになっている[41]。すなわち，ハラスメントは，企業イメージにとって大きなマイナスとなるため，社会的責任として企業倫理や企業文化として捉えて管理する必要がある。グーグルは2018年，ハラスメントを理由に2年間で経営幹部を含む48人を解雇した[42]。

11. 女性に関する労働基準法上の規制

労働基準法は，以下のような規定を設けて女性に関する労働の規制を行っている。

(1) 女性の就業制限——①妊婦及び産婦（申し出た者に限る）が行う業務並びに厚生労働省令で定める業務については，女性を坑内労働（鉱物等の掘削などの業務）させてはならない。②18歳以上については，断続作業の場合30キロ以上，継続作業の場合20キロ以上の重量物を扱う業務への就任は禁止されている。そして，③PCB，水銀，鉛など，有害物のガス，蒸気または粉塵を発散する場所における業務に就かせてはならない。

(2) 生理日の就業が困難な女性に対する措置——生理日に下腹痛，腰痛，頭痛等の強い症状によって労働が著しく困難な場合で休暇の請求があったときは就業させてはならない。就業規則等で休暇日数を限定することはできない。また，有給，無給については就業規則等で明確にしておくことが望ましい。

(3) 妊婦の就業制限——規定（例えば，満16歳未満で継続作業の場合は8キロ）以

上の重量物を扱う業務，ボイラーの取り扱いや溶接の業務などの業務に就くことを禁止している他，妊婦が請求した場合には軽易業務への転換を図らなければならない。

(4) 産婦の就業制限——産後1年を経過しない女性（産婦）の就業制限は妊婦のものとは異なり，特定の業務については産婦が使用者に申し出た場合に制限される。妊産婦が請求したときは，変形労働時間制を採用していても，1週または1日の労働時間が法定時間を超えて労働させることはできない。なお，妊産婦が請求した場合は，時間外労働，休日労働または深夜業をさせてはならない。

(5) 産前産後の休業——産前については休業を申請した場合に限り6週間（多胎妊婦の場合は14週間）就業させてはならない。ただし，産後6週間を経過し請求があった場合で，医師が認可した業務には就かせることができる。産後の場合は，請求の有無にかかわらず8週間は就業させてはならないなどの規制がある。

(6) 育児時間——産後1年以内の女性は，通常の休憩時間以外に1日2回それぞれ少なくとも30分の育児時間を請求できる。

(7) 妊娠中及び出産後の健康管理に関する配慮及び措置——妊産婦には保健指導または健康診査のための時間を確保し，勤務時間の変更や勤務の軽減等の必要な措置を講じなければならない。なお均等法は，妊娠中・出産後1年以内の女性労働者が保健指導・健康診査の際に主治医や助産師から指導を受け，事業主に申し出た場合，その指導事項を守ることを義務づけている。

以上の労働基準法の他，男性も対象になるものの，主として女性に関係する以下のような法律や制度がある。

12. 育介法（育児・介護休業法）

育介法は，男女とも対象になる法律である。このうち「育児休業」は，一定の条件を満たした有期雇用労働者を含め，その事業主に申し出ることにより，

子が 1 歳に達するまでの間（1 歳を超えても休業が必要と認められる場合には，1 歳 6 カ月まで）分割して 2 回まで取得でき，また保育園に入れない等の場合は 2 歳まで再延長できる。育児及び子の看護休暇は，時間単位で取得可能である。雇用保険により，原則として休業開始時賃金日額×支給日数の 67 ％（6 カ月経過後は 50 ％）相当額が支給される。

　厚生労働省によれば，2020 年の男性の育休取得率は，12.65 ％と極端に低いため，2025 年までに 30 ％まで高めることを政策目標としている。そのため政府は，男性の育児休業取得の促進に積極的に取り組む企業に対して「子育てパパ支援金」を支給している。そして，男性は，子の出生後 8 週間以内に 4 週間の「パパ休暇」が認められている。この休みは，2 回まで分けられ，労使の合意があれば育休中のスポット就労も可能で，育児休業給付は 180 日まで 67 ％となっている。スタートアップの 10X 社は，育児休業を取得しやすいように育休期間中に最大 70 万円を支給する支援制度を設けている[43]。

　また，父母がともに育児休業を取得する場合は 1 歳 2 カ月までの間に 1 年間育児休業の取得ができる「パパ・ママ育休プラス」が設けられている。労働政策研究・研修機構『データブック国際労働比較 2019』によると，これはアメリカ（無給で 12 週間）よりは好条件であるものの，イギリス（最長 2 歳まで），ドイツ（3 歳まで），フランス（3 歳まで）などと比べるとやや見劣りする。

　育介法では，①3 歳までの子を養育する労働者について，短時間勤務制度（原則 1 日 6 時間）を設けることを事業主の義務とし，この制度に関して不利益取り扱いは禁止する，②子の看護休暇制度は，小学校就学前の子が，1 人であれば年 5 日，2 人以上であれば年 10 日分時間単位の取得を認めている，③介護のための短期の休暇制度を創設する，④常時雇用者数が 1,000 人超の企業に対し，育児休業の取得状況公表の義務づけなどが定められている。

　これまで企業が導入した仕事と子育ての両立支援策で特徴的なものは，常陽銀行の家族に余命宣告があった場合の「寄り添い休職制度」[44]，メルカリの妊活支援，産休・育休期間中の給与 100 ％支給，認可外保育園補助，病児保育費支援などがある[45]。また，厚生労働省は，男性の育児と仕事の両立を積極的

に推進する企業を「イクメン推進企業」として表彰していて2020年は，技研製作所と積水ハウスがグランプリを獲得した。

　「介護休業」とは，負傷，疾病または身体上もしくは精神上の障害により，2週間以上の期間にわたり常時介護を必要とする「要介護状態」にある対象家族を介護するための休業である。対象家族の範囲は，配偶者（事実上婚姻関係と同様の事情にある者を含む），父母及び子，祖父母，兄弟姉妹，孫，配偶者の父母である。

　家族一人当たり介護に最長で93日間を3回まで分割して取得できる。この介護休業は，時間単位で取得でき，休業中の従業員は，一定の条件を満たせば，賃金の67％相当の「介護休業給付金」が受給される。介護期間中は，残業が免除される。有給休暇を取得して介護を行えるような取り組みをする中小企業事業主を支援するため，両立支援等助成金（介護離職防止支援コース）に「新型コロナウイルス感染症対応特例」を創設している。そのほか育介法は，要介護状態の対象家族が，1人であれば年5日，2人以上であれば年10日とれる介護休暇（介護しながら働き続けることができる休暇で，1時間単位で取得可能），所定労働時間の短縮措置，所定外・時間外労働・深夜業の制限，転勤に対する配慮，不利益取り扱いの禁止，ハラスメント防止措置を定めている。

　厚生労働省は「両立支援のひろば」に仕事と介護の両立に関する取り組みを登録することで，「仕事と介護を両立できる職場環境」の整備促進のためのシンボルマーク（愛称：トモニン）をホームページなどに掲載することを認めている。これにより，介護離職を防ぐ取り組みに積極的であることを公示できる。

　企業は，最初に相談窓口を開設することが求められる。それぞれのケースに対応して，法で定めるもののほか金銭的支援や遠隔勤務などを適用することが望まれる。

13. 労働者派遣法（労働者派遣事業の適正な運営の確保及び派遣労働者の保護等に関する法律）

　派遣事業を行うためには，事業所の面積が概ね20㎡以上であること，キャ

リア形成支援制度を整備しているなどの許可基準を満たしたうえで認可を受けなければならない。派遣先の同一の事業所に対する派遣可能期間は，60歳以上の者などを除き，3年が限度である。3年を超える場合は，派遣先の事業所の過半数労働組合等からの意見を聴く必要がある。また，派遣元事業主は，同一の派遣先に継続して1年以上派遣する場合，派遣先に直接雇用の依頼や新たな派遣先の提供などの「雇用安定措置」を講じなければならない。

　雇い入れ時・派遣時には，待遇の明示・説明が必要で，研究開発や秘書などの業務と60歳以上の者や昼間学生などを除き，労働契約期間が30日以内の「日雇派遣」は禁止されている。そして，派遣会社は，自社の取り分であるマージン率（これには社会保険料，労働保険料，福利厚生費や教育訓練費なども含まれる）に関する情報公開が求められている。また，派遣先の労働者との均等（差別的な取扱いをしないこと），均衡（不合理な待遇差を禁止すること）が義務づけられていて，派遣先の通常の労働者との均等・均衡待遇を求める「派遣先均等・均衡方式」と一定の要件を満たす労使協定による待遇に従う「労使協定方式」のいずれかを選ばなければならない。

　その他，紹介予定派遣がある。紹介予定派遣は「労働者派遣のうち，労働者派遣事業と職業紹介事業の双方の許可を受けまたは届出をした者が，派遣労働者・派遣先の間の雇用関係の成立のあっせんを行い，または行うことを予定しているもの」で，派遣先事業主は6カ月以内に雇用するかを決め，雇用しない場合には派遣元事業主の求めに応じて派遣労働者に対して書面で理由を明示しなければならない。

　人材派遣の業種については，港湾運送，建設，警備，紹介予定派遣でない医療関連の業務を除いて原則自由化されている。そのため，総務省の「労働力調査」によれば，派遣社員数は，2020年には141万人となっていて，雇用者全体に占める派遣社員の割合は，15年ほど変わっていない。派遣についても正規従業員への登用の努力義務の他，仕事の成果を約束する業務の外部委託（アウトソーシング）と異なり，成果は派遣先企業のマネジメント次第という課題がある。

14. パートタイム・有期雇用労働法

　パートタイム労働者（短時間労働者）は，「1週間の所定労働時間が同一の事業主に雇用される通常の労働者の1週間の所定労働時間に比べて短い労働者」，有期雇用労働者は「事業主と期間の定めのある労働契約を締結している労働者」と定義されていて，アルバイトや契約社員などもこれに含まれる。ただし，これには独立した個人事業主や個人企業法人を意味する「フリーランス」は含まれない。厚生労働省によれば，2020年に女性のパートタイム・アルバイト労働者が42.9％であり[46)]，これまで採用理由の第1は「人件費節約のため」となっていた。しかし，同一企業内において，通常の労働者とパートタイム労働者・有期雇用労働者との間で，基本給や賞与などのあらゆる待遇について，不合理な待遇差を設けることが禁止された。

　労働契約法は，無期転換ルールを定めており，同じ雇用主と契約更新し5年を超えると無期転換権が生じ，申請により無期転換社員になる。無期転換社員は，契約期間の定めはなくなるが，給与や待遇等の労働条件については，労働協約や就業規則，個々の労働契約で別段の定めがある部分を除き，直前の有期労働契約の際の労働条件がそのまま引き継がれることになる。これにより，会社の中には，無限定正社員，勤務地限定社員や短時間社員などの限定正社員，無期転換社員，パートタイム労働者などが存在することになる。

　短時間正社員とは，無限定正社員と比べて，その所定労働時間（所定労働日数）が短い正社員で，育児・介護等と仕事を両立したい社員，決まった日時だけ働きたい入職者，定年後も働き続けたい高齢者，キャリアアップをめざすパートタイム労働者等，さまざまな人材に，勤務時間や勤務日数をフルタイム正社員よりも短くしながら活躍してもらうための仕組みである。

　最高裁は，正社員と契約社員の格差について，扶養手当や夏季冬期休暇などの各種手当・休暇制度については，不合理としたものの，賞与や退職金については格差を認めている[47)]。

　パートタイム・有期雇用労働法は，①「同一労働同一賃金の原則」の順守，②パートタイム労働者からの相談に対応する体制整備の義務，③パートタイム

労働者の賃金の決定，教育訓練の実施，福利厚生施設の利用その他の待遇について，差別的取扱いをしてはならない等を定めている。

　パートタイム労働者やアルバイトが，①週の所定労働時間が20時間以上，②賃金月額が月8.8万円以上，③雇用の見込みが2カ月以上，④学生でない，⑤従業員51名以上（2024年から）の勤務先で働いていることなど一定の適用要件を満たす場合は，社会保険（厚生年金と健康保険）加入が義務化されている。社会保険のうち，健康保険には，個人事業主，フリーランスなどの自営業者が加入する国民健康保険と会社員や公務員及びその家族が加入する健康保険がある。公的年金には，20歳～60歳までの日本国民全員が加入する年金（基礎年金）である国民年金と民間企業や公務員など，どこかに所属して働く人たちだけが加入できる厚生年金がある。

　雇用保険に関しては，1週間の所定労働時間が20時間以上であること，31日以上の雇用見込みがあることのいずれにも該当するパートタイム労働者や65歳以上の労働者を含む労働者を雇用する場合は，その業種，規模等を問わず，すべて適用事業になる。

　先進的企業は，同一労働同一賃金ばかりでなく，同一労働同一休暇についての判例を踏まえ，正社員とパートタイムの間の賃金，賞与，福利厚生における同等待遇，幹部への登用，正社員が結婚や出産後のパートタイム労働者への移籍，空きポストがあればパートタイムからフルタイムに移ることができる制度を整えている。

　以上のような動向を受けて働く側も変化しつつある。例えば，就業調整をやめる人も出てきた。就業調整とは，納税者本人の合計所得金額が1,000万円以下の場合，扶養基準に関する特例を受けるために年収「133万円」を限度として働くことである。厚生労働省の通知により，新型コロナウイルスの医療従事者などを確保するため，一時的な事情で1年間のみ収入が上昇しても被扶養者認定を取り消されない。2022年時点では，従業員101人以上の事業所では，年収106万円を超えると，厚生年金保険・健康保険に加入して保険料負担が発生する。

　その他，パートタイマー及び有期雇用労働者にも労働条件を明記した「労働条件通知書」を交付し，あわせて①昇給の有無，②退職手当の有無，③賞与の有無，④雇用管理の改善等に係る相談窓口について明示しなければならない。パートタイマー・有期雇用労働者を常時10人以上雇用する場合には，パートタイマーの雇用管理の改善等に関する事項を管理する「短時間・有期雇用管理者」を選任して，その氏名を周知するとともに，選任届を都道府県労働局に提出しなければならない。

第3節　中高齢者の管理

1．HRM上の課題

　「高年齢者雇用安定法」では，高年齢者は65歳以上としているが，日本老年医学会は，65〜74歳准高齢者准高齢期，75〜89歳高齢者高齢期，90歳〜超高齢者超高齢期と定義している[48]。このように，高齢者の定義は一律ではなく，対象年齢は上昇する傾向がある。

　総務省「労働力調査（基本集計）2020年」によれば，15〜64歳の就業者数は5,771万人と61万人の減少，65歳以上の就業者数は906万人と14万人増加していて，出生数は約84万人（厚生労働省2020年調査）と減少しているため，さらに高齢者に長く働いてもらわなければならない状況にある。スポーツ庁「令和2年・体力・運動能力調査」では，高齢者（65〜79歳）における握力，上体起こし，長座体前屈，開眼片足立ち，10m障害物歩行，6分間歩行及び新体力テストのほとんどの項目及び合計点でこれまで向上傾向を示してきたが，コロナ禍の影響で前年よりわずかに低下した。この結果は，小学生を除くほかの世代でも当てはまっている。中高齢者の体力は，年々向上していて，70歳代では15年間で5歳の若返りがあったことが報告されている[49]。

　アメリカでは，2000年に社会保障を受ける高齢者の所得制限がなくなってから，退職の意味は，「人生の一段階」にすぎなくなり，働かないことを意味しなくなった[50]。

　HRM上の課題としては，中途採用，人材育成，適職開発，退職後生活への支援などがある。

2．年齢制限

　高年齢者雇用安定法は，原則として，募集・採用時の年齢制限を禁止している。上限（65歳未満の者に限る）を定める場合には，求職者，職業紹介事業者等に対して，その理由を書面や電子媒体により提示することが義務づけられている。アメリカでは1967年に年齢差別禁止法が制定され，募集時などに年齢要件を設けることが禁止されている他，定年年齢についても設定が禁止されている。

　厚生労働省は，「高年齢者雇用開発コンテスト」を行っており，優秀事例には大臣表彰している。2020年は，夜間専門スタッフである「ナイター社員」や，原則4時間勤務である「ハーフ社員」や隔日勤務など社員の働き方のニーズやライフスタイルに合わせた多様な就労形態を整備している株式会社大津屋が最優秀賞を獲得した。

3．エイジマネジメント

　高年齢労働者が健康で安全に，能力を最大限に発揮して働くことができるためには，高年齢労働者を対象とした取り組みに加えて，若年時からの準備についての企業の支援も重要となる。

　このため，厚生労働省では，若年時からの①健康づくりの支援，②女性特有の健康上の課題についての支援，③長時間労働の是正やワークライフバランスの確保，④キャリア形成の支援について，「エイジマネジメント」として奨励している[51]。

　OECDは，高齢者のIT活用型問題解決能力の低さと仕事以外の訓練参加率の低さを指摘し，企業に対して生涯を通じた学びとJEED（高齢・障害・求職者雇用支援機構）の役割強化を求めている。また，定年退職時に従業員が希望した場合には，ジョブカード（職業能力証明書）の作成を企業に義務づけることを提

案している[52]。

　JEEDは，有料ではあるが，能力評価システムの導入，賃金カーブの修正，年功給から職務・職能給への移行，研修体制の確立などの相談支援サービスを行っている[53]。

4．継続雇用制度

　継続雇用制度とは，希望する高年齢者を定年後も引き続いて雇用する制度であり，定年年齢が高くなる定年延長とは区別される。高齢者雇用安定法は，65歳までの雇用義務と70歳までの就業確保（努力義務）を求めている。厚生労働省「令和2年・高年齢者の雇用状況」によると，定年制の引き上げや廃止よりも「継続雇用制度の導入」により雇用確保措置を講じている企業は125,352社，76.4％に及ぶ。

　継続雇用制度には，再雇用制度と勤務延長制度がある。いずれの制度でも定年前と労働条件が変わる可能性がある。再雇用制度は，定年退職者等を一定期間再雇用する目的で契約し，雇用される者をいう。これに対し，勤務延長制度は，退職させずに労働条件は変わるもののそのまま働き続けてもらう。

　定年退職した従業員を再活用するための新会社を設立するケースもある。また，熟練技術者を認定して退職後に契約社員として雇用する場合や職場限定で再雇用する制度がある。

5．相談役と顧問

　主要幹部が現役を退いた後で与えられる役職として，相談役や顧問がある。会社法の役員ではない場合が多く，その役割は，会社に対する助言である。

　東京証券取引所（JPX）の「コーポレートガバナンスに関する報告書記載要領」では，代表取締役社長等であった者が，取締役など会社法上の役員の地位を退いた後，引き続き，相談役や顧問など何らかの役職に就任している，または何らかの会社と関係する地位にある場合には，それぞれの者ごとに氏名や役職・地位，業務内容，勤務形態・条件（常勤・非常勤，報酬有無等）及び代表取締

役社長等の退任日，相談役・顧問等としての任期を記載するとともに，その合計人数を記載することを求めている[54]。

相談役は，社長やCEOを退いた人が，顧問は，COO（最高執行責任者）や社外の専門家に委嘱する場合があるが，コーポレートガバナンスの面から廃止傾向にある。

6. 中高年の活用

中高年を活用するためには，年齢よりも能力や動機を重視するとともに，健康管理，人材育成，就業環境整備が欠かせない。中高年のもつ知識，技能，経験やノウハウを若い人たちに伝承することは，組織学習の基本であり，そのための職場環境を整えなければならない。

リクルートマネジメントソリューションズの2021年調査では，役職離任（ポストオフ）になった人は，給与，期待，情報が減り，6割がやる気が下がったと回答している[55]。同調査では，本人が強みや関心を生かす，同僚と共感し助け合いながら役割範囲や人との関わりを広げる，社会的・個人的に意義ある仕事と捉え直すといった仕事の拡張が，ポストオフ後に成果をあげ，居場所をつくり，活力を生み出すことが示唆された。また，「上司からの尊重と高い期待」と「インクルーシブ（包摂的）な風土」（誰の発言も真摯に受け止められ，独自の才能が生かされ，年齢によらずよい仕事が評価されるといった風土）が必要なことが明らかとなった。

雇用義務の延長と中高年者の活用がますます企業にとって大きな課題となる。

サントリーホールディングスは，シニア世代の多様な価値観を踏まえ，勤務形態は非常勤を基本とし，リカレント教育やキャリア自律支援の拡充にも取り組む「65歳以降再雇用制度」を導入している[56]。

7. ワークシェアリング

仕事の分かち合い（ワークシェアリング）は，ヨーロッパにおいて若年労働者の長期失業対策として導入された制度であるが，わが国では中高年者の失業対策として注目を集めて

いる。

　ワークシェアリングは，経済学的には「インサイダー・アウトサイダー理論[57)]」（有職者であるインサイダーの関心は自分の賃金を上げることで，失業者であるアウトサイダーの雇用には関心がない）を否定し，インサイダーがアウトサイダーに労働時間や賃金を譲る思想といわれている。わが国のワークシェアリングは，アウトサイダーをつくらないためであり，かつて日経連が「賃金は抑制するが，雇用は守る」と提案したからである。

　ワークシェアリングにはいくつかのタイプがある。

① 時間シェアリング——これには，一時的に所定労働時間を削減する雇用調整機能型，法律によって労働時間を一律削減するもの，短時間労働制の導入などがある。

② コストシェアリング——これは賃金の分かち合いを意味し，正社員同士で行うものと正社員と非正規従業員で行う場合とがある。

③ 仕事（ジョブ）シェアリング——これは，内部労働市場か外部労働市場によってやり方が異なる。内部労働市場だけのケースでは，自己申告制，社内FA制，社内ハローワーク制などを通して仕事を分かち合う。外部労働市場については，国策として行われ，例えばフランスでは55歳以上の労働者が労働時間を50％短縮した場合，以前の給与水準の25～30％の範囲で政府が手当を支給している。

④ 成果シェアリング——これは企業業績や部門業績対応型賃金がその代表例であり，仕事ではなく，成果を分かち合うものである。

　ワークシェアリングは，高齢者にとって望ましい働き方であるが，これが全社員にまで及ぶ場合には以下のようなデメリットもある。

① 裁量労働制の導入に伴い，時間シェアリングは職種によっては意味がなくなった。

② チーム制による仕事の場合，個々の従業員の労働時間が不統一だと効率が悪くなる。

③ 採用や訓練等の固定費の償却のために，一定の労働時間の指定は合理的

である。

④　労働者数よりも労働時間数を増やす方が生産効率を高める場合がある。

⑤　熟練労働者が8時間かかる仕事は，未熟練労働者2人が4時間かけても生産できない。誰とチームを組むかで生産性が変化することを示す調査結果もある[58]。

⑥　1人でできる仕事を2人でやっても効率は上がらないし，福利厚生費などのコストが増大する。

8．転職支援

転職支援とは，中高齢者や早期退職優遇制度に応募する社員の転職あっせんや再就職支援会社（アウトプレースメント）と契約して再就職先をみつけてもらう制度である。高年齢者雇用安定法は，創業を選択した従業員に対して業務委託の努力義務を課している。タニタなどは，個人事業主として業務委託を行っているが，労働者が個人事業主になると厚生年金と健康保険料は，全額自己支払いになるなど，収入減になるので配慮が必要になる[59]。

また，子会社や関連会社への転籍を通して中高年社員の雇用確保に努めている会社もある。こうした制度は，従業員にとって雇用安全網（セーフティネット）となる。

厚生労働省は，雇用保険が切れた人などに対する再就職支援として生活資金や住宅入居費などの貸付け・支給を行う第2のセーフティネットを設けている。

9．独立支援

独立支援制度とは，独立や起業を希望する従業員を対象に研修したり，休職を認めたりする制度である。独立支援には，離脱した元の企業との関係を維持するスピンオフと元の企業との関係を保たないスピンアウトがある。スピンオフの場合は，人材交流などの面でHRMの対象となる。そのほか，企業内起業家（イントラプレナー）として資金，人材，顧客紹介などに関して全面的にバックアップする場合もある。スピンオフやスピンアウトの場合は，部分的な支援を行うのが一般的であ

る。休職して独立準備をしている間に独立を断念する場合には復職も認める会社もある。

　独立にはNPOなど必ずしも営利目的でない事業を行うことも含まれる。何人かの人たちで出資し合って事業を行うワーカーズ・コレクティブの設立支援も選択肢の1つに入れられるであろう。

10. 退職後生活支援

　多くのサラリーマンは，会社人間として働いてきて，退職後の生活についてはプランをもっていない場合がある。そうした人々に対し福利厚生として支援策を講じている企業もある。例えば，年金を含めた退職後の生活資金のアドバイス，介護の問題，食事のつくり方から趣味のもち方まで幅広く退職後に必要な知識を伝える活動を行っている。

　これらは「退職準備プログラム」と呼ばれ，①40～50歳代以降のすべての従業員を対象にして，②1泊2日程度の合宿，③生きがい・職業人生・老後・経済などに関する講義とグループ討議，④場合によっては妻も参加，といった形式がとられている[60]。

　ウェブで行われる生涯設計セミナーもあり，①退職後の健康プラン・生きがいプラン，②公的年金・退職後の医療保険，③退職後の経済生活プランなどで構成される[61]。

【注】

1) William Petty, *Political Arithmetick or A Discourse Concerning The Extent and Value of Lands, People, Buildings: Husbandry, Manufacture, Commerce, Fishery, Artizans, Seamen, Soldiers, Publick Revenues, Interest, Taxes, Superlucration, Registries, Banks, Valuation of Men, Increasing of Seamen, of Militia's, Harbours, Situation, Shipping, Power at Sea, &c. As the same relates to every Country in general, but more particularly to the Territories of His Majesty of Great Britain, and his Neighbours of Holland, Zealand, and France,* Printed for Robert Clavel, 1690, p.33.（大内兵衛訳『政治算術』第一出版，1946年，194-195頁）。

2) https://www.gender.go.jp/about_danjo/whitepaper/r02/zentai/html/zuhyo/zuhyo01-02-03.html

3) 日本経済新聞「仕事・育児両立　環境に強み」2021年5月15日，朝刊。

4) 経済産業省監修，前掲書。

5) https://www.mufg.jp/csr/employee/worklifebalance/diversity_02/index.html
6) 日本経済新聞「管理職体験し「私もできる」」2021年5月17日，朝刊。
7) https://shokuba.mhlw.go.jp/published/special_02.htm
8) https://www5.cao.go.jp/keizai-shimon/kaigi/minutes/2020/0310/shiryo_08.pdf
9) https://www.tdb-di.com/2021/08/sp20210816.pdf
10) https://www.ilo.org/tokyo/information/pr/WCMS_703616/lang--ja/index.htm
11) https://www.pref.miyagi.jp/soshiki/kyosha/ikiiki-h24poji-2.html
12) Sylvia Ann Hewlett, *The Sponsor Effect: How to Be a Better Leader by Investing in Others*, Harvard Business School Press, 2019, pp.4-5.
13) *Ibid*, p.6.
14) http://www.crosscurrents.hawaii.edu/content.aspx?lang=eng&site=us&theme=work&sub theme=WOMEN&unit=USWORK004
15) https://www.ilo.org/wcmsp5/groups/public/---dgreports/---dcomm/---publ/documents/publica tion/wcms_674595.pdf
16) Iris Kollinger and Margaret Linehan, "Women on International Assignment", in Michael Dickmann, Chris Brewster, and Paul Sparrow, eds., *International Human Resource Management: A European Perspective*, 2nd ed., Routledge, 2008, p.264.
17) https://www.statista.com/statistics/1225115/glass-ceiling-index-environment-for-working-women-worldwide-by-country/
18) 渡辺聡子，アンソニー・ギデンズ，今田隆俊『グローバル時代の人的資源論：モティベーション・エンパワーメント・仕事の未来』東京大学出版会，2008年，33頁。
19) 和田浩子『P&G式世界がほしがる人材の育て方：日本初のヴァイスプレジデントはこうして生まれた』ダイヤモンド社，2008年。
20) https://www.sekisuihouse.co.jp/company/info/organization/
21) David A. Thomas and Robin J. Ely, "Making Differences Matter: A New Paradigm for Managing Diversity", in *Harvard Business Review on Managing People*, Harvard Business School Press, 1999, pp.121-154.（DIAMONDハーバード・ビジネス・レビュー編集部訳「多様性を競争優位に変える新たなパラダイム」『人材マネジメント』ダイヤモンド社，2002年，133-173頁）。
22) https://jp.weforum.org/reports/global-gender-gap-report-2021
23) 高橋正泰・山口善昭・牛丸　元『組織とジェンダー』同文館，1998年。
24) https://www.nli-research.co.jp/report/detail/id=56140?pno=4&site=nli
25) https://part-arbeit.aeonretail.jp/i5mc/recruit/
26) https://smtg-recruit.jp/career/story02/
27) https://www.meijiyasuda-saiyo.com/2022/recruit/career/sougoushoku_zenkoku/
28) 日本経済新聞「働き方と意識改革，両輪で」2021年5月10日，朝刊。
29) 日本経済新聞「「越境ワーク」でキャリア継続」2021年5月17日，朝刊。
30) https://j-fine.jp/prs/prs/fineprs_ryoritsu1709.pdf
31) https://www.gender.go.jp/kaigi/senmon/boryoku/houkoku/pdf/hbo09-17.pdf
32) https://www.mhlw.go.jp/content/11910000/000775797.pdf
33) https://www.jtuc-rengo.or.jp/info/chousa/data/20171116.pdf?v1120
34) 河北新報「性的志向暴露に労災認定求める」2021年6月15日，朝刊。
35) Robert I. Sutton, *The Asshole Survival Guide: How to Deal with People Who Treat You Like Dirt*,

Portfolio Penguin, 2017, pp.51-54.（坂田雪子訳『スタンフォードの教授が教えるアホと戦わない技術』SBクリエイティブ，2018年，68-69頁）。

36）https://www.no-harassment.mhlw.go.jp/foundation/statistics/

37）https://www.jtuc-rengo.or.jp/info/chousa/data/20210625.pdf

38）Marie-France Hirigoyen, *Le Harcelement Moral: La Violence Perverse au Quotidien*, La Decouverte et Syros, 1998, p.68.（高野　優訳『モラル・ハラスメント：人を傷つけずにはいられない』紀伊國屋書店，1999年，103頁）。

39）河北新報「就活セクハラ4人に1人」2021年5月7日，夕刊。

40）日本経済新聞「変化に追いつかぬ制度」2021年5月20日，朝刊。

41）Robert I. Sutton, *The No Asshole Rule: Building a Civilised Workplace and Surviving One That Isn't*, Piatkus, 2007, pp.25-46.（矢口　誠訳『あなたの職場のイヤな奴』講談社，2008年，46-81頁）。

42）日本経済新聞「パワハラ，経営リスクに」2020年1月23日，朝刊。

43）日本経済新聞「男性の育休取得を促進」2021年7月14日，朝刊。

44）https://www.joyobank.co.jp/news/pdf/20150414.pdf

45）https://mercan.mercari.com/articles/2018-01-25-163000/

46）https://www.mhlw.go.jp/bunya/koyoukintou/josei-jitsujo/dl/20-01.pdf

47）日本経済新聞「契約社員格差は「不合理」」2020年10月16日，朝刊。

48）https://jpn-geriat-soc.or.jp/proposal/index.html

49）https://president.jp/articles/-/30717?page=2

50）Joseph F. Coughlin, *op. cit.*, p.49.（前掲訳書，55-56頁）。

51）https://www.mhlw.go.jp/content/11200000/age_action_100.pdf

52）OECD, *Ageing and Employment Policies: Working Better with Age: Japan*, OECD, 2018, pp.60-89.（井上裕介訳『高齢化社会日本の働き方改革：生涯を通じたより良い働き方に向けて』明石書店，2020年，70-108頁）。

53）https://www.jeed.go.jp/elderly/employer/plan_services.html

54）https://www.jpx.co.jp/news/1020/nlsgeu000002l2aa-att/nlsgeu000002l2cv.pdf

55）https://www.recruit-ms.co.jp/research/inquiry/0000000974/

56）https://www.suntory.co.jp/news/article/13687.html

57）Assar Lindbeck and Dennis J. Snower, "Wage Setting, Unemployment, and Insider-Outsider Relations", *The American Economic Review*, Number 76, 1986, pp.235-239.

58）Tom DeMarco and Timothy Lister, *op. cit.*, p.46.（前掲訳書，53-54頁）。

59）日本経済新聞「フリーランス，欠かせぬ守り」2021年6月26日，朝刊。

60）岩出　博『これからの人事労務管理』泉文堂，1998年，267頁。

61）https://www.kouritu.or.jp/kagawa/topics/kumiai/2web/index.html

---

第 9 章

安全衛生管理

第1節　序　　論

　安全衛生管理は，HRMの中で最も重要な管理の1つとして位置づけられる。組織は，優れたHRを確保し，育成し，保持しなければならない。この保持に相当する管理の中心が安全衛生管理である。

　「会社の寿命は30年」と指摘されているが，従業員の健康状態をみれば，その会社が病んでいるかどうかが分かる。なぜなら従業員の健康は，明らかに会社の業績に影響を及ぼすからである。そのため，政府は，成長戦略に健康経営を明記している。また，企業活性化対策として社員の健康管理をもう一度見直そうという試みがあり，それは人的資源の「肉体部分をリフレッシュすることで，よりすぐれた着想や創造性の強い能力開発を図る[1]」ことを目的としたものとなっている。健康管理のため，大和証券では，ＣＨＯ（最高健康責任者）（チーフ・ヘルス・オフィサー）を設置している。CHOの責任は，労働損失時間の減少，災害の減少及び医療と補償費の減少を目的として安全と健康プログラムを導入して管理することにある。

　WHO（世界保健機関）は，健康を「病気でないとか，弱っていないということではなく，肉体的にも，精神的にも，そして社会的にも，すべてが満たされた状態にあること[2]」と定義していて，「人や社会の幸福感や充足感，健康」を目標にするウェルビーイング経営が求められている[3]。

　前述のように，従業員の健康ばかりでなく，幸福をも増進するウェルビーイ

ング（健康経営）が求められていて，経済産業省は，従業員の健康を増進し，生産性を高めた企業を「健康経営優良法人（ホワイト500）」として認定している。

労働基準法は，労働者の安全と衛生に関しては，労働安全衛生法の定めによるとしている。同法により，会社は安全配慮義務を負っている。すなわち，事業者等の責務として「最低基準を守るだけでなく，快適な職場環境の実現と労働条件の改善を通じて職場における労働者の安全と健康を確保しなければならない」と定めている。同法により，経営者は，業務に起因する負傷，疾病の発症または死亡といった労働災害（労災）が発生しないように「労働災害防止計画」を策定しなければならない。労災が発生すると，民事上の損害賠償責任に問われることもある。

労働安全衛生法は，同時に，従業員に労働災害防止に協力し，自分を守る自己保険義務を求めている。それには労働災害防止義務，健康診断受診義務，保健指導後の健康管理義務，健康の保持増進義務などが含まれる。

会社は，もちろん従業員の自己保険義務だけに頼ってはいけない。会社が安全配慮義務を全うすることは当然であり，それと同時に，従業員が自己保険義務を果たす手助けをすることによってのみ安全で健康に働ける職場をつくることができる。

安全で健康に働ける職場は，生産性の向上にも貢献する。R.H. ローゼンは，健康の増進と生産性の向上に同時に取り組む「ヘルシー・カンパニー」を提案している[4]。

ヘルシー・カンパニーは，次のような会社である。①過密な従業員数，不適切な照明，汚れた空気，労働の過重負担などのストレスの多い労働環境から労働者を守る，②権限をより高い階層からより低い階層におろす，各従業員の技能と能力の幅を広げる，意思決定への参加と報酬を増やすなどにより自己統制や参画意識をもたせる，③監督者の訓練，個人指導，助言者プログラム，グループ間での問題解決，ネットワーキング，チームづくりなどの健全な人間関係を築くためのプログラムを作成している，④後継者育成計画及び労働者と職

務・チーム・監督者とのマッチングやキャリア開発と成長の機会を与えることで対立や欲求不満，抑うつ症，無関心などのストレス関連の疾病をつくりださないようにしている，⑤責任が明確な職務，職務の目標や期待されていること及び評価基準が明確で，責任に対する権限が十分に与えられている，別の監督者や部門から相反する要求が出ることがないこと，⑥技術と組織変更が行われる場合には，組織変更とその実施プロセスについての準備と教育，技能訓練と工場設備更新プログラム，相互研修とジョブ・シェアリング，職務保証契約とプログラムなどが用意される，⑦働く親のニーズに取り組むため，仕事と家庭の問題に関する情報の提供，児童ケア・サービスの提供または同サービスに対する補助，家族を配慮した人事方針と労働オプションの調整（出産のための母親と父親の休暇など）といったプログラムを提供している，⑧高齢者のための段階的退職やジョブ・シェアリングなどの退職準備プログラムと技能向上を図るための再訓練・教育プログラムの実施が行われている。

　こうした健康経営を支援するサービスも登場しており，SOMPOヘルスサポートは，心身の健康状態を分析・個別化し，予防から再発防止までの総合的なヘルスケアサービスを提供している[5]。

第2節　安全管理

　安全管理については，「人命尊重」という基本理念の下，HR部門だけではなく関係部署と緊密な連絡を取り合いながら行い，プロジェクトチームなどをつくって対処すべきである。協力が必要な理由は，どのような設備や器具を採用するかについては現場の人たちが最もよく分かっているからである。

　HR部門は，そうした他の部署の人たちと協力して，誰が行っても安全に作業ができるような体制づくりのため，安全な作業方法を確立し，それをマニュアル化するとともに，Off-JT，OJTなどを通じた人材育成を行う必要がある。また，有識者の配置，安全点検，適正配置，整理・整頓の奨励も実施しなければならない。

1. 安全の指標

　厚生労働省では，安全の指標として労働災害率である「度数率」（100万労働時間当たりの労働災害による死傷者数で，災害発生の頻度を表す）と「強度率」（1,000延実労働時間数当たりの労働損失日数で，災害の重さの程度を表す）及び「死傷者1人平均労働損失日数」（労働災害による死傷者の延べ労働損失日数を死傷者数で除したもの）で労働災害の状況を示している。

　度数率と強度率の算式は次のように表わされる。

$$度数率 = \frac{労働災害による死傷者数}{延労働時間数} \times 100万$$

$$強度率 = \frac{労働損失日数}{延労働時間数} \times 1,000$$

　令和2年の労働災害動向調査によると，度数率が1.95，強度率が0.09，死傷者1人平均労働損失日数が44.5日となっている。労働災害による死傷者数は，図表9－1のように長期的には減少しているものの，今なお年間休業4日以上の死傷者数は11万4,669人となっている。

　その他，年千人率と呼ばれる，労働者1,000人当たり1年間に発生する死傷者数を示すものがあり，

$$年千人率 = \frac{1年間の死傷者数}{1年間の平均労働者数} \times 1,000$$

で表される。

　なお，休業1日以上または身体の一部もしくはその機能を失う労働災害による死傷者が発生しなかった事業所は「無災害事業所」と呼ばれる。

図表 9 － 1　労働災害による死亡者数，死傷者数の推移

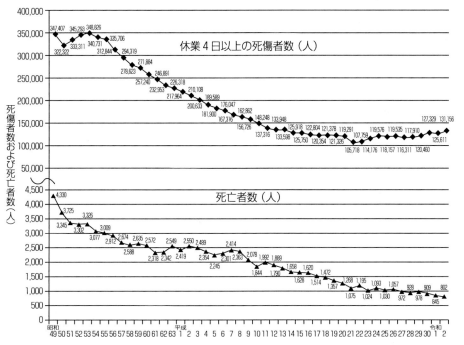

資料出所：平成23年までは，労災保険給付データ（労災非適用事業を含む），労働者死傷病
　　　　　報告，死亡災害報告より作成。
　　　　　平成24年からは，労働者死傷病報告，死亡災害報告より作成。

2．ヒューマン・エラー

　ヒューマン・エラーとは，厚生労働省によれば「意図しない結果を生じる人間の行為」と定義される。この行為には，①課せられた機能を行わない，②課せられた機能を誤って行う，③課せられた機能を誤った順序で行う，④課せられていない機能を行う，⑤課せられた機能を誤ったときに行う，の5つに分類され，エラーの発生原因は，外的要因と内的要因の2つに分類できる[6]。

　外的要因としては，①人間関係，②人間の能力や特性に合っていない装置や機械類，③作業方法，情報伝達，物理的労働環境などの媒体，④管理がある。

　内的要因としては，①無呼吸症候群の状態にあるなどの病気や素質，②精神

状態がある。

　これらの要因は，①判断の甘さ，②習慣的操作，③注意転換の遅れ，④思い込み・省略，⑤情報収集の誤りをもたらす[7]。

　なお，職場の物理的環境に関するさまざまな側面（温度，混雑感，空気の質，騒音，湿度，香りなど）は，仕事の行動の3つの重大な側面である①課題遂行，②対人行動，③仕事に関連した態度に最終的に影響を及ぼすが，それは個人内に生起する広範囲にわたる媒介メカニズム，個人プロセス，集団プロセスにも影響することが明らかとなっている[8]。

　今日では，以下のヒューマン・エラーの防止法が用いられている[9]。

　第1は，人間因子工学（エルゴノミクス）の活用である。エルゴノミクスとは，人間が操作する装置や機械を人間の能力や特性に適合させ，錯誤やミスをなくして，安全な環境を提供しようとする研究分野であり，①人間の視覚特性，②聴覚特性，③触覚特性などを研究して安全に役立たせることである。

　第2は，適正配置である。これは，知能検査，性格検査，情意検査，注意配分検査，感覚運動機能検査などを通して従業員の適性を調べ，それを事故防止に活用するものである。

　第3は，安全教育である。これには個人を対象とするものと集団を対象にするものがあり，衛生教育を含めて高度な視聴覚媒体を活用した教育も普及しつつある。高度な視覚媒体には，①仮想体験（VR）システム，②立体映像（3D）システム，③ビデオオンデマンド（VOD）システムがあり，このうち①と②は，シアターで危険・災害を疑似体験する学習，③は館内またはインターネットで安全衛生関係のビデオを用いて自学自習する。これらの体験は，厚生労働省の「安全衛生情報センター」において無料で受けることができる。

　このほか，厚生労働省は，①人が間違えないように人を訓練する，②人が間違えにくい仕組み・やりかたにする，③人が間違えてもすぐ発見できるようにする，④人が間違えてもその影響を少なくなるようにする，ことを奨励している[10]。

第3節　健康管理

1．健康配慮義務と就業制限

　労働契約法は，従業員の生命，身体等の安全を確保するための配慮を求めている。労働安全衛生法では，特定の危険業務については，免許取得者や技能講習を修了した者などの資格を有する者以外の就業と定められた一定の伝染性疾病にかかった労働者の就業を禁止している。女性については特別の健康配慮義務と就業制限が法により定められている。高齢者については，高年齢労働者の安全と健康確保のためのガイドライン（フレンドリー）が策定されている。このガイドラインは，高齢者が安全に働ける施設，設備，装置等の改善，高齢労働者の健康や体力の把握とその状況に応じた対応を求めている。

　事務所衛生基準規則は，事務所の広さを労働者1人について，10㎡以上としなければならないなどの「事務室の環境管理」，日常行う清掃のほか，大掃除を，6カ月以内ごとに1回，定期に，統一的に行うことなどの「清潔」，休憩設備の設置努力義務などの「休養」，負傷者の手当に必要な救急用具及び材料を備え，その備付け場所及び使用方法を労働者に周知させなければならないなどの「救急用具」についての規定があり，順守しなければならない。

　新型コロナウイルス対策については，「感染症の予防及び感染症の患者に対する医療に関する法律」に基づいて「職域のための新型コロナウイルス感染症対策ガイド」が示されている。日本アルコール・アディクション医学会は，コロナウイルスによるストレスでアディクション（アルコール依存や薬物依存などの物質依存とゲーム障害やギャンブル障害などの行動嗜癖の両者を含む概念）が拡大したり悪化したりすることが懸念されるとしている[11]。

2．健康診断

　労働安全衛生法に基づき，健康診断は，業務命令で勤務時間中に受診させなければならない。受診させないと50万円以下の罰金で，業務命令に反し受診

しないと懲戒処分の対象になる。健康診断には，雇入時の健康診断，毎年1回行われる定期健康診断，深夜業や坑内業務など13の特定業務に係る特定業務従事者の健康診断，海外派遣労働者の健康診断，給食従事者の検便からなる一般健康診断がある。

一般健康診断以外に高圧室内業務または潜水業務に常時従事する労働者や放射線業務に常時従事する労働者で管理区域に立ち入る者などの特殊健康診断，じん肺検診，塩酸，硝酸，硫酸，亜硫酸，弗化水素，黄りんその他歯またはその支持組織に有害な物のガス，蒸気または粉じんを発散する場所における業務に常時従事する労働者に対する歯科医師による検診がある。

以上の健康診断費用は，会社負担となる。健康管理と仕事の両立支援策を講じる企業は，全額個人負担となる高度先進医療についてもサポートを広げていて，伊藤忠は，「がんとの両立支援」として，国立がん研究センターとの提携による定期的な検診や，がんとの両立支援体制構築，高度先進医療費の支援充実，子女育英資金の拡大等の施策を推進している[12]。

健康診断の結果は，本人に通知し，異常の所見がある場合には医師等の意見を勘案して就業場所の変更，作業転換，労働時間短縮などの適切な処置をとらなければならない。

健康診断の結果については，健康診断個人票を作成して5年間保存するとともに，常時50人以上の労働者を雇用する場合は，「定期健康診断結果報告書」を所轄労働基準署長に提出することが義務づけられているが，電子申請でもよい。

健康診断の実施対象は「常時使用する者」と定められているが，パートタイマーについても次の2要件をいずれも満たす場合には「常時使用する者」として実施しなければならない。

(1) 期間の定めのない労働契約により使用される者と契約期間が1年以上の有期契約（契約更新により1年以上になる場合を含む）の者。

(2) 正社員の週所定労働時間の4分の3以上働く者。なお，正社員の週所定労働時間の概ね2分の1以上の場合には実施した方が望ましい。

　労災保険制度は，「二次健康診断給付」を定めており，直近の定期健康診断等（一次健康診断）の結果，脳・心臓疾患を発症する危険性が高いと判断された場合に，脳血管及び心臓病の状態を把握するための二次健康診断及び脳・心臓疾患の予防を図るための医師等による特定保険指導を受診者の負担なく受けさせることができる。

　健康診断の結果に基づく解雇などの不利益な取り扱いは行ってはならない。一般健康診断で発見された私傷病の休職期間は，勤続10年未満は3カ月，10年以上20年未満は6カ月，30年以上は9カ月など，就業規則によって決まる。

3．メンタルヘルス

　厚生労働省の「令和2年労働安全衛生調査」によると，メンタルヘルス不調により連続1カ月以上休業または退職した労働者がいた事業所の割合は9.2％，退職者がいた事業所の割合は3.7％であった。メンタルヘルス対策に取り組んでいる事業所の割合は61.4％で，内訳は「ストレスチェック」が62.7％，「職場環境等の評価及び改善」が55.5％となっている。

　仕事や職業生活に関する強い不安，悩み，ストレスを感じている労働者の割合は多く，国は「労働者の心の健康の保持増進のための指針」を策定し，50人以上の事業所では「ストレスチェック」の実施を義務づけている。ストレスチェックは，従業員の心の健康状態を調べる検査を行い，申請があれば医師による面接指導を行うとともに，職場環境の改善に取り組む努力義務が課せられている。

　また，47都道府県に厚生労働省から委託されたメンタルヘルス対策支援センターが設置されていて，事業者からの相談に応じるとともに，メンタルヘルス不調の未然防止対策から休業者への職場復帰対策に至るまでの総合的な支援を行っている。

　国の定義では，メンタルヘルス不調とは「精神及び行動の障害に分類される精神障害や自殺のみならず，ストレスや強い悩み，不安など，労働者の心身の健康，社会生活及び生活の質に影響を与える可能性のある精神的及び行動上の

問題を幅広く含むもの」をいう。

　職場における代表的なメンタルヘルス不調には，以下のようなものがある[13]。

　①「うつ病・うつ状態・抑うつ状態」

　気分が沈んでやる気が起きない「抑うつ状態」がある場合に「うつ状態」と診断され，病気であると診断されると「うつ病」と病名がつく。集中力，思考力，判断力が低下したり，不安感や罪悪感を感じたり，死にたくなったりすることがある。

　②「不眠症・睡眠障害」

　不眠症は，ひろく睡眠障害とも呼ばれ，「ぐっすり眠れない」などの睡眠問題により，疲れが取れないとか集中できないなどの不調が現れ，仕事に支障が出る状態が続く。

　③「自律神経失調症」

　ストレスなどにより，自律神経のバランスが崩れて，めまい，緊張，耳鳴り，過呼吸，動悸，イライラ，不安感などの身体的，精神的症状が現れる。

　④「パニック障害・不安障害」

　「不安障害」は，不安を主症状とする精神疾患をまとめた名称で，その中でも「パニック障害」は，突発的に激しい動悸，息苦しさ，めまいなど身体症状を伴う。

　⑤「適応障害」

　この障害は，ある特定の状況や出来事が，その人にとって非常につらく，堪え難く感じられるために，過剰に心配したり，無断欠勤，けんか，ものを壊すなどの行動を起こすこともある。

　⑥「双極性障害」

　これは，気分が高揚して極端に調子がよくなって活発になる躁状態と，うつ状態を繰り返す病気である。

　⑦「統合失調症」

　この精神疾患は，幻覚や妄想という症状が特徴である。

⑧「アルコール依存症」

アルコール依存は，肝機能障害ばかりでなく，家庭崩壊，失職，自殺にもつながる大きな問題である。

⑨「非定形型うつ病」

このうつ病は，好ましいことやうれしいことがあると気分が晴れてすっきりするという特徴がある。

⑩「新型うつ」

この診断名はないが，「会社にいる間は元気がないのに，休みの日には元気になる」，「メンタルヘルス不調で会社を休んでいるのに，仲間とサーフィンをしたり，元気に遊んでいる」など，上司や同僚に「仮病ではないか」と思われる事例に対して用いられる俗称である。

⑪「発達障害」

障害の程度が軽い発達障害は，学校ではあまり大きな問題とはならないこともあるが，就職してからは，場面にふさわしいコミュニケーションができない，業務の指示や段取りがうまく理解できない，仕事がなかなか覚えられない，などの問題が生じる場合がある。

以上のほか，厚生労働省は，心の病気として，①依存症（酒，たばこ，薬物，ギャンブルなど），②摂食障害，③てんかん，④認知症，⑤パーソナリティ障害（大多数の人とは違う反応や行動をすることで本人が苦しんだり，周囲が困ったりする），⑥PTSD（心的外傷後ストレス障害は，命の危険を感じたり，自分ではどうしようもない圧倒的な強い力に直面したりといった，強い恐怖感を伴う体験をした記憶が自分の意志とは関係なくフラッシュバックのように思い出されたり，悪夢にみたりすることが続き，不安や緊張が高まったり，辛さのあまり現実感がなくなったりする状態）を指摘している[14]。

メンタルヘルスに最も影響を及ぼすのは，ストレス（何らかの外力によって心身に歪みを生じた状態）[15]である。上記，厚生労働省の「労働安全調査」では，仕事で強いストレスを抱えている労働者の割合は58.0％であり，その内容は，「仕事の質・量」が59.4％，「仕事の失敗，責任の発生等」が34.0％，「対人関係（セクハラ・パワハラを含む）」が31.3％であった。

中程度のストレスは，生体の維持に欠かせないが，それが過剰もしくは慢性化する場合は，疲労，疾病，行動異常などの結果をもたらす。ストレスがない状態は，モラールの低下，生産性低下，効率の悪化などをまねく。したがって，ストレス強度は中程度が望ましいことが指摘されている[16]。ストレス6，リラックス4が望ましいなどの研究成果がある。

ストレス強度は，ストレスの原因となる役割期待の大きさなどの個人的原因，成果主義の導入などの組織的原因及び家族関係などの社会的原因により発生した強度とそれを和らげる個人差，対処，社会的支持などのモデレーターと呼ばれる要因の合計により最終的な強さが決まる。

職場におけるメンタルヘルスのためのサポート方法の1つは，社会的支持（ソーシャル・サポート）と呼ばれる。これには，同情や共感，配慮，信頼などの情緒的支持，仕事を手伝ったり，お金を貸すなどの道具的支持，有益な情報を与えるなどの情報的支持，仕事ぶりを認めるなどの評価的な支持などがある。

また社内外に専門の担当職員を置く産業カウンセリングも行われてきた。産業カウンセリングの目的には，精神的な理由やストレスから心身の障害に陥った個人の早期治療援助，職場復帰支援などの他に，職場のメンタルヘルス環境整備，メンタルヘルス教育，メンタルヘルス自己管理支援などがある[17]。

日本テレネットの研究は，職場の緑化が疲労やストレスを軽減することを示している。最適な緑視率（視界に入る植物の割合）は，10〜15％であった[18]。日本成人病予防協会は，ストレス解消法として，休養，入浴，スポーツ，栄養バランスのとれた規則正しい食事，好きな音楽を聴いたり歌うことを挙げている[19]。

メンタルヘルスばかりでなく，アルコール依存，法律問題，金銭問題など，従業員が抱える幅広い問題を改善するためのプログラムは，EAP（従業員支援制度（エンプロイー・アシスタンス・プログラム））と呼ばれる。

4．喫煙対策

健康増進法は，他人のたばこの煙を吸い込む「受動喫煙」による流涙や頭痛

等の諸症状や呼吸抑制，心拍増加，血管収縮等の生理学的反応などの被害防止を求めている。同法は，①飲食店やオフィス，事業所，交通機関など，屋内の原則禁煙，②20歳未満の人の喫煙エリアへの立入り禁止，③喫煙室を設置する場合の標識掲示，④学校，児童福祉施設，病院，行政機関などの「敷地内禁煙」を求めている。

　パナソニックグループでは，6月1日を「パナソニックグループ禁煙デー」に定め，グループ全体で受動喫煙防止の徹底と禁煙活動を推進しており，「禁煙ラリー」も毎年実施している[20]。

5．過重労働防止

　過労死等防止対策推進法は，過労死等を「業務における過重な負荷による脳・心臓疾患や業務における強い心理的負荷による精神障害を原因とする死亡やこれらの疾患業務」と規定している。厚生労働省では，「過重労働による健康障害防止のための総合対策」として，時間外・休日労働時間の削減，年次有給休暇の取得促進，労働時間等の設定の改善，労働者の健康管理に係る措置の徹底を求めている。

　同省の「令和2年度　過労死等の労災補償状況」によれば，過労死等に関する請求件数は2,835件，そのうち支給決定件数は802件で，うち死亡（自殺未遂を含む）148件と増加している。また同省は，過労労災の増加を受け，労働者が自分で疲労蓄積度を診断できるチェックリストを作成し，「中央労働災害防止協会」のHP上に掲載している。

　こうした過労死や精神障害を撲滅するために，残業の縮小，勤務間インターバル制度の導入，年次有給休暇取得率の拡大及びメンタルヘルス対策が求められている。ロボットによる業務自動化（RPA）も1つの解決策である。

6．健康経営優良法人認定制度

　経済産業省は，健康経営を，「従業員等の健康保持・増進の取り組みが，将来的に企業の収益性等を高める投資であるとの考えのもと，従業員等の健康管

理を経営的な視点から考え，戦略的に実践すること」と定義しており，特に優良な健康経営を実践している法人を「健康経営優良法人認定制度」で健康経営優良法人として認定し，東京証券取引所と共同で「健康経営銘柄」に選定している。

　大企業の場合，健康宣言の社内外への発信，健康づくり責任者が役員以上，産業医または保健師が健康保持・増進の立案・検討に関与することなどが認定の必修項目である。中小企業の場合は，健康宣言の社内外への発信及び経営者自身の健診受診や健康づくり，担当者の設置などが必修項目となっている。

　2021年度は，1,801社が健康経営優良法人と認定され，48社が健康経営銘柄と認定された[21]。

7．社員向け運動プログラム

　社員の健康管理の一環として運動プログラムを導入する会社が増えている。ミズノでは，健康経営を推進するために，「生活習慣病予備軍の比率低減」，「重大疾病の早期発見」，「メンタルヘルス休業者の人数減」，「喫煙比率の低減」の4つの課題に対して目標値を定め，スポーツの奨励を中心としたさまざまな健康増進施策に取り組んだ結果，「健康経営優良法人2020」，「東京都スポーツ推進企業」，スポーツ庁による「スポーツエールカンパニー」に認定された[22]。タニタでは，「従業員と家族の健康意識向上」，「メンタルヘルス対策」，「喫煙対策」を行っていて，「第2回健康寿命をのばそう！アワード」で厚生労働大臣最優秀賞を受賞した[23]。

8．プレゼンティズム

　プレゼンティズムとは，WHO（世界保健機関）による健康問題に起因した業績の損失を表す指標で[24]，出勤はしているが，休息や治療が必要なうつ病やアレルギーなどのさまざまな病気が理由で生産性が低下することをいう。

　伊藤忠エネクスは，職務執行へ影響を与える疾患をプレゼンティズムと捉え，所属する健康保険組合の平均受診結果に比べ，通院者割合が高い項目の対策を

講じている[25]。同社は今後の方針として，プレゼンティズムによる生産性低下，パフォーマンス低下率，プレゼンティズム損失額を算出し，継続的に効果検証を実施する。

　そうした社員の早期発見や支援をするサービスは，防止策として利用が望まれる。特に，中小企業では，出社に対する要請が強くなるのでプレゼンティズムが起こりやすくなることに注意しなければならない。

9．職場eヘルス[26]

　職場eヘルスとは，ICTを用いた労働者の肉体的，精神的及び社会的健康の最高水準の促進と維持を意味する。このうち，eメンタルヘルスに対しては，①仕事ストレスによってもたらされる肉体的及び精神的健康障害と疾病の予防，②職場で明らかになっているメンタルヘルス問題を発症している従業員に対する迅速で十分な医療サービスの提供，③精神障害による長期休職を経て職場復帰した人のために，(a)インターネットを通じた治療，(b)スマホなどモバイル技術による治療介在，(c)社会メディア（ヘルスケアの専門家によるサポート），(d)医療解決を目指すシリアスゲームとゲーミフィケーション，(e)ソフトで健康を支援し，ウェブ上で予防，診断，治療するバーチャルヘルス，(f)ビデオ会議，電話及びインスタントメッセージによるケアの提供が用いられている。

　オンライン治療やモバイル技術は，さまざまな健康管理に活用されつつあり，ファイザー日本法人では，オンラインの遠隔診療を行う禁煙外来や携帯禁煙サポートサービスを活用している[27]。心の不調を「見える化」し，精神障害者の就労を支援する奥進システムの「SPIS」ソフトも利用されている。

10．職場環境の改善

　職場環境の改善のために，IT化が進む中で，「ＶＤＴ^{ビデオ・ディスプレイ・ターミナル}作業のための労働衛生上の指針」の周知徹底を図るとともに，職場内の有害物質の周知徹底を「化学物質管理指針」に基づき行わなければならない。労働安全衛生法は，一定の危険性・有害性が確認されている化学物質について，事業者に危険性ま

たは有害性等の調査（リスクアセスメント）を義務づけている。リスクアセスメントの手順は，①化学物質などによる危険性または有害性の特定，②リスクの見積り，③リスク低減措置の内容の検討，④リスク低減措置の実施，⑤リスクアセスメント結果の労働者への周知となる[28]。

　また，「職域における屋内空気中のホルムアルデヒド濃度低減のためのガイドライン」等に基づき，職場におけるシックハウス対策にも配慮する必要がある。

11. がん等の長期療養者対策

　がん，肝炎，糖尿病等の疾病により，長期にわたる治療を受けながら，就労を希望する人を「長期療養者」という。国立がん研究センターによると，生涯でがんに罹患する確率は約50％となっていて，珍しい病ではなくなっている[29]。

　厚生労働省は，がん，脳卒中，心疾患，糖尿病，肝炎，その他難病など，反復・継続して治療が必要となる疾病にかかった労働者のために「事業場における治療と仕事の両立支援のためのガイドライン」を定め，治療と職業生活の両立支援プランを策定することを勧めている。このプランには，①治療・投薬等の状況及び今後の治療・通院の予定，②就業上の措置及び治療への配慮の具体的内容及び実施時期・期間，③フォローアップの方法（産業医やHR担当者による面談等）及びスケジュールが盛り込まれることが望ましいとされている。同省はまた，「がん患者及び脳卒中患者の仕事と治療の両立支援モデル事業」を推進している。

第4節　安全衛生管理

1. 労働安全衛生マネジメントシステム

　労働安全衛生マネジメントシステム（OSHMS）は，2001年のILO理事会において，ガイドラインが策定された。

　わが国では，1999年に「労働安全衛生マネジメントシステムに関する指針」を示し，その普及・定着を図っている。中央労働災害防止協会は，適格OSHMS認定事業を行い，1,140事業所が認証を受けている。認定事業場の休業年千人率（休業1日以上）は，製造業全体（休業4日以上）の5分の1であることを報告している[30]。

　このシステムは，事業者が労働者の協力の下に，PDCA，すなわち「計画・実施・価評・改善」（プラン・ドゥ・チェック・アクト）というサイクルを自主的に行うことで，「製造，建設，運送，サービス等の事業実施部門，安全衛生部門等」における事業場の労働災害の潜在的危険性を低減し，労働者の健康の増進及び快適な職場環境の形成の促進を図り，事業場における安全衛生水準の向上を目的とする安全衛生の仕組みである。この運用は，複数の事業場を1つの単位として行うことが認められ，化学物質リスクアセスメント，健康教育などを安全衛生計画に含めることが求められている。

　なお，ISO（国際標準化機構）（インターナショナル・オーガニゼーション・フォー・スタンダーディゼーション）は，トップマネジメントを含めた「働く人」を対象とした労働安全衛生マネジメントシステム規格ISO45001を設定している。

2．安全衛生教育

　労働安全衛生法で，企業は，①雇い入れのとき，作業内容変更時，②危険または有害な業務に一定の者を従事させるとき（特別教育という），③建設業や製造業などにおいて，新たに職務に就く職長等に対する安全衛生教育の実施が義務づけられている。安全衛生教育は，労働時間に含まれるので，所定労働時間外に実施する場合には，割り増し賃金支払い対象となる。

　雇い入れや作業変更時の教育具体例として，①機械や原材料等の有害性の教育及びこれらの取り扱い方法，②安全装置，有害物抑制装置または保護具の性能及びこれらの取り扱い方法，③作業手順，④作業開始時の点検，⑤当該業務に関して発生のおそれのある疾病の原因及び予防方法，⑥整理・整頓及び清潔の保持，⑦事故時等における応急処置及び退避方法などがある。

　職長等に対しては，①作業方法の決定及び労働者の配置に関すること，②労働者に対する指導または監督の方法に関すること，③リスクアセスメントの実施に関すること，④異常時等における措置に関すること，⑤その他現場監督者として行うべき労働災害防止活動に関すること，を教育しなければならない。

3．安全衛生管理体制の確立

　労働安全衛生法は，労働災害を防ぎ，事業者の自主的な安全衛生活動を確保するため，安全衛生管理体制の整備義務を定めている。すなわち，同法は，林業，建設業などでは100人以上，製造業や通信業などでは300人以上といったように，一定以上の規模の特定事業場においては「総括安全衛生管理者」を選任して安全衛生事項を総括管理させることを求めている。

　50人以上の規模の事業場では，建設物，設備，作業場所または作業方法に危険がある場合における応急措置または適当な防止の措置等を担当する「安全管理者」や，健康に異常のある者の発見及び処置等を担当する「衛生管理者」を置かなくてはならない。常時10人以上50人未満の従業員を使用する事業場では「安全衛生推進者（衛生推進者）」を選任して，関係労働者に周知し，安全及び衛生に関する業務を担当させなければならない。

　安全管理者と衛生管理者には資格要件があり，衛生管理者には第一種衛生管理者免許などが必要である。安全管理者が通常の勤務時間に専ら安全管理の職務を行う場合は，専任の安全管理者を置かなければならない。

　また，一定規模以上の特定事業場においては，「安全委員会」，「衛生委員会」もしくは「安全衛生委員会」を設置して安全や衛生に関する規定の作成，安全や衛生教育の実施計画の作成，新規採用機械等の危険防止対策，健康診断結果に対する対策の樹立などの事項の調査審議が義務づけられている。

　その他，業種に関係なく，常時50人以上を雇用する場合に選任義務がある産業医や一定の作業については作業主任者を選任しなければならないことも決められている。産業医は，健康管理，作業環境管理及び作業管理という労働衛生の3管理を担当している。具体的には，①健康診断・その結果に基づく措置，

②長時間労働者に対する面接指導・その結果に基づく措置，③ストレスチェック，高ストレス者への面接指導・その結果に基づく措置，④作業環境の維持管理，⑤作業管理，⑥上記以外の労働者の健康管理，⑦健康教育，健康相談，労働者の健康の保持増進措置，⑧衛生教育，⑨労働者の健康障害の原因の調査，再発防止を職務としている。

　女性活躍推進の一環として，女性産業医の割合が高まっていて，ポニーキャニオンなどが採用している[31]。なお，従業員が49人以下の事業所においては，産業医の選任は，努力義務となっているが，選任が望ましい。従業員千人以上の事業所では，嘱託ではなく，専属が義務づけられている。産業医とともに産業保健師や産業看護師は，産業保健職と呼ばれる。産業保健師と産業看護師は，厚生労働大臣の免許を受けて企業で働く人の心身の健康維持に取り組んでいる。

　総括安全衛生管理者，安全管理者，衛生管理者，産業医を選任したのち，規定の報告様式に記入して所轄の労働基準監督署に届ける。

　国は，安全衛生活動として，①事業所の全域あるいは単位作業場ごとに危険な施設，設備，機械や作業方法等を発見して是正するための巡回である「安全パトロール」，②職場の作業の状況の中にひそむ危険要因とそれが引き起こす現象を，現場や作業の状況を描いたイラストシートを使ったり，現場で実際に作業をさせたりしながら，危険のポイントを確認して，行動する前に解決する訓練を行う災害防止活動である「危険予知活動」，③労働者が職場内における安全に関する措置改善等を提案し，必要な対策を講じる活動である「安全提案制度」を定めている。

　また化学物質と同様，事業場にある危険性や有害性の特定，リスクの見積り，優先度の設定，リスク低減措置の決定，記録という一連の手順に従って行う「リスクアセスメント」や災害時などのための安否確認システムの導入も望まれる。2020年の厚生労働省調査では，リスクアセスメントを実施している化学物質を取り扱っている事業所の割合は77.2％となっている。

第5節　使用者の災害補償義務

　労働基準法は，労働者が業務上負傷し，疾病にかかり，身体に障害が残り，死亡した場合に，使用者の無過失責任による損害賠償を定めている。災害補償責任は，療養補償，休業補償，遺族補償，葬祭料であるが，労災保険から給付金が支給されるため，労働基準法の経営者の保証責任はない。ただし，労災によって労働者が休業する際の休業1〜3日目までの休業補償は，労災保険から給付されないため，労働基準法で定める平均賃金の60％を事業主が直接労働者に支払う必要があり，労災保険に未加入な場合は，労働基準法上の補償責任を負う。

　労働災害等により労働者が死亡または休業した場合には，遅滞なく，労働者死傷病報告等を労働基準監督署長に提出しなければならない。場合によっては，労働基準監督署に労働災害再発防止書等の作成・提出をしなければならないことがある。

　労災保険の支給要件は使用者の落ち度を問わないが，安全配慮義務違反や工作物責任などの不法行為責任に基づき，被害者側が会社に対して損害賠償請求を行う場合がある。この損害賠償請求権の成立要件としては，義務違反と生命・健康侵害との因果関係，使用者またはその履行補助者（使用者から労務の指揮・監督を委ねられている者）の過失，損害の発生が挙げられる[32]。会社役員は，会社役員賠償責任保険（D&O保険）に加入している場合がある。この保険は，従業員などの第三者訴訟ばかりでなく，会社訴訟や株主代表訴訟などに対する保険となっている。

　示談を行う場合には，示談書として事故内容，示談金，請求権の放棄条項などを文書化して，時効期間は保存する。

　なお，労働基準法は，療養補償を受けている労働者が療養開始後3年を経過しても負傷または疾病が治らない場合には，使用者は，最低平均賃金の1,200日分の打切補償を行い，その後は補償を行わなくてもよいとしている。また，

労働者が業務上死亡した場合には，遺族に対して平均賃金の1,000日分の遺族補償と，葬祭を行う者に対して，平均賃金の60日分の葬祭料を支払わなければならない。

【注】
1）市野義夫『産業医が診たビジネス社会』NEC文化センター，1992年，214頁。
2）https://japan-who.or.jp/about/who-what/identification-health/
3）日本経済新聞「いま幸福と充実を図る」2021年4月23日，朝刊。
4）Robert H. Rosen, *The Healthy Company: A Human Resource Approach*, Tarcher, 1991.（宗像恒次監訳・産能大学メンタル・マネジメント研究会訳『ヘルシー・カンパニー：人的資源の活用とストレス管理』産能大学出版部，1994年）。
5）https://www.sompo-hs.co.jp/company/
6）正田　亘『産業・組織心理学』恒星社厚生閣，1992年，164-168頁。
7）同上書，165頁。
8）Peter Collett and Adrian Furnham, eds., *Social Psychology at Work*, Routledge, 1995, pp.176-205.（長田雅喜・平林　進訳『仕事の社会心理学』ナカニシヤ出版，2001年，173-198頁）。
9）正田　亘，前掲書，171-182頁参照。
10）https://anzeninfo.mhlw.go.jp/yougo/yougo62_1.html
11）https://www.mhlw.go.jp/content/000627787.pdf
12）https://www.itochu.co.jp/ja/news/press/2017/1194491_1672.html
13）難波克行『職場のメンタルヘルス入門』日本経済新聞社，2013年，14-35頁。
14）https://www.mhlw.go.jp/kokoro/know/disease_ptsd.html
15）田尾雅夫『新版・組織の心理学』有斐閣，1997年，67頁。
16）同上書，61-71頁。
17）外島　裕・田中堅一郎編『産業・組織心理学エッセンシャルズ』ナカニシヤ出版，2000年，185頁。
18）河北新報「緑化工夫し職場改善」2017年8月7日，朝刊。
19）https://www.japa.org/mental_health/stress/cope.html
20）https://phio.panasonic.co.jp/kenpana/event/kinen/rally/pdf/junbi_01.pdf
21）https://www.meti.go.jp/press/2021/05/20210510001/20210510001-1.pdf
22）https://corp.mizuno.com/jp/about/health.aspx
23）https://www.tanita-thl.co.jp/health_program
24）https://www.meti.go.jp/policy/mono_info_service/healthcare/downloadfiles/kenkokeieioffice_report.pdf
25）https://www.itcenex.com/ja/csr/social/health-management/index.html
26）Dirk Lehr, Anna Geraedts, Robert Persson Asplund, Zarnie Khadjesari, Elena Heber, Jessica de Bloom, David Daniel Ebert and Peter Angerer, "Occupational e-Mental Health: Current Approaches and Promising Perspectives for Promoting Mental Health in Workers", in Markus Wiencke, Mirella

Cacace and Mirella, Sebastian Fischer, eds., *Healthy at Work: Interdisciplinary Perspectives*, Springer International Publishing, 2016, pp.257-281.

27) http://www.pfizer-kenpo.or.jp/information/0519-2/

28) https://www.mhlw.go.jp/file/06-Seisakujouhou-11300000-Roudoukijunkyokuanzeneiseibu/0000099 625.pdf

29) https://www.ncc.go.jp/jp/about/greeting/index.html

30) https://www.jisha.or.jp/oshms/reference/pdf/oshms_spiral_up.pdf

31) 日本経済新聞「女性産業医　高まる存在感」2021年7月5日，朝刊。

32) 高橋　眞『安全配慮義務の研究』成文堂，1992年，154-155頁。

——— 第10章 ———

労 使 関 係

第1節　序　　論

　HRMは，労働組合の組織率低下により，個人管理に重点を置くことが可能になったことから最初にアメリカにおいて普及した。わが国においても，個別的労使関係が重要になってきており，集団的労使関係は軽視される傾向にある。しかしながら，このことは，集団的労使関係がなくなったことを意味するわけではない。

　わが国発展の原因は，良好な労使関係にあったことは間違いない。経営にとって重要な要素は，人間であり，個別的及び集団的労使関係に関して今後とも良好な関係を継続していくことはHRMにとって必要なことである。

第2節　HRMと労使関係

1．労使関係とは何か

　労使関係とは雇用から発生する一切の関係のことで，「産業活動において結ばれる個人，集団及び組織間の諸関係のうち，最も基本的な諸関係である労働者と使用者（経営者）の間の社会関係一般を意味するが，その中核となるものは，労働組合とその相手方としての使用者または経営者及びその団体との間の関係」[1] と定義される。

　労働者対資本家の敵対的関係[2] として労資関係という用語が用いられる場

合もあるが，今日では通常，労使関係という用語が使われている。これは，労働三法，すなわち，労働基準法，労働組合法及び労働関係調整法において資本家や経営者ではなく，「使用者」という用語が用いられているからである。

　HRMは，個別企業の従業員に焦点を置いているが，労使関係は，経営者，労働者とその組織及び政府機関の見解を含み，有効な問題解決と制度構築に対して最も貢献を行う[3]。すなわち，労使関係の当事者には，企業の経営者と労働者ばかりでなく，資本家，経営者団体，労働組合，上部団体，労働委員会，裁判所，政府，地域社会及び国家という利害関係者が含まれる。

　このうち労働委員会は，労働者が団結することを擁護し，労働関係の公正な調整を図ることを目的として，労働組合法に基づき設置された行政機関で，国の機関である中央労働委員会（中労委）と都道府県の機関である都道府県労働委員会がある。中央労働委員会は，2つ以上の都道府県にわたる事件と全国的に重要な問題に係る事件及び行政執行法人の職員の労働関係に係る事件の調整を行う。労働委員会は公益委員，労働者委員及び使用者委員と呼ばれる公労使の三者構成で成り立っており，不当労働行為の審査等の準司法的機能と，争議行為が生じた場合のあっせん（争議者双方の間に立って当事者の主張の妥協調整を図り，相互の歩み寄りをつける），調停（争議者双方の意見を聴き，調停案を作成して双方の受諾を求める）及び仲裁（公正妥当な判断に基づき当事者を最終的に拘束する仲裁裁定を下して争議を解決する）という調整的機能を果たす（図表10−1を参照）。

　労働委員会以外での紛争解決方法として，地方裁判所で行われる労働審判制度がある。労働審判手続では，裁判官である労働審判官1名と，労働関係に関する専門的な知識経験を有する労働審判員2名とで組織する労働審判委員会が審理して調停を試みるが，調停がまとまらなければ，解決のための判断（労働審判）をする。労働裁判は，原則として3回以内での解決を目的として設けられた制度で，労働審判に異議があれば，通常の裁判に移行する。

　仙台地裁で行われた労働裁判は，対象人数が多く，3回の審判では事実認定が困難として，審判手続きを打ち切り，地裁での民事訴訟に移行した[4]。

　政府は，国家公務員の使用者であるし，ストライキが発生した場合にはその

図表10－1　あっせん・調停・仲裁の特徴一覧

	あっせん	調　停	仲　裁
開始事由 （当事者申請）	一方申請 双方申請	双方申請 協約に基づく一方申請 公益事業に係る一方申請	双方申請 協約に基づく一方申請
労働委員会側 調整主体	あっせん員	調停委員会 （公労使委員三者構成）	仲裁委員会 （公益委員で構成）
解決案の提示	提示することも ある	原則提示	原則提示
解決案の受諾	任　意	任　意	労働協約と同一の効力を 持って当事者を拘束
申請後の別の 調整方法選択	可　能	可　能	可　能
当事者申請以 外の開始（*）	あ　り	あ　り	な　し

＊国民の日常生活，国民経済に重大な影響を及ぼすおそれがある場合等に，労働争議の関係
　当事者の申請を待たずに調整を開始することがある。
資料出所：中央労働委員会「労働争議の調整の種類（あっせん・調停・仲裁）及び手続きの
　　　　　流れ」（https://www.mhlw.go.jp/churoi/chousei/sougi/sougi01.html）

影響は地域社会ばかりでなく国家にも影響が及ぶ。例えば，フランスでトラック運転手がストライキを行い，道路封鎖されたときにフランスは他国に対し損害賠償しなければならなかった。

　HRMと労使関係のもう1つ大きな違いは，HRMがトップのコントロールを意味し，上下関係を前提として管理が行われるのに対し，労使関係は労使が対等の形で論じられることである。

2．労使関係の基本原則

　次に掲げる労使関係の基本原則は，すべて労使対等の立場から成り立っている。

　（1）結社の自由の原則

　憲法第21条は結社の自由を認めていて，勤労者は労働組合を自由に結成し

て運営できる。そして，同法第28条は団結権，団体交渉権，争議権という労働三権を認めている。したがって，パートや派遣労働者など誰でも労働組合をつくり，団体交渉を求めることができる。ただし，国家公務員及び地方公務員は，国家公務員法等に基づき争議行為は禁止されているが，その代わり人事院・人事委員会による給与勧告等の代償措置が取られている。

　労働組合は2人以上の労働者が自主的に団結して結成すれば，成立する。すなわち，宣言すれば成立するのであるが，労働組合法で活動が保護されるためには，法適合組合となる条件を満たさなければならない。法適合組合になるためには，①労働者が主体となって組織すること，②労働者の自主的な団体であること，③主な目的は労働条件の維持改善であることという労働組合法の条件を満たし，結成大会を開催し，「組合規約」，「活動方針」，「予算」，「役員体制」を決定すればよい。

　(2) 労使相互不介入の原則

　これは，労使ともに相手方の権利を相互に尊重しなければならないという原則で，そのため，労働組合法第7条は以下の使用者行為を「不当労働行為」として禁止している。不当労働行為が行われた場合は，労働者や労働組合は前述の労働委員会に救済を申し立てることができる。

①　不利益取扱いの禁止——労働者が，(イ) 労働組合の組合員であること，(ロ) 労働組合に加入したり，労働組合を結成しようとしたこと，(ハ) 労働組合の正当な行為をしたこと，もしくは，(イ) 労働委員会に対して不当労働行為の救済命令の申立てをしたこと，(ロ) 不当労働行為の救済命令に対して再審査の申立てをしたこと，(ハ) 証拠提出や発言など労働委員会の手続きに参加したことを理由としてその労働者を解雇したり，その他の不利益な取扱いをしてはならない。

②　黄犬契約の禁止——黄 犬（イエロードッグ）とは「下劣漢」の意味で，労働者が(イ)労働組合に加入しないこと，もしくは(ロ)労働組合からの脱退のいずれかを雇用条件にすること。

③　団体交渉拒否の禁止——使用者は正当な理由無く労働組合の団体交渉の

申入れを拒否できない。使用者が形式的に団体交渉に応じても，実質的に誠実な交渉を行わない「不誠実団交」も，これに含まれる。

④　支配介入・経費援助の禁止——使用者は労働組合の結成・運営に支配介入してはならないし，また，労働組合の運営に要する費用を援助することは原則禁止されている。許されているのは，組合事務所の提供など，ごく限られたものになっている。

(3) 労使関係自治の原則

労働者の労働条件や待遇の基準に関する事項についての紛争は労使双方の交渉によって解決しなければならない。

(4) 労使協議・協力の原則

労使関係には対立ばかりでなく，協力の側面もあり，二面的な性格をもつ。労使は対立する場合もあるが，いつもは協力し合わなければならない。労使のバランスのとれたパートナーシップを求める戦略は，両者にとって有効性をもたらすと考えられる。交渉には大きなエネルギーが必要であり，時間も取られ，思い通りにいかなくなることもあるが，労働組合の回避は，必ずしも最良の策ではない。コンフリクトがよりよい結果をもたらす場合も多いからである。

ジェフリー・フェーファーが指摘するように，労働組合が経営にプラスの効果を生むには，「労働組合の指導者が社員の能力発揮による高業績の職場づくりの重要性を理解していなければならない。しかし，多数の事例から，労働組合こそが職場改革を広め，利益をもたらすことを企業が学ぶ」必要があろう[5]。

第3節　労働組合

1．労働組合の成立

労働組合法第2条によれば，「労働組合」とは，「労働者が主体となって自主的に労働条件の維持改善その他経済的地位の向上を図ることを主たる目的として組織する団体またはその連合体」である。

労働組合の故郷はイギリスといわれている[6]。その理由は，イギリスでラッ

ダイト（産業革命に伴う機械の普及による失業を回避するために労働者が起こした機械の
"打ちこわし運動"）など歴史的な経緯により世界ではじめて政治革命ではない経
済的利益のための労働組合活動（労働組合主義と呼ばれる）が1871年に「労働組
合法」により公認されたからである。

　公認されるまではイギリスにおいても「共謀法」や「団結禁止法」によって
労働組合活動は禁止されていた[7]。

　わが国における労働運動の始まりは，1897年の「労働組合期成会」設立で
ある。しかし，労働問題を警察的に取り締まる「治安警察法」やさらなる取り
締まり強化を目指した「治安維持法」などによりその活動は大いに限定された
ものであった。

　労働組合が公に認められたのは，第2次世界大戦後であった。GHQ（連合国
軍最高司令官総司令部）のメンバーには，アメリカの労働組合を認めたニューディ
ール政策に携わった者が多数配属されていたこともあり，労働組合を民主化
政策の中核として位置づけ，戦後最初の法律として1945年に労働組合法が成
立した。それまでも労働組合は存在したものの，戦時中の1940年から1945年
の間は存在しなかった。

2．労働組合の種類

　労働組は大きく分けて4つに分類される。第1は，職業別（職能別）労働組
合であり，同じ職種に従事する労働者たちが企業横断的（自社内だけでなく，他
の企業の労働者の加入も認める）に結成される労働組合である。

　第2は，産業別労働組合であり，同じ産業に従事する労働者が企業横断的に
結成するものである。アメリカは，すべて産業別に交渉し，統一の労働条件を
勝ち取っていると考えられがちだが，小売り産業などでは，全国協約ではなく，
地域を基本とする協約が結ばれている[8]。AFL-CIO（アメリカ労働総同盟・
産業別組合会議）は，56の全国組合の集合体で，数千の地域組合を
組織している。

　第3は，企業別労働組合（企業別組合）であり，1つの企業の従業員だけで組

織される労働組合である。企業別組合は，韓国などにもあり，わが国だけに存在するものではない。日本の労働組合の主流形態は企業別労働組合である。この起源についてはいろいろな見解がある[9]。GHQは，アメリカのような産業別労働組合の成立を望んでいたが，当時，生きるのに精一杯だった労働者たちを東京などに集めて組合をつくらせることができなかったことが企業別労働組合成立の原因の１つであると考えられる。

　また，労働者は，「みずからの生存を維持するために，ともかく企業の生産を建て直し，企業に対する食糧や資材の配給を監視」[10]するためにも企業別の組織形態をとることが自然の成行きであったと指摘されている。

　第４は，職種，企業，産業にかかわりなく誰でも参加できる一般労働組合あるいは合同労働組合である。中央労働委員会は，合同労働組合を「企業の枠を超えて，主に中小企業の労働者を一定の地域単位で組織し，特定企業への所属を条件としない個人加入できる組合」と定義し，「一般労組」ないしは「地域ユニオン」などといわれている労働組合については，原則としてこの範疇に含めている[11]。

　例えば，宮城合同労働組合では，パート，アルバイト，非正規，正社員，派遣，臨時など身分に関係なく１人でも加入できる[12]。また，山形県労連は，学費や生活費をアルバイトで稼ぐ学生のために「山形学生ユニオン」を設立している[13]。一般労働組合は，イギリスにおいて職業別組合が組織することのなかった不熟練労働者を組織する過程で成立したものであり，既存の労働者から無視され，残された広大な領域に成立する労働組合である[14]。

　ウーバーイーツなど，労働者の定義が不明確になるケースが出現している。最高裁は，①就労者が事業組織に不可欠に組み入れられているか，②会社が一方的に契約内容を決めるか，③報酬の労務対価性，④依頼は断れないか，⑤指揮命令や就労場所の制限はあるか，⑥就労者の独立事業主としての性格の強弱という６つの要素を示している[15]。

　なお，厚生労働省は，労働組合を以下の３種類に分類している。

　（1）単位組織組合──規約上，当該組織の構成員が労働者の個人加入の形式

図表10－2　単位組織組合と単一組織組合

単位組織組合　　　　　　　　　　単一組織組合

（例えば1企業1組合）

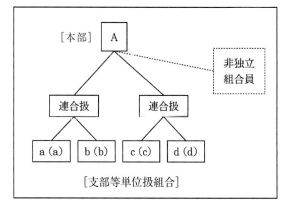

※（　）は労働組合員数

● 単位労働組合に関する統計表
　　労働組合数 ＝ 5 組合（X, a, b, c, d）
　　労働組合員数 ＝ (x) ＋ (a) ＋ (b) ＋ (c) ＋ (d)
● 単一労働組合に関する統計表
　　労働組合数 ＝ 2 組合（X, A）
　　労働組合員数 ＝ (x) ＋ (a) ＋ (b) ＋ (c) ＋ (d) ＋ ［非独立組合員］

資料出所：厚生労働省「労働組合基礎調査で使用されている主な用語の説明」(mhlw.go.jp)

をとり，独自の活動を行い得る支部等の下部組織をまったくもたない組合。

(2) 単一組織組合——規約上，当該組織の構成員が労働者の個人加入の形式をとり，かつその内部に単位組織組合に準じた機能をもつ組織（支部等）を有する組合。図表10－2に示されるように，単一組織組合の各組織段階のうち，最上部組織を本部，独自の活動を行いうる最下部組織（例えば支部）を単位扱組合といい，その中間組織（例えば地方本部）を連合扱組合という。

(3) 連合団体——規約上，当該組織の構成員が労働組合の団体加盟の形式を

とる組合で，連合団体のうち，加盟組合の連絡，相互援助等を目的とするにとどまるものを協議体組織，その決定が加盟組織を拘束しうるようなものを連合体組織という。

　この分類に従えば，企業別組合は，通常，単位組織組合（単組）を意味する。厚生労働省「令和2年労働組合基礎調査の概況推定」によれば，組織率（雇用者数に占める労働組合員数の割合）は，17.1％となっていて，女性の推定組織率は12.8％であった。

3．企業別労働組合

　企業別労働組合は次のような特徴をもっている[16]。

(1) 組合員の資格と範囲——同一企業の正規従業員であることを組合員資格とし，職種の別を問わずホワイトカラーの労働者もブルーカラーの労働者も，原則的には一括して同一の労働組合に入る。

　　この特徴には2つの意味がある。1つは，ブルーカラーとホワイトカラーの混合組合であるために，ブルーカラーの賃金が欧米には一般にみられないような年功給になったことである。2つめは，原則的には一括して同一の労働組合に入ることであり，その多くはユニオンショップである。

　　ショップ制とは，雇用契約（従業員資格の契約）と組合員資格の関係の決め方である。これには次のものがある[17]。

① クローズドショップ——すでに一定の労働組合に加入している労働者でなければ採用せず，かつ当該組合からの脱退または除名により組合員資格を失ったときは解雇するという協定である。労働組合法は，労働組合が特定の工場や事業場に雇用される労働者の過半数を代表する場合においてのみ，この協定を結ぶことを認めているが，実例はほとんどない。

② ユニオンショップ——採用の際には労働組合員であるかどうかを問わないが，採用された後は，一定期間内に一定の労働組合に加入しなければならず，そして当該組合からの脱退または除名により組合員資格

を失ったときは解雇される。アメリカでは，ユニオンショップと似て
いるもので，組合員であることは求められないが，組合費相当分の支
払い義務があるエージェンシーショップがある[18]。

③　オープンショップ──労働組合員かどうかは従業員の資格に影響を及
ぼさず，労働者が入社後に労働組合に加入するのは自由である。

　日本の大企業の多くは②のユニオンショップ制をとっていて，その加入
資格として一般に係長クラスまでを組合員としている。厚生労働省「平成
28年労働組合活動に関する実態調査」では，64.8％がユニオンショップ
協定を締結している。店長は組合に加入できるかどうかについて判断は分
かれるが，中央労働委員会は，コンビニエンスストアの店主が労働者に該
当すると判断している[19]。アメリカでは，部下をもつ監督者（懲戒権や解
雇権をもつ者だけでなく，人事について指揮命令や勧告をなす者すべて）は労働組合
には加入できないことになっている。部下をもたない課長などの管理職が
組合員となっていることは，わが国の労働組合の特徴の1つとなってい
る。

　ユニオンショップ制は労使の間の一線を不明確なものにしており，それ
は「連続的労使関係」と呼ばれている。この制度下では，大企業の経営者
の多くは，元組合員であり，組合幹部であることも珍しくない。

(2) 組合役員のあり方──組合役員は，全員同じ企業の従業員である。役員
の中には，通常の仕事をしながら組合活動も行う「企業在籍役員」と従業
員としての籍はあるが，組合活動だけに専念する「在籍専従役員」とがい
る。

　これに対し，欧米では特定企業の従業員資格をもつ組合役員もいるが，
それは企業や職場段階の組合役員であって，全国本部や地域・地方組織の
役員は，職業的組合専従者であり，特定企業の従業員でない者が多い。

(3) 組合運営上の主権──わが国の労働組合は主権の独自性が高く，上部団
体の統制を受けることはほとんどない。上部団体に上納金と呼ばれる組合
費（通常企業別組合費の1割）を支払わない組合員（「サバヨミ」とか「かくし田」

などと呼ばれる) も存在するといわれている。

　企業別労働組合の利点は，①交渉が一度で済む，②労使協調路線に適っ
ている，③組合に職種ごとの範囲がないのでジョブ・ローテーションが可
能で，技術進歩に対応しやすい，④チェック・オフ (組合費の給与天引き制
度) が可能なため確実に組合費を徴収できる，⑤ホワイトカラーの組織化
への寄与，⑥企業に大きなダメージを与えるようなストライキは行わない
等がある。

　反面，労働者にとっては①中小企業や零細企業での組織化は困難，②組
合役員としてのプロが育たない，③正規従業員以外の組織化が困難，④ホ
ワイトカラーとブルーカラーのコンフリクトなどが弱点となっている。

4．労働組合の上部団体

　上部団体とは「労働組合の組合」である。これには，①複数の事務所や工場
をもつ大企業で各事務所・工場ごとに単位組合が連合した「企業連」，②共通
の利害，企業規模及びイデオロギーをもつ企業別労働組合の全国的な産業別組
合である「単位産業別組合 (単産)」，③各単産が集まった全国的な中央連合体
である「ナショナル・センター」，④中央連合体の都道府県レベルあるいは市
区郡レベルの組織である「地域連合体」がある。

　代表的なナショナル・センターには，連合 (日本労働組合総連合会)，全労連
(全国労働組合総連合)，全労協 (全国労働組合連絡協議会)，金属労協 (全日本金属産業
労働組合協議会)，インダストリオール・JAF (インダストリオール日本化学エネルギ
ー労働組合協議会)，公務労協 (公務公共サービス労働組合協議会) がある。厚生労働
省の2020年調査では，産業別組織と地方組織とを加えると全労働組合員数の
69.4％が連合に加盟している。

　多国籍企業に対応するために，労働組合の国際組織である製造系のインダス
トリオール・グローバルユニオンやサービス産業のユニグローバルユニオンな
どにわが国の労働組合も参加している。

第4節　使用者団体

　使用者団体とは，事業経営上，広義の労働問題を有利に処理するための使用
者による，一企業の枠を越えた横断的結合体である[20]。使用者団体の歴史は
長く，江戸時代の営業の円滑化を図った株仲間にまで遡ることができる。

1．主な使用者団体

(1) 日本経済団体連合会（経団連）[21]──総合経済団体として，企業と企業を
　　支える個人や地域の活力を引き出し，日本経済の自律的な発展と国民生活
　　の向上に寄与することを使命としている。そのために，経済界が直面する
　　内外の広範な重要課題について，経済界の意見を取りまとめ，着実かつ迅
　　速な実現を働きかけると同時に，政治，行政，労働組合，市民を含む幅広
　　い関係者との対話を進めている。また，各国の政府・経済団体並びに国際
　　機関との対話を通じて，国際的な問題の解決と諸外国との経済関係の緊密
　　化を図っている。経団連は，2021年現在，日本の代表的な企業1,461社，
　　製造業やサービス業等の主要な業種別全国団体109団体，地方別経済団体
　　47団体などから構成されている。

(2) 経済同友会（同友会）[22]──企業ではなく，企業経営者が個人として加入
　　する組織で，経済・経営・社会問題に関する調査・研究，審議，立案，建
　　議や海外経済界・国際経済団体との共通課題の意見交換，協力を行ってい
　　る。2021年，一般会員は1,483名となっている。

(3) 日本商工会議所（日商）[23]──「商工会議所法」に基づく全国経営者団
　　体で，全国515の商工会議所を会員とし，各地の商工会議所が「その地区
　　内における商工業の総合的な発展を図り，兼ねて社会一般の福祉増進に資
　　する」という目的を円滑に遂行できるよう全国の商工会議所を総合調整し，
　　その意見を代表している。少子化問題，景気対策，税制，社会保障制度改
　　革，金融，経済法規問題，地球環境問題，国際関係，中小企業対策，総合

的なまちづくりの推進，行財政改革，労働問題，教育問題，憲法問題など重要な政策課題について，中長期的な観点から調査・研究を行い，政府，政党，関係機関などに提言し，政策に反映されるよう働きかけている。

２．中小企業経営者の全国団体

(1)　全国中小企業団体中央会（中央会）[24]——「中小企業団体の組織に関する法律」に基づく組織で，都道府県ごとに１つの中央会と，その全国組織としての全国中央会が設立されていて，中小企業の組織化を推進し，その連携を強固にすることによって，中小企業を支援していこうとする団体である。2021年，会員数は，都道府県中央会が47，中小企業団体が266，業界団体・金融機関等が107となっている。

(2)　全国商工会連合会（商工会）[25]——商工会法に基づいた，商工会議所の存在しない地方小都市における小規模事業者の団体であり，2021年，全国に1,679の商工会がある。経営指導，調査研究，情報提供などの活動をしている。

　このほか，多国籍企業の普及に伴い国際的な活動をしている頂上団体（ピーク・アソシエーション）も存在する。例えば，1919年にパリで設立された，国際商業会議所（インターナショナル・チャンバー・オブ・コマース）（ICC）がある[26]。1923年に国際商業会議所日本委員会が設立された。国際的な業界団体もあり，国際化学工業協会協議会（インターナショナル・コングレス・アンド・コンベンション・アソシエーション）（ICCA）に日本化学工業協会は参加していて，旭化成やライオンなど178社が参加している[27]。

第5節　労使協議制

　労使協議制とは，経営協議会，労使懇談会，生産協議会，生産委員会などとも呼ばれ，労働者を経営に参加させるために使用者と労働者との間に設けられる常設の協議機関で，労働組合がある場合には労働協約によって設置が決まる。

　労使協議制は，1945年末から46年前半にかけて労働組合が経営者の生産サ

ボタージュ（経営者の生産意欲喪失や手持資材値上り期待のために生産中止したこと）に対抗して経営者に代わって生産業務を行った「生産管理闘争（業務管理闘争）」，ILOの「企業段階における使用者と労働者との間の協議及び協力に関する勧告」，日本生産性本部が主体となって実行した「生産性向上運動」などを契機としてできた制度である。

　この協議会の運営方法としては，通知説明をするものから，諮問，共同決定に至るまでさまざまな類型があるが，いずれにせよ，次節で述べる団体交渉事項以外の問題について労使双方が協力的に話し合う機関として位置づけられる。

第6節　団体交渉

1．団体交渉と労使協議制

　団体交渉（団交）とは，経営者と労働組合の「賃金，労働時間その他の労働条件の共同決定[28]」のことであり，労使の協力関係を確立する過程を意味している。

　団体交渉は，事業活動の成果であるパイをどのように配分するかについての話し合いであるため，労使の対立関係を生む可能性が高いが，労使協議制は，パイをいかに大きくするかについて協力関係の下で開かれる。

　こうした団体交渉と労使協議制の関係は次の3パターンに分類される[29]。

(1) 分離型——団体交渉と労使協議制とを制度上分離し，前者では，賃金その他の労働条件を交渉の前提とし，後者では，労働条件以外の経営・生産的事項を協議の対象とするもの。

(2) 連結型——1つの労使協議機関で，経営・生産的事項の協議を行う他，団体交渉事項も併せて協議し，ここで労使が合意に到達できない場合，改めて，団体交渉の手続きに移行する。

(3) 混合型——労使協議機関で，経営・生産的事項の他に，団体交渉事項も併せて協議決定していくタイプである。

　最近の傾向として，新型コロナの影響でネットでの組合加入やズームによる団交が広がっている。交通費の節約や時間の効率的使用が可能となる。「インターネット上にやりとりが公開されるのでは」という心配もあるが，トラブルはまだ報告されていない[30]。

2．団体交渉の構造

　団体交渉には，単独個別交渉あるいは個別交渉といって労使ともに企業別に交渉・妥結する交渉方式と，次に示されるような上部団体関与型交渉がある。

(1) 統一交渉——単産や複数の組合が統一的な要求をもって，それに対応する使用者または使用者団体と行う団体交渉。これには労使の上部団体が公式に代表権あるいは交渉権をもつ場合と最終的決定権である妥結権は単組と企業に残しながら，交渉の場を統一交渉にもつ場合がある。

(2) 集団交渉——複数の使用者と複数の企業別労働組合とがそれぞれ共同し，労使双方とも多数当事者が出席して行われる交渉で，集合交渉，連合交渉とも呼ばれる。例えば，中・四国旅客船労働協約改定集団交渉が全日本海員組合によって実施されている[31]。

(3) 対角線交渉——企業別労働組合の加盟する上部団体が直接個々の企業と行う団体交渉で，単独個別交渉に対し単産が対角線をなすような形をとる。例えば，東京出版合同労組は，小規模の出版関連企業の職場ごとの分会が集まって1つの労働組合となり，お互いの職場に交渉員が入る「対角線交渉」を行っている[32]。

3．団体交渉のルール

　団体交渉のルールで最も重要なことは，結果としての労働協約を「契約」とみなすことである。西欧はキリスト教に基づく契約社会である。聖書のタイトルは，契約であり，神と人との契約書は『旧約聖書』，神の子であるキリストと人間との契約書は『新約聖書』である。したがって，西欧は契約社会と呼ばれるが，日本は，契約の概念が明白でなかったため，団交は，妥協や和解とみ

なされてきた。

　団交は「契約」を結ぶための交渉と位置づけなければならない。団交にあたっては，労使協議制などを通じて，日時，場所，人数などのルールづくりをする必要がある。団交の日時などは，労働組合側に優先的指定権があるわけではなく，労使対等の立場から決定する必要がある。

　使用者は，労働組合が社員の過半数を組織していることの確認を必要とする36協定や，原資計算のために組合員数の確認が必要な賃上げ交渉の場合は，同組合に組合員名簿の提出を求めることができる。

第7節　春　　闘

　春闘（春季生活闘争）は，毎年3月ごろから各労働組合が一斉に行う労働条件改善闘争である。春闘は，戦後のレッドパージにより共産党指導の労働組合運動が挫折したことから，組合運動は，政治闘争ではなく，賃金闘争となり，企業別労働組合だけでは力が弱いので1955年より民間8単産によって始められた闘争である。

　春闘の特徴は，賃金交渉時期の計画的集中化を図りながら，交渉能力の強い労働組合をトップバッターにしたスケジュールを事前に立てて交渉に当たらせ，その妥結額を春闘相場としながら交渉力の弱い労働組合の賃上げ達成目標を高めようという「スケジュール闘争方式」である。

　春闘は，これまで賃上げ，特にベアを目的としてきたが，不況と能力主義の台頭に伴い，2003年に一旦終焉した。すなわち，持株会社化，長引くデフレ，成果主義の普及などにより，これまでの統一要求に代わり企業ごとに個別の要求が行われるようになった。ものづくり産業労働組合JAMは，最低限の基準を設定しつつも個別賃金要求方式をとっている[33]。

　また，毎年行われてきた春闘は，アメリカのように2年から4年ごとに行われるケースも出てきた。鉄鋼，造船，建設などの基幹産業で組織される日本基幹産業労働組合連合会（基幹労連）は，隔年交渉を実施している[34]。

　2014年に春闘は再開することになる。すなわち，景気回復とデフレ脱却で賃金体系を底上げするベアの要求が各社で提出された。その後，経営格差や能力主義などの浸透で労働者の収入格差が拡大してきたので，2017年に連合は，春季生活闘争方針を「底上げ・底支え」と「格差是正」にし，すべての働く者が人間らしい働きがいのある仕事に就けることを目標にした。

　2001年には「パート春闘」が始まった。厚生労働省の「労働組合基礎調査」によれば，2020年現在，パートタイム労働者の組合員は，137万5千人となっており，全労働組合員数に占める割合は13.7％である。そうした影響力の拡大に伴い，連合は，「非正規労働センター」を設置し，非正規雇用で働く人たちの処遇改善や安定雇用，諸制度の見直しに向けた取り組みを展開している[35]。

　同一労働・同一賃金の導入などに伴い，パートタイム労働者等に組合加入資格を認める企業も増えていて，話し合いがもたれるようになっている。厚生労働省「令和2年労使間の交渉等に関する実態調査」によれば，組合員資格として「パートタイム労働者」38.2％，「有期契約労働者」41.4％，「嘱託労働者」37.4％，「派遣労働者」6.1％が認められている。

第8節　労働争議

1．労働争議とは何か

　労働争議とは，労働関係の当事者間において，労働関係に関する主張が一致しないで，そのために争議行為が発生している状態または発生するおそれがある状態をいう（「労働関係調整法」第6条）。争議行為は，同盟罷業，怠業，作業所閉鎖その他労働関係の当事者が，その主張を貫徹することを目的として行う行為及びこれに対抗する行為であって，業務の正常な運営を阻害するものである。労働争議は，争議行為を伴う争議と争議行為を伴わない争議（争議行為を伴わないが解決のため労働委員会等第三者が関与したもの）とに分けられ，この合計は，総争議という。

　労働争議の件数は1960年の「総争議」が2,222件（総参加人数695万2,911人）

から徐々に減少してきており，2020年の労働争議は，「総争議」の件数は303件，総参加人員は57,426人となっている。この労働争議数の減少は，豊かさ，外部労働市場の拡大や価値観の多様化などが影響しているが，他方において使用者対労働組合という集団的労働争議よりも，使用者対個々の従業員という個別的労働争議にシフトしていることが考えられる。実際，個々の従業員と経営者との間の紛争は増加している。

こうした状況を解決するため，「個別労働関係紛争の解決の促進に関する法律」が制定された。個別労働紛争には，①解雇，雇止め，労働条件の不利益変更などの労働条件に関する紛争，②いじめ・嫌がらせなどの職場環境に関する紛争，③退職に伴う研修費用の返還，営業車など会社所有物の破損についての損害賠償をめぐる紛争，④会社分割による労働契約の承継，同業他社への就業禁止など労働契約に関する紛争，⑤募集・採用に関する紛争が紛争解決援助制度の対象になっている。

同法に基づき，以下のような個別労働紛争解決制度が運用されている。

(1) 都道府県労働局の出先機関として全国379カ所に総合労働相談コーナーを設け，労働問題に関するあらゆる相談に対応するばかりでなく，紛争解決のための「助言・指導」や「あっせん」を案内し，情報提供を行うワンストップサービス（さまざまな行政サービスを一括して提供する）を実施する。

(2) 都道府県労働局長は，紛争当事者に対し，問題点を指摘し，解決の方向性を示唆する助言・指導を実施する。

(3) 学識経験者から構成される紛争調整委員会を都道府県労働局ごとに設置し，紛争当事者双方の主張の要点を確認しつつ，その合意に向けたあっせんを行うことにより，紛争の解決を図る。

２．労働争議の区分

(1) 争議の目的による区分

争議の目的による区分には，労働協約の解釈適用をめぐる当事者の権利関係の争議である「権利争議」と賃金や労働時間などの新しい労働条件の設定をめ

ぐる経済上の争議である「利益争議」がある。労働協約が「契約」として認知されていないので権利争議と利益争議が明確に区分されていない場合が多い。

(2) 労働争議の手段による区分

アメリカ労働法では争議手段は，すべてストライキ（スト）である。手にもったハンマーを打ち捨て，仕事をやめて帰ったためにこの名称が使われている。

わが国ではストライキを含め，以下のようなさまざまな争議戦術が用いられている。

① 同盟罷業（ストライキ）——同盟とは団体等が同目的のために同行為をする約束のことで，罷業とはわざと仕事を休むことである。アメリカでは従業員が工場や事業場を退去してしまうウォークアウトが主流であるが，わが国では従業員が職場にとどまって動かない座り込みストの方が多い。これは，使用者が非組合員などを利用して事業を継続するのを阻止し，一部の組合員がストをやめるスト破りを阻止するためである。ストライキには以下の類型がある。

(a) 通常のストライキ——企業別に行われるストライキ。

(b) ゼネラル・ストライキ（ゼネスト）——全国的で全産業にわたるストライキ。

(c) 部分ストライキ（部分スト）——組合員の一部だけがストライキに突入することで，指名された組合員だけがストライキを行う指名ストもこれに含まれる。部分ストは，組合費の支出を減少して打撃を与えることができる。ストライキと就業をくり返す波状ストもこれに含まれる。

(d) 時限ストライキと無期限ストライキ——時限ストライキはあらかじめ一定の期限を定めて行うもので，就業時間内に行われる職場大会もこの範疇に入る。無期限ストライキは期限を定めないストライキである。

② 怠業（サボタージュ）——これはフランスにおいてわざわざ木靴を履いて仕事をしたこ

とに始まるもので，使用者の指揮命令に部分的に従わないなど労働の計
画的な不完全就業の実施を意味し，以下のものが含まれる。

(a) 順法闘争——これは法律を厳密に順守することによる争議手段で，安
全運転，点検闘争，定時出勤・退社，時間外労働の拒否などがこれに
あたる。

(b) 上部遮断スト—— 一応就業はするが，非組合員である管理者と直接接
触する地位にある組合員が指示や命令などを受けてもそれを下部に伝
えず，また経営者に伝えるべき情報などを伝えず，さらに平常時とは
異なる指揮・命令系統を通じた業務命令は拒否する争議手段である。

③　争議行為の補助手段としての争議行為

(a) ボイコット——当該企業の商品やサービスの不買運動のことで，これ
には1次的ボイコットと2次的ボイコットがある。1次的ボイコット
とは，使用者の製品やサービスを買わないように組合員に指示すると
ともに，他の労働者や消費者にもこれを呼びかけることである。2次
的ボイコットとは，取引関係にある他の会社に取引の停止を要求した
り，取引会社の労働組合に対し自分の会社向けの製品加工などはしな
いように求めることである。2次的ボイコットは，同情ストとして違
法ではあるが，取引企業の労働組合に対し労働争議を要求することも
これに含まれる。

(b) ピケッティング（ピケ）——スト破りや一般大衆の同感を喚起するた
めに職場出入りの見張りを行い，ストライキへの協力を求める行為で
あるが，バリケードを築いたり，厳重なスクラムを組むことは違法と
されている。

(c) 有給休暇闘争——組合員全員が一斉に有給休暇をとる戦術である。会
社は，利用目的が組合活動という理由では拒否できないが，その目的
は有給休暇制度の趣旨に反するので休暇手当の支払いは必要ないとす
るのが判例の立場である。

(d) ビラ配り——組合活動の主張を示すものであり，休憩時間などに配る

　ことは，問題はないが，窓や設備などへの許可を得ないビラ貼りは施
　設管理権の問題があり違法である。
(e) 強行就労などによる職場占拠——これは次に述べるロックアウトに対
　抗して行われるもので，施設管理権の侵害となる。

3．使用者の争議行為

　使用者の争議手段は，以下の2つに限定される。

(1) ロックアウト（作業所閉鎖）——使用者が団体交渉過程で従業員を作業
　所，工場，店舗などから集団的に閉め出すこと。これにより，使用者はノ
　ーワーク・ノーペイの原則に従って従業員に給与を支払わなくてもよくな
　る。もちろん，通常の労働者によるストライキの場合も給与は支払わなく
　てもよい。したがって，労働組合は指名ストや時限ストなどを用いて組合
　員の収入をできるだけ確保しようとするのである。
(2) 労働組合法第7条で使用者の不当労働行為として列挙された事項に該当
　しない争議行為群——非組合員などの利用による事業の継続，使用者の主
　張の宣伝，労働組合の要求や闘争方針の批判などがある。

第9節　労使関係のゆくえ

1．企業別労働組合の終えん[36]

　1949年に55.8％であった労働組合の推定組織率は，図表10−3に示される
ように，2020年の単一労働組合の労働組合数は23,761組合，労働組合員数は
1,011万5千人で，推定組織率は17.1％となっている。この数字だけでも企業
別労働組合の衰退は明らかである。
　労働組合組織率の低下傾向は，先進国においては一般的となっている。労働
政策研究・研修機構によれば，2020年の労働組合組織率は，アメリカ10.8％，
イギリス23.5％（2019年），ドイツ16.5％（2018年），フランス8.8％（2018年）な
ど，どの国も低水準になっている[37]。

図表10－3　労働組合の推定組織率

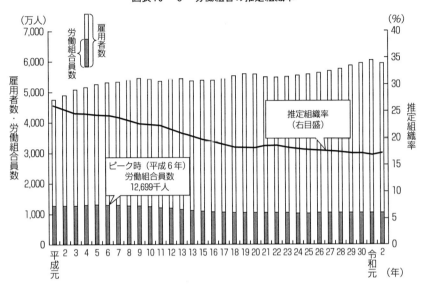

資料出所：厚生労働省「令和2年労働組合基礎調査の概況」（https://www.mhlw.go.jp/
toukei/itiran/roudou/roushi/kiso/20/index.html）

組織率の低下理由については，以下のように指摘されてきた。

①　価値観の多様化——労働組合に参加していない最大の理由は「職場に労
働組合がない」である[38]と考えられるが，リクルートワークスの2021
年調査では，労働組合に加入したくない理由として「自分にとってメリ
ットがない」，「組合費を負担したくない」，「人間関係が煩わしい」，「興
味がない」などと回答していて，組合を必要とする人とそうでない人と
の間に隔たりが出てきた[39]。また，働き方や生き方の多様化も進展し
た。

②　サービス経済化の進展——第三次産業の小売りやサービス業では，小規
模事業所が多く，正社員が少ないために組織化が困難である。

③　ホワイトカラー化——日本は90年代末にホワイトカラーとブルーカラ
ーの数が同数になった。非組合員になる可能性の高い管理職の数は減少

しているものの，ホワイトカラーの過半数が第三次産業に属していて，それが組織率の低下につながっている。

④ 公務員の減少──組織率の高かった公共部門は，定員削減や民営化，アウトソーシング化などの合理化により職員数が減少した。

⑤ 女性化──女性労働者，特にパートタイマー労働者の増加が顕著になった。他国においても労働組合は，男性の領域というイメージが強い。アメリカ労働総同盟・産業別組合会議（AFL-CIO）も，女性，マイノリティ，移民については組織化してこなかった[40]。

⑥ 中小企業化──新規雇用の主体が大企業ではなく，組織化が困難な中小企業にシフトした。

⑦ 国際化（グローバル）化─国際化は海外現地生産に伴う雇用の空洞化を招いた。雇用の空洞化は組織率に影響を及ぼさないわけがない。

⑧ IT化──IT化は，米国防高等研究計画局が分散化を進める技術としてインターネットを開発したことに始まるが，この分散化は，市場，組織，職場などあらゆる面で革命的な変革をもたらした。市場，組織や働く場所の分散化は，労働者を分散し，企業別労働組合の結束力を弱める。IT化は，マーケットをグローバル化し，参入障壁を崩壊して企業間競争を激化させる。その結果，企業は，選択と集中を行い，リストラクチャリング（リストラ）を決行する。そして，コストを減らすためにアウトソーシングに依存し，派遣労働者，パートタイマー，アルバイト，ギグワーカーなどを使用する。同様に正規従業員についても，在宅勤務やみなし労働制などを活用することにより，労働者の結びつきを弱める。つまり，IT化は，正規従業員の減少をもたらし，結束する機会を減らして企業別組合の存立を危うくする。

　また，バーチャル組織や３次元マトリクス組織などはすべてITがなければ成立しないか，あるいは形態を維持することが難しい。こうした組織では，これまで面識がない人や世界中の別の会社の人と急遽仕事をしなければならないので，組合の結成は困難となるであろう。

⑨　エージェンシー理論——1970年代以降，株主と経営者の関係は，エージェンシー理論に基づき，所有者あるいは依頼人^{プリンシパル}と代理人^{エージェント}の関係とみなされ，エージェントである経営者は，必要であれば，従業員を犠牲にして株主利益を実現するようになった[41]。その結果，経営者の優先順位は，第1位が株主，第2位が顧客，第3位が従業員となった。

以上のような原因の他に，HRMの登場が労働組合の弱体化を促してきた。HRMは，労働組合の組織率低下により集団的労使関係管理の必要性が薄れ，人材育成や業績評価といった個人管理に重点を置くことが可能になったことから世界中に広まるようになった。

また，「個別労働関係紛争の解決の促進に関する法律」が施行され，総合労働相談件数は年々増加している。このことからも，個別的労使関係管理が重要になってきていることがわかる。

今日の企業の対労働組合戦略としては3つが考えられる。1つは，これまでと同様の伝統的な労使関係を続ける戦略である。第2はHRMの強調である。これには2種類のものがあり，組合を認めるものとそうでないものがある。いずれにせよ，この戦略は，組織コミットメントを重視したものとなっている。

コミットした労働者は高く動機づけられ，契約以上のことをするため，組織にとって高い業績を約束する。責任ある自律性，自己監視，自己統制を可能にし，組織に残る可能性が高いことから選考や人材育成のROI（投資収益率）を確実にする。その結果として，コミットした労働者は労働組合や組織に対する貢献の質や量を減らすかもしれないし，いかなる集団活動にもかかわらない傾向が強まると予測される[42]。

このような状況が生まれてくるため，HRMは労働組合の弱体化と結びついてきた。

具体例をアメリカについてみてみたい。労働組織回避の戦略をとる企業（アマゾン，IBM，HP，マークスアンドスペンサー，在米日系企業など）は，労働組合の代わりとなるような洗練された人間関係アプローチを採用している。例えばフレンドリーな仕事環境や従業員を尊敬と尊厳をもって扱ったり，ノーレイオフ保

障，公式の苦情処理システムの採用，福利厚生の充実などである[43]。

　アマゾンは，すでに高い賃金や学習機会を提供しているし，会社と従業員の協力で労働組合がなくても事業が伸びると主張することで労働組合は成立しなかった[44]。しかし，アマゾンの社内賃金格差は，倉庫管理（時給2.75ドル）と上級サイエンティスト（同16.73ドル）で5倍になっている。これは，ジョブ型の副作用であり，HRM上重要な課題となる。

　労働組合を認めつつもHRMを強調する戦略については，アメリカでは1980年初頭からTQC（総合的品質管理），QC（品質管理），QWL（労働生活の質的向上），労使協議制などの経営参加を提供してきた。例えばゼロックスではSHRMへの関与を求めていて，TQC，さまざまなタイプの参加，自立的作業集団，アウトソーシングの検証，一時解雇（ノー・レイ・オフ）をしない政策などを共同決定している[45]。HRMは，従業員ばかりでなく，労働組合の企業へのコミットメントを高めたと考えられる。その要諦は，組織の生き残りのために経営責任について回避し続けてきたアメリカの労働組合が品質や効率問題について深く関与し始めたことである。

　興味深い研究結果は，会社と労働組合に対する2重のコミットメントに関して，スウェーデンとドイツでは高いものの，日本ではそうではないということである[46]。わが国の場合，労働組合の上層部は上級管理者になる可能性が高いために会社へのコミットメントの方が高いのである。

　第3の戦略は，ブラックホールと呼ばれていて[47]，伝統的な組合関係を回避するばかりでなく，HRMも行わず温情主義に頼るものである。この戦略は，小規模企業においては有効かもしれないが，規模が拡大すると人間関係が希薄になるためなくなるであろう。

2．新しい労働組合

　これまで検討してきたように，国際化，IT化及びHRMの登場などは，わが国ばかりでなく，各国の組合を弱体化したと考えられる。しかし，これにより労働組合の役割が終わりを告げたわけではない。労働組合の役割は変化したの

である。キャッチアップ時代，労働組合は，欧米並みの労働条件の獲得を目標として一律賃上げと労働条件の改善を求めればよかった。今日それは，平等であるかもしれないがフェアではないとする意見が一般的になった。

労働組合の役割は，全体の水準アップではなく，個々の組合員の労働が正しく評価され，正当に報われているかどうかを監視する機関に変わった。ただし，この役割には大きな問題が2つある。

1つは，組織の境界線があいまいになり，誰が組合に所属すべきかが不明瞭になった点である。従業員なのか分かりにくくなってきているし，今後その傾向はさらに高まることが予想される。会社の中には，正規ホワイトカラー従業員と呼ばれる人たちだけでも地域限定社員や職務限定社員など，ひと括りではまとめられない状況になっている。そのほか，パートタイマーやギグワーカーなどさまざまな周辺労働者が存在し，アウトソーシングも増加している。また，昨日まで正社員と思われていた人も今日は別会社の従業員ということもある。これは，ある部門の分社化が行われたとしても，働く場所は同じであったりするからである。こうした利害の異なる人々を企業別労働組合という1つの組織でまとめるのは限界にきている。なぜなら，立場の違いによるコンフリクトがあまりに大きくなるからである。

2番目の問題は，本人がフェアと感じている場合には組合は異見を差し挟むことが難しいということである。

もう1つの役割変化は，賃金を中心とする労働条件が欧米に近づいた後，組合は新しい戦略を構築できずに，ボウリング大会などを主催する「イベント屋」になったことと関係がある。賃金面では，いまだ上昇に対して闘わなければならなくなっているが，日本経済の低迷がそれを阻んでいる。労働時間に関しては，まだ見劣りするものの欧米の水準とそれほど変わらなくなった。雇用保障を前面に出してきている組合もあるが，雇用の流動化は，いろいろなステージで能力のある人々に力を発揮してもらうことになり，社会や本人にとっても望ましいことである。

したがって，労働組合は，新たな戦略を構築しなければならなくなっている。

それは，これまでの集団的ニーズの解決よりもセクハラなどの解決といった個別的ニーズに重点を置くものになるであろう。そして「構造は戦略に従う」の命題通り，その新しい戦略は新しい 形 態 （コンフィグレーション）を必要とする。新しい形態は「企業別」ではなく，状況適応的（コンティンジェント）でなければならない。フランスでは組合組織率は先進諸国中最も低いレベルにあるが，ストは頻繁に発生する。これは，いつもは意見が対立している人たちであっても，ある出来事に対して急に同じ旗を掲げ出すからである。

　このように，労働組合は企業別ではなく，企業を越えてその都度フレキシブルに利害を同じくする人々が集まって団交を申し込むような組織形態に変わらざるを得ない。今日の企業組識が有機的に結合したり分裂するように，労働組合も組織の形をその都度変える必要が出てきた。その1つの答えが「合同労働組合」や「一般労働組合」である。一般労働組合は，今日では既存の労働者から無視され，残された広大な領域に成立する労働組合である。

　オンライン労働組合も出現していて，「みんなのユニオン」は，組合費なし，使いたいときだけ参加できる，ユニオンショップ協定を回避できる，手伝い義務は一切なし，いつでも脱退できる，という特徴をもつ[48]，状況適応的な労働組合となっている。

　アメリカでも 仲 間 組 合 （アソシエート・メンバーシップ）という新しいタイプの労働組合が出現した[49]。これは，さまざまな職場の従業員がさまざまな利益やサービスを提供するために組織された組合である。また会社のM&Aに対抗してM&Aを行う組合もある。

　上述のように，これからも個別的労使関係が重視されるであろうが，集団的労使関係が消滅するわけではない。集団的労使関係は，カウンターパワーの役割を担うからである。とりわけ集団的労使関係が重視されるのは，職種別組合，産業別組合及び公共部門においてである。職種別については，エンターテイナーや芸術家などの職種において組織化が進展するかもしれない。

　産業別労働組合については，企業を超えて組合員を支援できるというメリットがあるため，今後勢力を伸ばすかもしれない。産別労働組合「UAゼンセ

ン」は，新型コロナウイルスの感染拡大により，人員過剰の居酒屋労組の社員を人手不足のスーパー労組に一時出向する橋渡しをした[50]。社員が多様化する中で非正規労働者や外国人労働者を産別労組に取り入れることも行われていて，組織率は低下しているものの，組合員数は2015年から連続で増加している[51]。公共部門は，非正規労働者を取り込んでいる。

3．労使関係のゆくえ

　組織は，1人ではできないことを行うためにつくられる。労働組合も同じで，1人ではできない交渉を行うためにつくられる。これまでそうした交渉は，企業別に行われてきた。しかし，環境変化は，企業の戦略変更を加速させ，組織構造がそれに合わせて柔軟に変更されてきた。その組織は，人々の所属を「企業別」で捉えにくくしている。その結果，労働組合は，これまでの企業別ではなく，欧米のように同じ利害者によって組織されるであろう。その形はコンティンジェントである。なぜなら，利害関係は常に変化し続けるからである。それが労働組合の望ましい戦略であると考えられる。

　それに対して企業は，HRMを前面に押し出し，個別的労使関係を重視していく戦略をとる可能性が強いように思われる。なぜならHRMは，「企業別」ではなく，利用可能なあらゆる人材の管理を志向するからである。しかし，同時に企業は，経験的に労働組合が有用であることも知っている。したがって，集団的労使関係は維持しつつもHRM重視の戦略をとると予想される。

【注】
1）白井泰四郎『労使関係論』日本労働研究機構，1996年，2頁。
2）同上書，3頁。
3）John T. Dunlop, *Industrial Relations Systems*, revised ed., Harvard Business School Press, 1993, p.10.
4）河北新報「労働審判「困難」民事訴訟に移行」2021年4月23日，朝刊。
5）Jeffrey Pfeffer, *op. cit.*, p.251.（前掲訳書，210頁）。
6）栗田　健『労働組合』日本労働協会，1983年，84頁。
7）Sidney & Beatrice Webb, *The History of Trade Unionism*, Augustus M. Kelley Publishers, 1920,

pp.67-70.（荒畑寒村監訳『労働組合運動の歴史・上』日本労働協会，1973年，77-81頁）。

8）郷野晶子「アメリカの労働組合：産業別組合本部とローカル」小池和男編・監修『国際化と人材開発』ナカニシヤ出版，2007年，197-235頁。

9）明治以来の労使協調路線を源流とする説（間　宏『日本における労使協調の底流』早稲田大学出版部，1978年）や大企業中心に労使市場の縦断化が進んだ結果とみる説（高橋　洸・小松隆二・二神恭一編『日本労務管理史3・労使関係』中央経済社，1988年，31頁）などがあり，通説では戦前には企業別組合は存在していなかったとする「不在説」がとられている（河西宏祐『企業別組合の理論』日本評論社，1989年，99-111頁）。

10）舟橋尚道『労使関係論』芸林書房，1980年，210頁。

11）https://www.mhlw.go.jp/churoi/chousei/sougi/dl/sougi05-07.pdf

12）http://jlum.sakura.ne.jp/

13）河北新報「学生ユニオン発足」2021年5月11日，朝刊。

14）木下武男『労働組合とは何か』岩波書店，2021年，270頁。

15）https://www.courts.go.jp/app/hanrei_jp/detail2?id=81243 及び日本経済新聞「「私は労働者?」2つの焦点」2021年4月19日，朝刊。

16）白井泰四郎，前掲書，37-45頁参照。

17）労働省編『最新労働用語辞典』日刊労働通信社，1993年。

18）Raymond A. Noe, John R. Hollenbeck, Barry Gerhart, Madison, and Patrick M. Wright, *op. cit.*, p.586.

19）https://www.mhlw.go.jp/churoi/houdou/futou/dl/shiryou-31-0315-1.pdf

20）間　宏『日本の使用者団体と労使関係』日本労働協会，1981年，4頁。

21）https://www.keidanren.or.jp/profile/pro001.html

22）https://www.doyukai.or.jp/about/org.html

23）https://www.jcci.or.jp/aboutcci.pdf

24）https://www.chuokai.or.jp/chuo/chuo.htm

25）https://www.shokokai.or.jp/?page_id=45

26）Karsten Ronit, *Global Business Associations*, Routledge, 2018, p.31.

27）https://www.nikkakyo.org/memberlist/jp

28）占部都美・大村喜平『日本的労使関係の探求』中央経済社，1983年，110頁。

29）同上書，109頁。

30）河北新報「コロナ禍　変わる労組」2021年4月7日，夕刊。

31）http://www.jsu.or.jp/files/pdf/shinbun/2954.pdf

32）http://www.syuppan.net/godo/godo.html

33）https://www.jil.go.jp/kokunai/topics/mm/20210122.html

34）https://www.jil.go.jp/kokunai/topics/mm/20200313e.html

35）https://www.jtuc-rengo.or.jp/activity/roudou/hiseikiroudou/

36）鈴木好和「人的資源管理と労働組合：企業別組合の終えん」日本労務学会東北部会報告，2002年12月8日。

37）https://www.jil.go.jp/kokunai/statistics/shuyo/0702.html

38）https://www.jil.go.jp/institute/reports/2007/documents/085_05.pdf

39）日本経済新聞「「正社員クラブ」もう限界」2021年6月28日，朝刊。

40）Victor G. Devinatz and Jack L. Howard, "The Future of Unions in a Changing Economy", in Gerald

R. Ferris, M. Ronald Buckley, and Donald B. Fedor, eds., *Human Resources Management,* Prentice Hall, 2002, pp.383-404.

41) Stephen A. Ross, "The Economic Theory of Agency: The Principal's Problem", *The American Economic Review,* Vol. 6, No.2, May 1973, pp.134-139.

42) David E. Guest, "Human Resource Management, Trade Union and Industrial Relations", in Christopher Mabey, Graeme Salaman, and John Storey, eds., *Strategic Human Resource Management,* SAGE Publications Ltd, 1998, pp.237-250.

43) Angelo S. DeNisi and Ricky W. Griffin, *Human Resource Management,* Houghton Mifflin Company, 2001. 及び Nick Bacon, "Employee Relations", in Tom Redman and Adrian Wilkinson, eds., *Contemporary Human Resource Management,* Prentice Hall, 2001, pp.193-216.

44) 日本経済新聞「Amazon従業員，労組結成を否決　組合側は異議」2021年4月10日，朝刊。

45) Victor G. Devinatz and Jack L. Howard., *op. cit.*

46) David E. Guest, *op. cit.*

47) David E. Guest, *op. cit.*

48) https://uaas.jp/about

49) Victor G. Devinatz and Jack L. Howard., *op. cit.*

50) 日本経済新聞「「社員」多様化　労組旗振り」2020年5月26日，朝刊。

51) 同上新聞記事。

第11章

国際HRM

第1節　序　　論

　ビジネスの国際化を進めたのは，ヴァイキングであろう。ヴァイキングとは，スカンジナヴィア人を指し，経済的な理由によって海路略奪の遠征を行い，帰国して再び自分たちの農場に定住する，海賊などの人々のことである。スカンジナヴィアには，ノルウェー，スウェーデン，デンマーク等が含まれる。「等」というのは，スカンジナヴィア周辺にヴァイキングが住んでいたからである。

　スカンジナヴィアは気候が厳しいため，ヴァイキングは，よい土地を求めて，イングランドやアイスランド等に新天地を求めて移住していった。新天地開拓，海賊行動及び交易を可能にしたのが竜骨（キール）の発明であった。この船舶デザインは，船の巨大化，平底化，耐航性，安定性，マストと帆による推進力を得た。竜骨は，吃水線が1メートルしかなく，川などの遡上や浅瀬に襲撃するのに有利で，奪略や殺戮に絶大な効果を発揮した。

　ヴァイキングの航海した世界は，イタリア，スペイン，モロッコ，エジプト，エルサレム，ロシア，バクダット，中国，アイスランド，グリーンランド，フランス，イングランド，北アメリカなど当時知られていた世界のほとんどすべての地に足を踏み入れていた。スウェーデンの交易都市ビルカには，ロシア，アイルランド，ラインラント，エジプトから交易商人がやってきた。交易を盛んにしたのは，物々交換だけでなく，銀貨が用いられたためである。銀貨は，未鋳造の銀と完全に等価であったため，当時，世界中の銀貨が共通に用いられた[1]。

1. 国際化した企業

クリストファー・バートレットとスマントラ・ゴシャールは，戦略的姿勢や組織能力を発達させて，国ごとに異なる環境に機敏に対応できるようになった企業を「マルチナショナル企業」，グローバルな効率のよさを求めて国際経営を発展させ，戦略や経営の決定権を中央に集中させている企業を「グローバル企業」，親会社がもつ知識や専門技術を海外市場向けに移転したり適応させたりして，親会社はかなりの影響力と支配力を残しているが子会社は中央の製品や考えを必要に応じて変えられる企業を「インターナショナル企業」と呼んだ[2]。

いくつかの国で経営している企業をマルチナショナルあるいはマルチドメスティック企業，グローバルに競争している大企業をグローバルあるいはメガナショナル企業という場合もある[3]。これらの企業形態の相違は，HRMに影響を及ぼす。

第2節　国　際 人的資源管理（IHRM）

ホフステッドは，各国の特徴を①権力格差，②個人主義か集団主義か，③男性的か女性的か，④不確実性の回避傾向という4つの文化的特徴により，国際競争力の強みと弱みを分析した。その結果，文化的特徴が国際競争に重要な役割を果たしていることが明らかになった。組織の戦略に文化的配慮が必要であるということになる。そのためホフステッドは，例えば，多文化組織間管理には，組織そのものの中心文化をつくること，文化を考慮に入れて相手国を選択すること，国際本部の組織づくりをすること，国際チームを編成すること，現地の文化的慣習をそのまま受け容れるか，それともそれを変えようとするのかの選択をせねばならないこと，などの問題を指摘している[4]。

フォンス・トロンペナールスらは，世界には，①普遍主義対個別主義，②個人主義対共同体主義，③関与特定型対関与融合型，④感情中立型対感情表出型，⑤実績主義対属性主義，⑥内的志向対外的志向，⑦時系列志向型対同時並行志

向型という7つの価値評価基準があることを指摘し，これらを①人間志向で平等主義的な「孵化型文化」，②平等主義的で職務志向の「誘導ミサイル型文化」，③安定的で，予測可能で，安全で，前もって定められた仕事をこなすものであり，信頼性が高い文化である「エッフェル塔型文化」，④階層主義的で個人志向の「家族型文化」に分類した。トロンペナールスらは，文化は変えられないので，それらを評価して，専門性に特化させることを提案している[5]。

　このように，IHRMにとって最も重要なことは，他国と自国のHRMをどの程度同じにするのか，あるいは，国ごとに異なるHRMを行うのかという戦略的国際人的資源管理（SIHRM）の問題となる。参天製薬では，かつてHRMは各国の人事ヘッドに任せてきたが，グローバルに統一し効率よく進めていくことにした[6]。

　他国のHRMがいかに異なるかについて北欧についてみてみたい。北欧では，職場デモクラシー，フラットな組織，権力の隔たりの少なさ，オープンでインフォーマルなコミュニケーション，共同決定，経営者と労働組合との密接な協働を特徴としていて，そのHRMは，ほとんどの国でHRマネジャーが組合との戦略的に重要な協力を行うために最高経営幹部の一員であることと，リクルートや選考などのHR責任がラインマネジャーに権限移譲されている[7]。

　さらに具体的にデンマークを例にして検討してみよう。デンマークでは，EUに属しながらもかなり異なるHRMが行われている。デンマークの最も重要な労働政策は，フレキシキュリティである。これは，労働市場の柔軟性と主に雇用・所得面のセーフティネットを意味する社会保障を組み合わせた造語で，以下のような「ゴールデン・トライアングル」と呼ばれる3つの特徴をもつ[8]。

①　労働保護法制が比較的緩い（ただし事前解雇通告の規制は厳しく，労使が結ぶ労働協約によるチェック機能が働いている）。

②　失業給付等の社会福祉が手厚い（失業給付期間は最長で3年と長く，失業給付のレベルも前職の7割以上，低所得層に対しては9割以上の場合もある）。

③　積極的労働市場政策が充実している。

　デンマークではアメリカの随意雇用のように，ほぼ自由に労働者を解雇できる。すなわち「雇い主は妊娠中の人以外は正当な理由があれば容易に解雇できる。解雇する場合は事前通知が雇用者に義務づけられているが，通知期間は労働者の勤続年数による。長年勤務していても新採用者よりも先に解雇される場合もある。雇用者は勤労者が要求しない限り解雇理由を示す必要もない[9]」。

　このように，経営状態の悪化等の理由で比較的容易に労働者を解雇できることで，労働市場原理を促進し，より成長の望める分野に労働者をシフトさせる一方，失業前給与の平均80％相当（低賃金労働者は90％[10]）の充実した失業給付や公的職業訓練によるエンプロイアビリティの向上及び求職支援により労働者のセーフティネットを提供している。失業手当に関しては，わが国同様，就職活動をしないと給付は受けられないが，失業者の就職活動の中に職業訓練が含まれる（300種類に及ぶ職業訓練のメニューがある）[11]。また，デンマーク職業安定所はすべての労働者の転職のデータを一括管理しており，そのデータをもとにカウンセラーが再就職希望者の適性をみながら再就職を支援している[12]。

　フレキシキュリティにより，1年間に転職する労働者の数は労働人口の約3分の1の80万人に達するという非常に流動的な労働市場であるにもかかわらず，低い失業率と高い就業率を達成している。2006年に欧州委員会（EC）が発表した「労働力の流動性に関する調査報告書」によると，デンマークの労働者の平均転職回数は6回で，欧州連合（EU）諸国の中でも最も転職率が高かったが，過半数の人は転職を肯定的に捉えている。その理由の1つとして，デンマークでは職を変えず同じ会社や同じ機関・団体で同じ仕事をしている限り，勤続年数が増しても賃金はほとんど変わらないことがある。そこで，新たな職にチャレンジするだけでなく，同時により高い賃金の確保を目指して転職するケースも少なくない[13]。

　デンマークではHR部門は，ほぼすべて外注されていて，ライン管理者がほとんどすべてのHR職能に最も強い責任を負っている[14]。また，人材育成は，国に依存している部分が大きい。

　以上のように，国によって政策や法律が大きく異なるため，IHRMは，少な

くともある程度は現地に任せざるを得ない。

第3節　海外の法的規制

　法的規制についても，わが国と他国の規制とは違いがみられる。例えば，アメリカ雇用機会均等委員会（EEOC）によれば，アメリカ法で禁止されている雇用差別は，①年齢（年齢によって不利な扱いを受けることであるが，40歳以上の人の年齢差別は禁止されている），②障害（障害をもっていることで不利な扱いを受けること），③同一賃金／報酬（同じ職場の男女は，同じ仕事に対して同じ賃金が支払われなければならない），④遺伝子情報（雇用における遺伝子情報による差別を禁止している），⑤ハラスメント（人種，皮膚の色，宗教，性（妊娠を含む），出身国，年齢（40歳以上），障害もしくは遺伝子情報をもとにした迷惑行為），⑥出身国（特定の国もしくは特定の世界の出身であること，民族性やアクセントのため，あるいは一定の民族的背景にあると思われることによって候補者もしくは従業員を不利に扱うこと），⑦妊娠（妊娠，出産もしくはそれらに関係する健康状態を理由として候補者や従業員の女性を不利に扱う），⑧人種／肌の色（一定の人種もしくは人種に関連した個人的特徴が原因で不利に扱うこと），⑨宗教（宗教上の信念で不利に扱う），⑩復讐（差別の訴訟を起こすか，職務上の差別について雇用者もしくは他の対象事業者に不平を述べたか，雇用差別の訴訟手続きにかかわったことを理由に解雇したり，降格したり，嫌がらせしたり，さもなければ復讐すること），⑪性（性の違いで不利に扱う），⑫セクハラ（性の違いで嫌がらせをすることであり，望まない性的誘惑，性的行為の要求及び性的特徴のある口頭もしくは肉体的嫌がらせを含む）である[15]。

　そのほか，アメリカでは，企業間の賃金調整や引き抜き防止協定など，あからさまな悪質行為は反トラスト法違反として刑事訴追の対象になるが[16]，こうした雇用カルテルについての規制は世界的に拡大すると考えられる。

　また，現地の法律の改正に伴う問題にも対処しなければならない。フランスでは，解雇はこれまでほぼ不可能な状況にあった。例えば，ある人を解雇するためには，その人の職務をなくさなければならないが，その職務を復活させる

場合は，解雇したその人を職場復帰させなければならなかった。今回の改正では，解雇が容易になる内容になっているものの，解雇時の罰金は存続する。IHRMは，当事国の法律の熟知と改正に注意を払う必要がある。

　このように，IHRMは，現地の文化，教育（人的資本），経済システム，政治－法律システムを考慮しながら実行しなければならない。そのため，進出当初は，現地のHRM専門家を活用することが望ましい。

第4節　人材の現地化

　ジェトロの「2020年度日本企業の海外事業展開に関するアンケート調査」によれば，新型コロナウイルス感染症の影響を受け，「海外ビジネス人材の見直し」を選択した企業のうち，その見直し内容については，「外国人採用」（38.8％），「日本人育成」（31.9％），「日本人採用」（29.9％），「外国人育成」（29.0％）等，採用・育成等人材面での体制整備を挙げる回答が3〜4割（複数回答）であった。2020年着手の見直し内容では，「駐在員等の縮小」（58.3％），「海外部門人材の配置比率縮小」（55.9％）が6割を占める。

　新型コロナウイルス感染症により，オンラインで国境を越えて仕事を発注する時代に突入し，越境リモートワークは3割増加したといわれていて[17]，今後もこの傾向は続き，駐在員は不必要となるかもしれない。しかし，海外展開の縮小傾向は，長期化しないと考えられるので，オンラインで海外とリモートできる人材育成は継続していかなければならないであろう。

　わが国企業の国際化の特徴と問題点は，①日本からの海外派遣社員の人数が多い，②現地人材の管理職への登用が少ない，③本社における外国人従業員の採用と活用，役員への登用が少ない，④年功主義的色彩の強い人事制度であると指摘されている。日本人グローバル人材の育成も必要であるが，ダイバーシティを考慮しながら外国人とのバランスをとらなくてはならないであろう[18]。それには，外国人でも社長になれる機会が与えられなくてはならない。

　他国の文化を完全に理解して管理することは，とても困難である。トロンペ

ナールスらによれば，アメリカ人は，チームメンバーに高い評価を行うことで自分も高く評価してくれるだろうと期待するのに対して，フランス人は同僚を低く評価する。責任についても，特定の人の責任にする割合は，日本では低いがロシアでは高い。日本では仕事で感情を露骨に出す人の確率は低いが，クウェートやスペインは高い。これらの違いは，カルチャーショックをもたらす。

　こうしたことから，トロンペナールスらは，「グローバル企業の将来は，各々の文化を評価して，専門性に特化させることにある。インド南部からの大学卒業生は，理数系の能力が高く，高度なデータ処理装置を製造することに優れている。マレーシアは，世界で最も多言語を使用する国の1つである。そのため，アジアにおけるコールセンターには最適な場所である。将来の自動車製造は，デザインはイタリア，設計はドイツ，安全システムはスウェーデン，自動車コンピュータは日本，高度なアッセンブリーはシンガポールで，それぞれ行われるようになるかもしれない」と指摘している[19]。

　こうした企業のIHRMは，企業競争力につながるため，SIHRMとして展開すべきである[20]。

第5節　海外勤務の評価

　海外勤務の仕事上のメリットは，①視野の広がり，②外国人との折衝に自信がついた，③交際範囲の広がりが主なもので，デメリットは，①最新の情報に疎くなる，②帰国後の権限・責任の縮小，③日本の仕事のすすめ方への不適応，④社内人脈が薄くなるなどの研究結果[21]があるが，デメリットについてはICTなどの活用により減少していると想定される。

　生活面では，国際感覚が身につくなどが指摘されているが，不適応や順応できない人もいることに注意しなければならない。海外移住順応とは，関連した過去の経験に由来し，新しい環境において海外移住をより有効にすることを可能にする行動あるいは行動の傾向における永続的変化であり，適応は，新しい文化を学習することを含む概念である[22]。

家族の順応も家庭，仕事，学校をはじめとして生活全般にさまざまな影響を
もたらすため，サポートが必要な場合もある。

【注】

1) B. Almgren, *The Viking*, Nordbox, 1975.（蔵持不三也訳『図説　ヴァイキングの歴史』原書房，1990年）。

2) Christopher A. Bartlett and Sumantra Ghoshal, *Managing Across Borders: The Transnational Solution*, Harvard Business School Press, 1989, pp.13-15.（吉原英樹監訳『地球市場時代の企業戦略：トランスナショナル・マネジメントの構築』日本経済新聞社，1990年，19-21頁）。

3) Paul Evans, Vladimir Pucik, and Ingmar Björkman, *The Global Challenge: International Human Resource Management*, 2nd ed. , McGraw-Hill Companies, 2011, p.25.

4) Geert Hofstede, *Culture and Organizations: Software of the Mind*, McGraw-Hill International Limited, 1991, p.406.（岩井紀子・岩井八郎訳『多文化世界：違いを学び共存への道を探る』有斐閣，1995年，259頁）及びGeert Hofstede, *Culture's Consequences: International Differences in Work-related Values*, SAGE Publications, Inc., 1980, p.273.（萬成　博・安藤文四郎監訳『経営文化の国際比較：多国籍企業の中の国民性』産業能率大学出版部，1984年，368頁）。

5) Fons Trompenaars and Charles Hampden-Turner, *Managing People: Across Cultuers*, Capstone Publishing Ltd., 2004.（古屋紀人監訳，木下瑞穂訳『異文化間のビジネス戦略：多様性のビジネスマネジメント』白桃書房，2005年）。

6) https://project.nikkeibp.co.jp/HumanCapital/atcl/column/052000047/121200012/

7) Helen Shl, "Introduction: Nordic Perspectives on Human Resource Management", in Helene Ahl, Ingela Bergmo-Prvuovic and Karin Kihammar, eds., *op. cit.*, pp.1-13.

8) 村井誠人編『デンマークを知るための68章』明石書店，2009年，106頁。

9) 野村武夫『「生活大国」デンマークの福祉政策：ウェルビーイングが育つ条件』ミネルヴァ書房，2010年，42頁。

10) https://japan.um.dk/ja/info-about-denmark/denmark/

11) 野村武夫，前掲書，43頁。

12) 野村武夫，前掲書，44頁。

13) 野村武夫，前掲書，43頁。

14) Lisa Castro Christiansen, "Denmark: Redesigning Talent Asset: Grundfos Revisits their Talent Engine", in Liza Castro Christiansen, Michal Biron, Elaine Farndale, Bård Kuvaas, eds., *The Global Human Resource Management Casebook*, 2nd ed., Routledge, 2017, pp.55-63.

15) http://www.eeoc.gov/laws/types/

16) 日本経済新聞「雇用カルテル米が摘発」2021年8月9日，朝刊。

17) 日本経済新聞「越境リモート労働3割増」2021年7月25日，朝刊。

18) 桑名義晴・岸本寿生・今井雅和・竹之内秀行・山本崇雄『ケーススタディ・グローバルHRM：日本企業の挑戦』中央経済社，2019年，184頁。

19) Fons Trompenaars and Charles Hampden-Turner, *op. cit.*, pp.79-80, p.115, p.119 and pp.293-294.（前掲訳書，72頁，104頁，107頁及び265頁）。

20) 竹内規彦「戦略的国際人的資源管理」関口倫紀・竹内規彦・井口知栄編著『国際人的資源管理』中央経済社，2016年，184-200頁参照。

21) 石田英夫『国際経営とホワイトカラー』中央経済社，1999年，137頁。

22) Arno Haslberger, "Expatriate Adjustment: A More Nuanced View", in Michael Dickson, Chris Brewster and Paul Sparrow, eds., *International Human Resource Management: A European Perspective*, 2nd ed., Routledge, 2008, pp.130-149.

─── 第12章 ───

人的資源会計・監査

第1節　人的資源 会 計 ^(アカウンティング) （HRA）

　HRMの重要な責任は，HR業務がどのような企業の業績や価値に結びついたかを明らかにすることである。例えば，給与投資や人的投資の収益率，労働移動や病欠のコストなどを明確にするなど，HR業務を測定して，「見える化」しなければならない。そのためには，基準を設定してそれが達成されたか明らかにする必要がある。その会計がHRAである。

　管理者や組織成員だけでなく利害関係者 ^(ステークホルダー) が人的資源に関する資金の流れと成果を理解することによってより健全な経営が行われる。人的資源のコストと成果を皆で共有すれば，賃金をはじめとするさまざまな対立は少なくなるであろう。

1．人的資源会計（HRA）とは何か

　レンシス・リッカートは，人的組織に対する投資額を示すことのできる会計手続きの必要性を指摘し[1]，人 的 資 産 会 計 ^(ヒューマン・アセット・アカウンティング) （HAA）を「会社の人間組織と顧客信用の価値を金額によって評価するための活動[2]」と定義している。このうち人間組織のもつ生産能力として，①知能・才能の水準，②教育訓練の水準，③業績目標の水準及び組織の目標達成に対する動機づけの水準，④リーダーシップの質，⑤従業員間の意見の相違を，解決しがたい激しい葛藤にまで発展させずに，逆に革新や改善に利用する能力，⑥上下，横方向のコミュニケー

ションの質，⑦意思決定の質，⑧組織を犠牲にして個人的成功を得ようとする競争心を駆り立てるのではなく，協働的なチームワークを確立する能力，⑨組織における統制の諸過程の質，⑩効果的な統整を行う能力，⑪経験や客観的な測定に基づいて意思決定を行い，作業を改善し，革新を導入する能力が含まれるとした[3]。

　顧客信用の価値は，購買活動の難易度と販売原価の高低で示されるが，金額で表示するためには，広告活動や市場活動が売上高に及ぼす影響を測定するために用いられる諸方法を用いる[4]。

　その後リッカートは，人的資産には，顧客ロイヤルティ，サプライヤーロイャルティ，株主ロイャルティ，財務上の評判などが含まれるとして，人的資源会計（HRA）を提案した[5]。そして，「HRAの評価方法への変更によって，企業は，システム4（リッカートが提案した参加型リーダーシップ）が今日の不正確な損益計算書よりもかなり有益であることを発見するであろう」と述べ，人的組織のシステムや投資に関する経営意思決定の影響を財務諸表に示すべきであるとした[6]。すなわち，HRAの損益計算書は，人的資源への投資額の変化が損益計算書に及ぼす結果を示すものになる[7]。

　アメリカ会計学会は，HRAを「人的資源に関するデータを確認し，測定し，その情報を利害関係者に伝えるプロセス」と定義している。つまり，従業員の採用や育成などに関する費用や効果，従業員の経済価値などを確認し，測定して，公表する活動としての会計業務がHRAである。

　アリンダム・ゴーシュらによれば，HRAは，①組織内における有効で能率的な管理の提供，②経営者へのマンパワー構造の変化についての情報提供，③定量的情報の提供，④人事に費やされた費用の測定，⑤よりよい意思決定と将来の投資のための要因の提供，⑥人的資本としての投資収益率を評価すること，⑦人的資源価値について組織と社会への情報伝達，⑧人的資源が適切に配置され，用いられていることを知ること，⑨人的資源がかれらの価値に等しい収益をもたらしているかどうかを知ること，⑩さまざまな業務の財務的結果を分類することによって経営者が原則を作成するのを支援するために必要であるとしている[8]。

2．HRAの可能性

　研究結果は，定量化されたHRA情報が意思決定において有用なことを示している[9]。カナラ・ラジュの研究は，HRAの導入は可能で人的資源の公平な価値判断が可能なことを明らかにした[10]。

　こうしたデータは，株価にも影響する。例えば，HRAの情報開示は，認定ファイナンシャルコンサルタントの株式市場価格の予測の決定に影響を及ぼした[11]。

　ただHRAは，役に立たないとする見解もある。世界で最初にHRAを利用したのは，ミルウォーキー・ブレーブスであった。ミルウォーキー・ブレーブスは，1963年から野球チーム育成のための投資を資産として扱い，チームメンバーの期待される有用寿命を負担費用ではなく事業資金として組み入れ，償却したが[12]，3年程度で終了となった。

　HRAモデルの有用性は証明されず，意思決定に関するHRAデータの影響も証明されなかった。また，HRAデータは，人の評価でもあるので，それを公表することは，個人情報保護法に抵触する可能性がある。

　しかし，近年，国際的に人的資源に関するデータの開示が求められるようになった。代表例として，2020年にアメリカ証券取引委員会（SEC）は，事業の管理に焦点を当てた人的資本の測定指標または目的の開示を含めた説明の開示を求めているし，国際標準化機構（ISO）は，ISO30414「人的資源マネジメント―内部及び外部人的資本レポーティングに関する指標」を定めており，世界経済フォーラム（WEF）は，「ガバナンスの原則」，「惑星」，「人々」及び「繁栄」という4つの柱に関する測定指標の開示を求めている[13]。このうち，ISOは，「コンプライアンスと倫理」，「コスト」，「ダイバーシティ」，「リーダーシップ」，「組織文化」，「組織の安全衛生と幸福」，「生産性」，「採用，流動性及び離職」，「スキルとケイパビリティ」，「後継者育成計画」及び「労働力の利用可能性」が，WEFは，「尊厳と平等」，「健康と福祉」，「将来に向けたスキル」が項目に入っている[14]。

　また，わが国の調査では，人的資源測定が重要であると認識している企業で

あっても，必ずしも測定の進捗度が進んでいないことも明らかとなっている[15]。

3．社会的貸借対照表 （報告書）
（ビラン・ソーシャル）

　フランスでは，1977年に従業員300人以上の企業に対して社会的貸借対照表の交付を求める法律が制定され，2002年と2012年にその義務が強化された。社会的貸借対照表は，労使間及び社会構造に関するデータの公表を示したものであり，次の項目が含まれる[16]。

① 　従業員構造—年齢構造，勤続年数，管理職を全従業員で除した管理職比率と従業員の資格所有比率からなる資格構造，専門分野，国籍，上記のカテゴリーに性別を加えたものの分析。

② 　3年間の従業員構造の特徴の変化。

③ 　従業員の行動−退職率と欠勤率。

④ 　雇用政策—専従職員比率などの雇用水準，期限つき雇用契約，臨時職員，解雇，残業，一時的失業などによる雇用の柔軟性に依存する割合，3年間の資格構造の変化，人材育成努力，昇進努力などの能力管理，障害者雇用，男女平等，外国人管理者率などの国際化，年長者の保持といった特定の政策。

⑤ 　人材育成政策—時間で示される人材育成の努力，無報酬で行われる共同投資，予算で示される人材育成の費用，個別訓練休暇と就業学習契約。

⑥ 　報酬と社会活動。

⑦ 　その他の社会政策—安全，時間管理，労働条件，情報とコミュニケーション。

⑧ 　前診断。

第2節　HR業務測定と測定方法

1．HRの測定対象業務

　HRの測定対象業務には，①人権，②コンプライアンス，③アブセンティズ

ム，④労働移動，⑤健康と福祉，⑥態度とエンゲージメント，⑦ワークライフ問題，⑧外部従業員のソーシング，⑨リクルートと選抜，⑩育成とキャリア形成，⑪業績の経済的価値，⑫賃金，⑬福利厚生，⑭退職と懲戒処分，⑮労働争議，⑯ダイバーシティ，⑰リーダーシップ，⑱組織文化，⑲コミュニケーション，⑳休暇と労働時間などがある。

2．測定方法

　HRA を測定する方法にはいくつかのモデルがある。1つの分類は以下のようになる[17]。最初に，個人を対象とするものと集団を対象とするものがある。次に，人材に関する金銭的なモデルと非金銭的なモデルに分類される。金銭的なモデルでは，コストモデルと価値モデルに分類される。

　(1)　コストモデル

　コストモデルは，従業員に関してどれくらいの費用（コスト）がかかったかを明らかにするもので，伝統的会計理論に適う。その理由として，会計学上，従業員は，賃金と同義であり，費用項目に仕分けられているからである。しかし，HRAでは，従業員は，費用でもあるが，人材としての資産もしくは知的資本勘定でもある。したがって，現在の企業価値としての人材資産と将来の収益のための知的資本は計上が必要である。

　このモデルでは，①募集，②採用，③配置と配置転換，④通勤，⑤育成，⑥異動，⑦昇進，⑧健康維持，⑨アブセンティズムとプレゼンティズム，⑩休暇，⑪報酬，⑫福利厚生，⑬退職に係る費用を明らかにする。

　募集に関しては，データ収集費，会社説明会を含む広告宣伝費，雇用エージェント費，応募者対応費などがかかる。採用には，試験や面接に係る費用，紹介手数料，被服支給費，健康診断費などが必要である。配置と配置転換には，引越料や家賃補助費，場合によってはオフィスの改造や新設などが，育成費には，Off-JT，OJT及び自己啓発支援費が含まれる。

　昇進には，基本給の増額，昇進に伴う配置転換などに係る費用が，健康維持に関しては，さまざまな健康診断，人間ドックなどに対する補助金，禁煙運動

や生活習慣病予防，運動会，その他，病気診療に係る費用が必要である。アブ
センティズムとプレゼンティズムについては，それらによって発生する労働に
かかわらない賃金，欠員を埋める管理費用，減少する仕事の質・量，休暇につ
いては，病気，慶弔，サバティカルなどいろいろなものがあり，それぞれ費用
が発生する。

　報酬には，賃金給与，従業員賞与，役員報酬，役員賞与，福利厚生費などが
含まれる。福利厚生は，法定と法定外のものがあるが，法定外については，住
宅関連，災害関連，文化，体育，リクリエーション，育児・介護関連，財産形
成などに係る費用がある。

　退職には，自発的なものと会社都合によるものがあり，退職金が大きなテー
マとなるが，そのほか，代替要員を確保して仕事をしてもらうまでの費用がか
かる。会社都合の退職については，退職金の割り増しなどが必要になる。

　エリック・フランホルズは，配置費用を人材の獲得費用，学習費用，退職費
用に分類している[18]。ここで，獲得費用は，リクルート，選抜，採用，配置
などの直接費及び社内の昇進と異動という間接費を意味する。学習費用は，公
式の訓練とオリエンテーション並びにOJTという直接費と訓練者の時間費用
という間接費，退職は，退職金などの直接費と退職による有効性の欠如と求人
中の空席費用という間接費を意味するとしている。フランホルズは，図表
12－1〜図表12－3までのような例を示している。

　このほか，通勤費も看過できない金額になっている。厚生労働省の2020年
調査では，1カ月平均の通勤費は，1人当たり1万1,700円であった。

　このコストモデルについては，同じ能力の人材を獲得するための交代費用方
法，従業員の最適配置及び従業員価値の発見と育成を目的とする機会費用方法，
そして，将来費用を基礎としてHRの評価を行う将来費用査定方法などがあ
る[19]。

（2）態度と熱意モデル

　態度と熱意モデルは，それらが組織業績に影響を及ぼすという前提から出発
している。前述のギャラップ社の熱意度調査は，不満をまき散らしている無気

図表12－1　予算化された人的資源の取得原価

費　用	セールスマン	クレーム担当者	総　計
リクルート	$ 25,000	$ 5,000	$ 30,000
選　抜	60,000	15,000	75,000
雇　用	80,000	20,000	100,000
総費用	$ 165,000	$ 40,000	$ 205,000

資料出所：Eric G. Flamholtz, *op. cit.*, pp.21-23.

図表12－2　予算化された訓練投資

投資の分類	セールスマン	クレーム担当者	総　計
必要な訓練	$ 150,000	$ 50,000	$ 200,000
任意の訓練	60,000	25,000	85,000
総額投資	$ 210,000	$ 75,000	$ 285,000

資料出所：Eric G. Flamholtz, *op. cit.*, pp.21-23.

図表12－3　標準人件費

地　位	取　得	訓　練	総　計
クレーム捜査官	$ 600	$ 4,000	$ 4,600
クレーム調整者	600	4,000	4,600
社内調整者	5,600	1,100	6,700
クレーム審査官	7,100	1,000	8,100

資料出所：Eric G. Flamholtz, *op. cit.*, pp.21-23.

　力な社員が事故や製品の欠陥，顧客の喪失などにつながると警告している。同社の研究[20]によれば，ある病院の欠勤に着目すると，熱意のない職員は，熱意のある職位に比べて，年1.9日多く休み，反感を抱く職員はさらに4.8日多く，熱意のない職員が組織に与えたコストは，延べ928,004ドルであった。あるソフトウェア会社の場合，熱意のある社員の離職率は，7％であったが，熱意のない社員は，13％，反感を抱く社員は，28％であった。

　ギャラップ社の熱意を図る質問は「自分が何を期待されているのかを知って

いる」,「必要な材料や道具を与えられている」,「最も得意なことをする機会を与えられている」,「よい仕事を認められ,褒められている」,「誰かが気にかけてくれる」,「誰かが成長を促してくれる」,「自分の意見が尊重されている」,「会社・仕事の使命・目的が重要だ」,「同僚が真剣に質の高い仕事をしようとしている」,「職場に親友がいる」,「誰かが私が進歩したといってくれた」,「仕事について学び,成長する機会がある」という12の質問である。

　態度と熱意モデルには,次のようなモデルが提案されている[21]。①行動コスティングモデル(態度測定がその後の従業員行動の指針となる),②従業員－顧客プロフィットチェーンモデル(従業員の態度は,従業員行動に影響を及ぼし,それは顧客満足に影響を及ぼし,それは財務結果の原動力になる),③バリュープロフィットチェーンモデル(有効な管理活動は,従業員満足を高め,それは,優れたイノベーションと実行を可能にし,顧客満足に導き,収益性と成長の原動力になる)。

(3) 経済価値モデル

経済価値モデルは,企業にとっての個人の経済的価値もしくは,企業の将来の利益に対する個人の貢献度を明らかにする。例えば以下のような指標(メトリクス)がある[22]。

① 人的経済付加価値(エコノミックバリューアディド)(HEVA)

$$HEVA = \frac{税引き後営業利益 － 資本コスト}{全従業員}$$

② 人的資本原価要因(コストファクター)(HCCF)

$$HCCF = 給与 ＋ 福利厚生費 ＋ 臨時社員 ＋ 欠勤 ＋ 労働移動$$

③ 人的資本市場価値(マーケットバリュー)(HCVA)

$$HCVA = \frac{収益 －(費用 － 給与 ＋ 福利厚生費)}{全従業員数}$$

④ 投下人的資源利益率 (HCROI)
<small>ヒューマンキャピタル・リターン・オン・インベストメント</small>

$$HCROI = \frac{収益 -(費用 - 給与 + 福利厚生費)}{給与 + 福利厚生費}$$

⑤ 人的資本市場価値 (HCMV)
<small>マーケットバリュー</small>

$$HCMV = \frac{市場価値 - 帳簿価値}{全従業員数}$$

これらの指標で人的資本とは，①知性，エネルギー，一般に積極的態度，確実性，コミットメントといった人が職務にもたらす特性，②理解力，想像力，創造力，身を守る知識，実務知識 (物事を成し遂げる方法) などの学習する能力，③連帯意識と目標志向といった情報と知識を共有する積極性の組み合わせを意味する。

(4) 暖簾モデル
<small>グッドウィル</small>

暖簾モデルは，貸借対照表に表れているかどうかにかかわらず，すべての企業資源は利潤に貢献するという前提に立つ。

(5) 総合評価モデル

総合評価モデルは，それぞれのHR活動に関するコスト情報，目標達成度情報，参加者情報，費やした時間情報を示したものである。これらの情報は，あらかじめ情報項目を設定して行い，その結果を次の情報項目にフィードバックしなければならない。コスト情報は，雇用に対するコスト，雇用を充足する時間，訓練コストなどの伝統的コストモデルが用いられる。目標達成度は，販売額，一人当たりの生産性，研究開発などの企業独自の成功指数，従業員満足度，モチベーションの度合い，従業員健康度，顧客満足度，退職率，欠勤率などが含まれる。参加者情報には，組織階層ごとの情報，参加人数，参加年齢層，性別，雇用形態などが，時間情報には，人材育成，配置転換，健康維持に費やされた時間が含まれる。

(6)「ベストプラクティス」指標モデル

　このモデルは，リエンジニアリングを活用するものである。リエンジニアリングは，顧客満足の視点から仕事のプロセスを「初めからやり直すこと」であり，「コスト，品質，サービス，スピードのような，重大で現代的なパフォーマンス基準を劇的に改善するために，ビジネス・プロセスを根本的に考え直し，抜本的にそれをデザインし直すこと[23]」である。そのために，他社で行われているよい方法は，参考にして取り入れるベンチマーキングという手法が行われる。

　このモデルは，人的資本ベンチマークを活用するものであるが，それは，多くの組織からのデータは真実性を与えるからである。

(7) HRダッシュボードとHRスコアカード

　HRダッシュボードとは，会社のインターネットや人的資源情報システムを通して従業員と管理者がアクセスできる生産性や欠勤率などの指標_{メトリクス}を示したもので，HRスコアカードとは，バランストスコアカード（BSC）を人的資源に応用したものである。

　BSCは，企業がすでにとった行動の結果を要約するために財務尺度を残しながら，将来の財務業績のパフォーマンス・ドライバー，すなわち先行指標を示す3つの視点である顧客の視点，内部プロセスの視点，学習と成長の視点を追加して，成果尺度と非財務尺度のバランスをとることを目標としたものである[24]。これは，管理者に内外の顧客，従業員，株主による会社の評価を理解する機会を与える。

　顧客管理戦略に関する学習と成長の視点[25]では，人的資本の目標は，戦略的コンピテンシーの開発と豊かな才能をもつ人の採用と維持であり，その尺度は，人的資本の準備性_{レディネス}，重要な従業員の離職率になる。情報資本の目標は，知識共有の強化などであり，その尺度は，ナレッジマネジメント・システムの利用範囲の拡大である。組織資本の目標は，顧客志向の組織文化の創造と個人目標を戦略へと方向づけることで，その尺度は，従業員文化の調査とBSCの顧客プロセス及び成果尺度に関係づけられた従業員目標の割合である。

　こうしてBSCは，HRMを企業戦略に結びつけ，HRM職能が会社の戦略目的の達成を支援する度合いを評価するために用いられる[26]。

　(8) コンピテンシーとキャリアの貸借対照表[27]

　コンピテンシーの貸借対照表は，企業にとっては従業員の特性を明らかにし，従業員にとっては職業経歴の防備と個人の好みに合わせた管理の主な手段になる。

　キャリアの貸借対照表は，①企業が協働者のキャリアの進化を予測し，②協働者が定位置をつくり，キャリアの進化を管理することを可能にする。また，それは，従業員に①期待と望みを明らかにし，②職業上の既得権，コンピテンシー及び可能性の徹底的な分析に導き，③職業上の計画を準備して利用するためのコースに関する助言が与えられ，④活動計画を構築する機会を提供する。

第3節　人的資源管理監査 (HRM Audit)

　リッカートらは，「組織の人的資源の状況を反映する財務情報が通常の監査済み財務報告書に加わることが我々の希望である[28]」と述べて，HRM監査の必要性を指摘した。

　現実には，フランスでは，社会的貸借対照表（ビラン・ソーシャル）の交付を求める法律が制定されており，それに伴って社会的監査（オディ・ソーシャル）を行う必要性が指摘されている。ここで，社会的監査とは，「適切な基準に基づきHRMの質を向上するための意見の表明と勧告の作成を可能にするHRM業務の検査」と定義される[29]。

1．HRM監査とは何か

　HRM監査は，HR業務の能率と有効性の刷新と向上のための基礎づくりのために用いられる[30]。それは，株主総会で選任された監査役によって実行されることが望ましいが，HR会計担当者が指名されて監査を担当することも考えられる。

　会計監査は，会計が正しく行われて虚偽がないことを調べて承認するもので

あり，HRM監査では，使われた費用が正しく用いられ，望ましい成果をもたらしたか調べて承認する。

「内部統制報告制度」は，上場企業が財務報告に係る内部統制に関する情報を公開する義務を負うものである。「会計監査審議会・内部統制部会」は，内部統制を，業務の有効性及び効率性，財務報告の信頼性，事業活動に関わる法令等の順守並びに資産の保全という4つの目的が達成されているとの合理的な保障を得るために，業務に組み込まれ，組織内のすべての者によって遂行されるプロセスをいい，統制環境，リスクの評価と対応，統制活動，情報と伝達，モニタリング（監視活動）及びITへの対応という6つの基本的要素から構成されると定義している[31]。このうち，統制環境の中には，「人的資源に対する方針と管理」が含まれる[32]。この制度は，内部統制監査の法制化を意味するが，このうち企業が自主的に実行する業務監査は，営業業務，経理業務，生産業務，販売業務，HRM業務などすべての業務領域が対象になる。その主な目的は，業務効率化と取締役の業務執行が法令・定款に適合しているかという適法性についての監査である。

2．HRM監査の実施プロセス

HRM監査の実施プロセスは，①監査計画の策定，②評価範囲の妥当性の検討，③全社的なHRMの評価の検討，そして④HRMの開示すべき重要な成果や不備などの監査報告書の作成，⑤トップマネジメントに結果報告して承認を得る，⑥HRM業務改善計画の作成，⑦業務改善の実施，⑧フォローアップ監査が行われる。こうした監査を実施する者は，内部監査人と呼ばれる。

3．監査対象

HRM監査の対象の第1は，SHRM及びHR計画の監査である。SHRMは，企業戦略の実現に役立ったかということと，SHRMの下位戦略であるHR計画が正しく策定され，実行されたかの監査である。M&Aを行う場合は，HRデューデリジェンスの監査も必要になる。

　第2に，SDGsの監査がある。SDGsのうち，HRMにかかわる4つの目標が達成されたかを明らかにする。

　第3は，コンプライアンスの監査である。HRM業務の有効性と効率性並びに法令や社内の定款などの基準に則していてコンプライアンスが守られているかどうかを調べて報告する。

　第4に，採用計画に関する監査がある。計画通りに必要な人数の人材が採用できたのか，計画に問題がなかったかが監査の対象になる。内部市場調達の状況も併せて調べる。

　第5に，募集，選抜，採用までのリクルートの監査がある。これは，リクルートに費やされたコスト，直接費及び管理費などの間接費を含めた費用と費やした時間を監査し，個人的な不正や性別，生まれ，人種，宗教，病気等による差別などの違法行為があったかどうかばかりでなく，適切な人材が採用できたかを調べて報告する。

　第6に，配置とオリエンテーションの監査である。配置は，その適切性や有効性だけでなく，従業員の希望に即しているかが調査される。また，これらの異動がコストに見合うものであったか，戦略に対応する育成も考えた配置がなされたかが調べられる。とりわけ，ワークプレイスの有効性は，テレワークとの関連で調べる必要がある。また，配置先に適応し，仕事内容を理解できるように導くオリエンテーションは，正しく行われたかを調べて報告する。

　第7に，人材育成の監査がある。これに関しては，対象人材の妥当性を含む育成の妥当性，有効性，能率，一貫性，適時性，戦略適合性，コストパフォーマンスなどが対象になる。また，人材育成と従業員のキャリア・ディベロップメントとの整合性が調べられる。

　第8は，労働時間である。所定外労働時間，休暇や休日などに関する労働基準法の順守ばかりでなく，深夜勤務や残業などが従業員の心身に悪影響を及ぼしていないかなどを調べなければならない。

　第9は，業績評価にかかわる監査である。業績評価，能力評価，態度・意欲評価において手続きの正義と分配の正義が守られたか，人事考課の結果がどの

ように人材育成やキャリア形成に生かせたかを調べる。

　第10は，報酬と福利厚生の監査である。報酬には，従業員を対象とするものと役員を対象とするものがある。従業員給与に関しては，基本給，成果給，ボーナス，退職金などがあるが，報酬額の内部的妥当性と外部的妥当性及び賃金支払い5原則の順守が主な対象になる。そのほか，従業員満足，給与の不正取得や過誤払いがあったかどうかなどについての検証が行われる。役員報酬については，会社法を順守しているか，上場企業の場合「コーポレート・ガバナンス・コード」に沿っているかなどが問題となる。福利厚生は，従業員が安心して生活できているか，従業員満足やエンゲージメントと結びついているかなどを調べる。

　第11は，昇進管理である。業績，能力，態度・意欲に関する公平さの正義が保たれたか，組織有効性にどのように寄与したかなどが問題になる。また，役職離任^{ポストオフ}が適切なのか，その後のHRMの適切性などが問われる。

　第12は，解雇と退職の監査である。懲戒解雇に関しては，コンプライアンスが守られているかが最重要項目であるが，それらに伴うコストや実施が適切であったかも監査対象になる。例えば，内部通報の体制が適切に運営されているかなどである。いじめなどのハラスメントの実態，影響，結果は慎重に調べなければならない。ハラスメントは，生産性低下，欠勤，離職ばかりでなく訴訟や示談金などによる被害総額は相当なものになる[33]。退職については，原因の追求と改善のための調査が欠かせない。

　第13は，多様性^{ダイバーシティ}の監査である。女性活躍推進法などの法律に関するコンプライアンスの順守，入社希望者を含めたすべての従業員を平等に扱っているかどうか，ワークライフバランスが取れているかどうか，女性管理者の割合などが対象になる。性別ばかりでなく，年齢，人種，信仰，障害，国籍，LGBTQといった多様性を受け入れ，活用の有無，コンフリクトが起きていないかを明らかにする。採用にあたり，多様性が保たれているかどうかも対象になる。

　第14は，安全衛生に関する監査である。労働安全衛生法等の安全衛生にかかわる法律の順守ばかりでなく，WHOの健康の定義が達成されたかを基準

に，労働災害，メンタルヘルス，健康診断，安全衛生管理体制，化学物質対策が問題になる。その他，健康経営と呼ばれている従業員の幸福の増進や職場環境の改善についても対象にすることが望ましい。当然，安全衛生にかかわるコストの適切性もその対象になる。

第15は，労使関係の監査である。最初に，労働組合法などの労働三法を含め，法の順守が対象になる。次に，団体交渉や労使協議制の在り方，苦情の数，ストライキの回数と期間などが調べられる。また，労使対立が生じた場合，その原因やコストも監査対象になる。

第16は，従業員満足である。これには，人間関係，評価，報酬，人材育成，職場環境，エンゲージメントやコミットメントなどが対象になる。

第17は，国際HRMの監査である。現地の法律の順守，人材の現地化，駐在員の選任の可否などが対象になる。

第18は，個人情報保護監査である。これは元来，顧客情報に代表されるような個人情報を適切に管理するための仕組み（個人情報保護マネジメントシステム）が有効に整備，運用されているかどうかをチェックするものであるが[34]，従業員についても監査対象になる。従業員については，人材育成プログラムのコンプライアンス研修が成果をもたらしているか調べられる。

以上のほかに，従業員のモチベーション，QWL，参加的経営などが監査対象として考えられる[35]。

4．HRM監査の方法

監査方法として，最初に上記の項目に関して情報収集が行われる。①データ分析，②個人インタビュー，③グループインタビュー，④質問紙法，⑤観察などがあり，これらは単独ではなく組み合わされて使われるのが望ましい。

次に，集めた情報の評価が行われる。そして，その評価が意味するものを分析する。これにより，次のことが可能になる[36]。

① 部門の強み及び改善が必要な領域を確認できる。
② 組織のすべての特異な状況を手直しできる。

③　監査対象のより詳細な分析を完成するために必要な追加的情報を確認で
　きる。

【注】
1 ）Rensis Likert, *New Patterns of Management*, McGraw-Hill, 1961, p.71.（三隅二不二訳『経営の行動科学：新しいマネジメントの探求』ダイヤモンド社，1964年，96頁）。
2 ）Rensis Likert, *The Human Organization: Its Management and Value*, McGraw-Hill, 1967, p.148.（三隅二不二訳『組織の行動科学：ヒューマン・オーガニゼーションの管理と価値』ダイヤモンド社，1968年，189頁）。
3 ）*Ibid.*, p.148.（同上訳書，188-189頁）。
4 ）*Ibid.*, pp.148-152.（同上訳書，152-188頁）。
5 ）Rensis Likert and William C. Pyle, "Human Resource Accounting: A Human Measurement Approach", *Financial Analysts Journal*, January-February 1971, pp.75-84.
6 ）William F. Dowling, "Conversation .....with Rensis Likert", *Organizational Dynamics*, Vol.12 , No. 1, 1973, pp.32-49.
7 ）若杉　明『人的資源会計論』森山書店，1973年，226頁。
8 ）Arindam Ghosh and Asit Gope, "Human Resource Accounting", *Management Accountant*, Vol., 44, No. 1, January 2009, pp.20-21.
9 ）Paul Eugene Bayes, *Empirical Investigation of the Effects of Human Resource Accounting Information on Decision-Making: Results of a Mail Survey*, University Microfilms Institutional and Yushodo Co., Ltd., 1983, p.137.及びRand Mustafa, *Human Resource Accounting: Effects on Firms Productivity,* LAP LAMBERT Academic Publishing, 2017, p.23.
10）K. Kanara Raju, *Human Resource Accounting: HR Accounting*, Scholar's Press, 2013.
11）Pouran Tolouian, *The Effect of Human Resource Accounting on the Value of Stock as Measured by Financial Analysts*, University Microfilms Institutional and Yushodo Co., Ltd., 1981.
12）Mohit Kumar Kolay, *Accounting Applied to Human Resource Management*, Allied Publishers Private Limited, 2005, p.6.
13）島永和幸『人的資本の会計：認識・測定・開示』同文館出版，2021年，33-38頁。
14）同上書，36-38頁。
15）同上書，296頁。
16）Jean-Marie Peretti, *Ressources Humaines et Gestion des Personnes*, 9th ed., Vuibert, 2015, pp.215-221.
17）Andrea Seilheimer, *Human Resource Accounting: Suitable Methods for Assessing Human Resources in the Civil Service*, Ibidem-Verlag, 2012, pp.27-28.
18）Eric G. Flamholtz, *Human Resource Accounting: Advances in Concepts, Methods, and Applications*, 2nd ed., Jossey-Bass Publishers, 1985, p.68.
19）Andrea Seilheimer, *op. cit.*, pp.34-40.
20）Curt Coffman and Gabriel Gonzalez-Molina, *Follow This Path: How the World's Greatest Organizations Drive by Unleashing Human Potential*, Warner Books, 2002.（加賀山卓郎訳『これが

答えだ！：部下の潜在力を引き出す12の質問』日本経済新聞出版社，2003年）。

21）Wayne F. Cascio and John W. Boudreau, *Investing in People: Financial Impact of Human Resource Initiatives*, FT Press, 2008, pp.126-146.

22）Jac Fitz-enz, *The ROI of Human Capital: Mesuring the Economic Value of Employee Performance*, 2nd ed., AMACOM, 2009, p.xviii and pp.44-55.

23）Hammer and Champy, *op. cit.*, 1993, p.32.（前掲訳書，57頁）。

24）Robert S. Kaplan and David P. Norton, *Strategy Maps: Converting Intangible Assets into Tangible Outcomes*, Harvard Business School Press, 2004, pp.ix-x.（櫻井通晴・伊藤和憲・長谷川惠一監訳『戦略マップ：バランスト・スコアカードによる戦略策定・実行フレームワーク』東洋経済新報社，2014年，xiv頁）。

25）*Ibid.*, pp.125-126.（同上訳書，146頁）。

26）Raymond Noe, John Hollenbeck, Barry Gerhart, and Patrick Wright, *op. cit.*, p.27.

27）Jean-Marie Peretti (2016), *op. cit.*, pp.90-91.

28）Rensis Likert and William C. Pyle, *op. cit.*

29）Jean-Marie Peretti (2015), *op. cit.*, p.226.

30）T. V. Rao, *HRD Audit: Evaluating the Human Resource Function for Business Improvement*, 2nd ed., SAGE Publications, 2014, p.xxiii.

31）盛田良久・蟹江　章・長吉眞一編『スタンダードテキスト・監査論（第5版）』中央経済社，2020年，21頁。

32）同上書，23頁。

33）Robert Sutton, *op. cit.*, pp.39-46.（前掲訳書，75-81頁）。

34）あずさ監査法人『経営に資する統合的内部監査』東洋経済新報社，2009年，69頁。

35）Joju C. Akkara and Johney Johnson, *Human Resource Auditing: A Comparative Study at Government and Private Sector Establishments*, LAP LAMBERT Academic Publishing, 2016, pp.37-44.

36）John H. McConnell, *Auditing Your Human Resources Department: A Step-by-Step Guide to Assessing the Key Areas of Your Program*, AMACOM, 2011, p.209.

索　引

《著者紹介》

鈴木好和（すずき・よしかず）
東北大学大学院博士課程修了　博士（経営学・東北大学）
東北学院大学教授　専攻：人的資源管理論

【主要著作等】
『組織理論』（共訳）八千代出版，1985年。
『コンピュータ会計情報システム』（共訳）白桃書房，1986年。
『経営・会計の現代的課題』（共著）白桃書房，1989年。
『地方行政革命』（共著）富嶽出版，2007年。
『社会科学の新展開』（共著）富嶽出版，2008年。
『経営学の基本視座』（共著）まほろば書房，2008年。
『21世紀の診断』（共著）富嶽出版，2010年。
『経営学の理論に基づく会社のつくり方』創成社，2012年。
『会社のつくり方』創成社，2017年。
『企業を世界一にするインターナル・マーケティング』創成社，2017年。

（検印省略）

2003年6月25日　初版発行
2004年5月15日　第2版発行
2011年6月10日　第3版発行
2014年5月15日　第4版発行
2018年5月15日　第5版発行
2022年2月15日　第6版発行　　　　　　　　略称：人的資源（6）

人的資源管理論［第6版］

著　者　鈴　木　好　和
発行者　塚　田　尚　寛

発行所　東京都文京区　　株式会社　創 成 社
　　　　春日2-13-1

電　話 03（3868）3867　　F A X 03（5802）6802
出版部 03（3868）3857　　F A X 03（5802）6801
http://www.books-sosei.com　振　替 00150-9-191261

定価はカバーに表示してあります。

──────── 経 営 選 書 ────────

人 的 資 源 管 理 論 [第6版]	鈴 木 好 和	著	2,700円
会 社 の つ く り 方 －経営学の理論に基づく起業－	鈴 木 好 和	著	1,600円
すらすら読めて奥までわかるコーポレート・ファイナンス	内 田 交 謹	著	2,600円
発展コーポレート・ファイナンス	菅 野 正 泰	著	1,400円
実践コーポレート・ファイナンス	菅 野 正 泰	著	1,150円
図解コーポレート・ファイナンス	森 　 直 哉	著	2,400円
経 営 財 務 論 －不確実性，エージェンシー・コストおよび日本的経営－	小 山 明 宏	著	2,800円
経 営 戦 略 論 を 学 ぶ	稲 田 賢 次 伊 部 泰 弘 名 渕 浩 史 吉 村 泰 志	著	2,200円
経営情報システムとビジネスプロセス管理	大 場 允 晶 藤 川 裕 晃	編著	2,500円
東 北 地 方 と 自 動 車 産 業 －トヨタ国内第3の拠点をめぐって－	折 橋 伸 哉 目 代 武 史 村 山 貴 俊	編著	3,600円
おもてなしの経営学[実践編] －宮城のおかみが語るサービス経営の極意－	東北学院大学経営学部 おもてなし研究チーム みやぎ おかみ会	編著 協力	1,600円
おもてなしの経営学[理論編] －旅館経営への複合的アプローチ－	東北学院大学経営学部 おもてなし研究チーム	著	1,600円
おもてなしの経営学[震災編] －東日本大震災下で輝いたおもてなしの心－	東北学院大学経営学部 おもてなし研究チーム みやぎ おかみ会	編著 協力	1,600円
転 職 と キャリア の 研 究 －組織間キャリア発達の観点から－	山 本 　 寛	著	3,200円
昇 進 の 研 究 －キャリア・プラトー現象の観点から－	山 本 　 寛	著	3,200円

(本体価格)

──────── 創 成 社 ────────